경북시조천년사

(사)국제시조협회

경북시조천년사

(사)국제시조협회

시조는 우리 민족의 삶과 이상을 우리말로 풀어낸 대표적인 노랫말이자 정형시이다. 고려 중기에 시작하여 말엽에 이르러 독자적 정형성을 확보한 시조의 형식은 "신라 향가鄕歌의 3단 구조를 잇는 고유의 양식"(조동일, 『한국 민요의 전통과 시가율격』, 지식산업사, 1996, p.267), 또는 "시조는 서정시이다. 향가가 사라진 다음 다시 정립한 서정시이다"(조동일, 『시조의 넓이와 깊이』, 푸른 사상, 2017, p.15)라는 것이 지금까지의 일반론이다. 향가와 민요 같은 고전시가의 전승과정을 거치는 동안 시조가 한민족의 정서와 우리말의 구조에 가장 맞춤한 형식으로 자리 잡은 것이다.

  이처럼 시조의 연원을 향가로부터 비롯하면 모죽지랑가慕竹旨郞歌, 헌화가獻花歌를 중심으로 헤아려도 1,300여년이 되지만 최충(崔冲, 984~1068)의 시조를 기점으로 삼아도(정병욱의 『시조문학사전』, 신구문화사, p.739) 그 역사는 1,000년에 이른다. 또한 지리적으로 경북에 한정하더라도 고시조의 1세대인 우탁(禹倬, 1262~1342), 이조년(李兆年, 1269~1343)의 창작시기는 700년을 상회한다. 따라서 신라의 향가의 창작시기와 완성미가 확연한 우탁의 「탄로가」, 이조년의 「다정가」 사이의 중간시점을 택하더라도 '경북의 시조'는 그 역사가 1,000년에 이르는 장구한 역사를 지니고 있다.

— 발간사

물론 시조사의 많은 기간이 가창歌唱, 혹은 창사唱詞의 기능으로 자리매김한 고시조의 시간이다. 그런 기능적 특징은 보다 조화와 절제라는 장르적 특징을 확장시켰고 한국 시가의 대표적인 형식미학으로 계승발전을 거듭해왔다. 시조가 구조적으로 3장章 6구句 12음보音步라는 정형성을 지니면서도 숭고미와 우아미, 혹은 절제미와 균제미라는 내면적 질서를 미학적으로 승화시켜온 것은 온전히 민족적 기질과 품성의 선택에서 기인한다.

경북지역의 고시조는 우탁(禹倬, 1262~1342, 호 단암丹巖, 역동易東)이 고향인 단양을 떠나 안동 예안에 와서 학문과 제자 양성에 힘쓰면서 남긴 「탄로가」 등의 시조가 향후 농암 이현보의 〈어부사류〉와 퇴계 이황의 「도산십이곡」과 같은 강호가도江湖歌道류, 충절가, 오륜가 등 다양한 시조의 맥을 이끌어냄으로써 경북시조의 절대적인 입지를 형성하였다. 더욱이 시조가 이 땅에 정착하던 고려 말과 조선 초기는 우리글이 없던 시기로 구전口傳과 한문 표기를 통한 보전이 전부였다는 점에서 더욱 숭고한 역사적 의의를 지닌다.

조선조 후기에까지 이어져온 경북 시조의 이 같은 건강한 토양은 서구 문학의 도입과 맞물리면서 창唱의 기능을 버리고 본격 문학으로 재

정립하면서 '현대시조'라는 또 다른 시조의 위상을 확대재생산하기에 이른다. 경북에서 발표된 최초의 현대시조는 1922년 《개벽》지 7월호에 실린 이상정의 시조(홍진에 저진몸이-)이지만 시조를 자유시와의 대척점인 정형시로서 현대문학의 중심적 범주에 견인한 이호우의 「개화」, 이영도의 「보리고개」, 정완영의 「조국」 등이 확보한 문학적 성과를 평가하지 않을 수 없다. 이들이 추구한 현대시조는 고시조의 정신과 미의식을 계승하되 현대인의 자의식과 이상을 기반으로 다양한 실험을 통한 새로운 미학질서를 확보하여 민족문학의 새로운 환경을 조성하였다.

60년대까지만 해도 불과 20여명에 불과하던 시조인이 7, 80년대에 들면서 100명을 넘어서고 건강한 숲을 형성하면서 오늘에 이르러서는 300여명의 시조인구로 불러났다. 단순히 숫자만 늘어난 것이 아니라 시조의 현대적 자리매김을 위한 다양한 모색과 실험을 통한 성과를 바탕으로 우리나라 시조문단의 중심지로 부각이 된 것이다. 이는 장차 개성과 차별화를 요구하는 국제적 문화지도를 재편할 수 있는 매우 의미 있는 자산이 아닐 수 없다.

여기에 더하여 지적정보화의 발전과 글로벌화에 따른 '시조의 국제화' 노력이 2016년 〈청도국제시조대회〉를 시작으로 확산되어 동아시

— 발간사

아 정형시간의 교류와 많은 시조작품이 번역되어 '인류시사人類詩史'와 외국인들의 가독자료로 제공된다는 점도 고무적이라 하겠다. 오늘날 세계적으로 확산되고 있는 'K-culture'의 정신적 뿌리인 시조문학에 대한 이 같은 새로운 대비는 장차 우리의 문화와 사상 가치를 확장시키고 공유하는 세계적 자양분이 될 것이기 때문이다.

 민족문학사의 획기적인 자료가 될 『경북시조천년사』의 제작에 성원과 지원을 보내준 경상북도와 방대한 자료를 상대로 연구와 집필을 감내해준 문무학 시인과 박규홍 교수께 감사드린다.

시조인, (사)국제시조협회 이사장

민병도

CONTENTS

경북시조천년사

PART 00 | 발간사 • 4

PART 01 | 사진 화보 • 10
    고시조 문헌 • 10
    고시조비 • 19
    현대시조 자료 • 22
    현대시조비 • 29

PART 02 | 경북의 고시조 발생과 전개 양상 (고려–조선) • 34
    Ⅰ. 기술의 대상과 방법
    Ⅱ. 작자와 작품
      1. 고려시대
      2. 조선시대
    Ⅲ. 경북 고시조의 흐름과 맥락

PART 03 | 경북의 현대시조 전개 양상 • 148

　Ⅰ. 서론

　　1. 현대시조의 기점

　　2. 경상북도 시조의 영역

　　3. 시대 구분과 기술 내용

　Ⅱ. 경북의 현대시조 전개 양상

　　1. 20세기 전반기

　　2. 20세기 후반기

　　3. 21세기 전반기

　Ⅲ. 결론

　　참고문헌

PART 04 | 필자 약력 • 314

　박규홍, 문무학

고시조 문헌

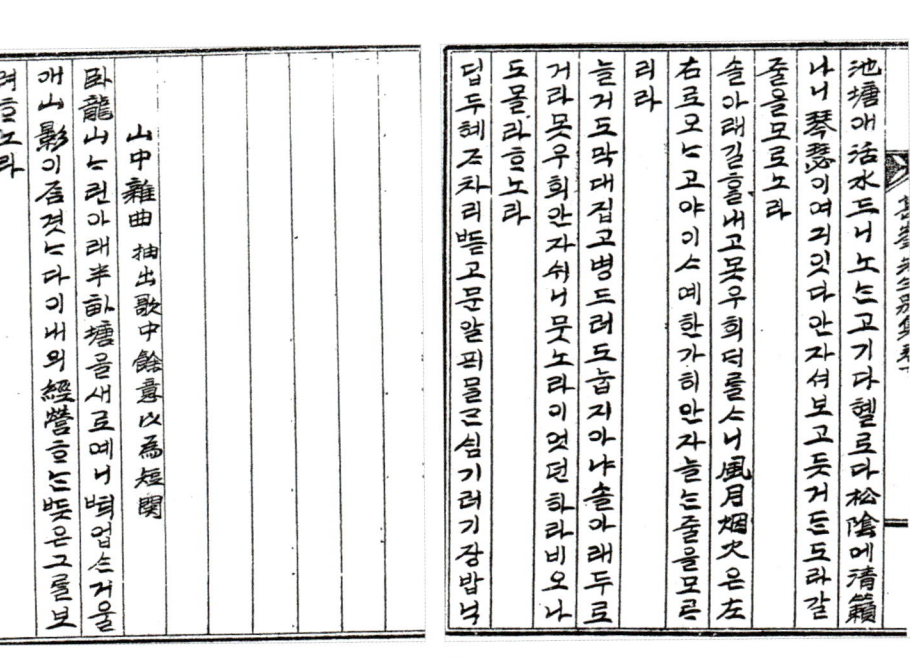

1. 갈봉 산중잡곡 1
2. 갈봉 산중잡곡 2
3. 갈봉 산중잡곡 3

고시조 문헌

4. 개호잡록 개암십이곡 1
5. 개호잡록 개암십이곡 2
6. 개호잡록 개암십이곡 3
7. 개호잡록 개암십이곡 4
8. 개호잡록 1

고시조 문헌

1. 김계 용담록 1
2. 김계 용담록 2
3. 김계 용담록 3
4. 김계 용담록 4

5. 김충선 모하당실기 1
6. 김충선 모하당실기 2
7. 김충선 모하당실기 3

고시조 문헌

1. 두곡
2. 박인로 노계집 1
3. 이중경 오대어부가 1
4. 이중경 오대어부가 2

5. 이중경 오대어부가 3
6. 이중경 오대어부가 4
7. 이중경 오대어부가 5
8. 이현보 농암집 1

고시조 문헌

1. 이현보 농암집 2
2. 이현보 농암집 3
3. 이현보 농암집 4
4. 주세붕 죽계지 1

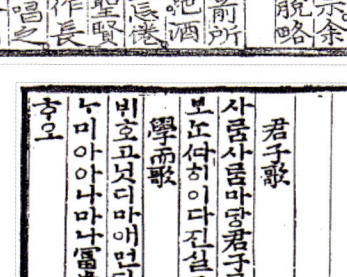

5. 주세붕 죽계지 2
6. 주세붕 죽계지 3
7. 지덕붕 상산집 1
8. 지덕붕 상산집 2

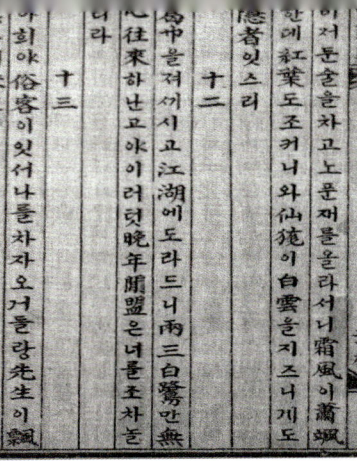
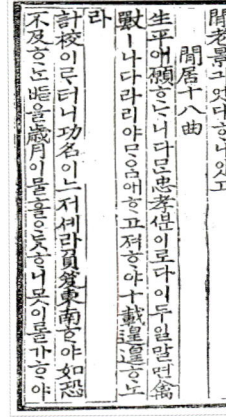

고시조 문헌

1. 지덕붕 상산집 3
2. 한거십팔곡 1
3. 한거십팔곡 2
4. 한거십팔곡 3

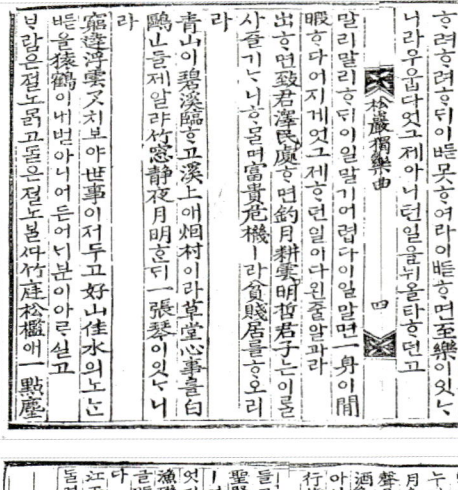
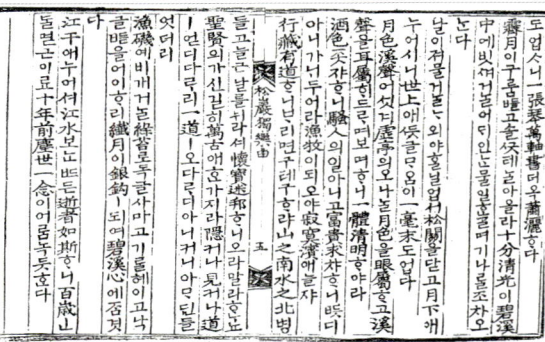

1. 우탁 시조비
2. 역동 선생 유허비
3. 이조년 시조비
4. 정몽주 자당시조비

고시조비

1. 정몽주 시조비
2. 이직 시조비
3. 길재 시조비
4. 농암 시가비
5. 이황 시조비

6. 김영 시조비
7. 김상헌 시조비
8. 노계 박인로 시조비
9. 노계 시조비

현대시조 자료

1. 이상정-경북 최초의 현대시조 발표
2. 이육사 시조 발굴 신문지면
3. 죽순 창간호 표지 (1946)
4. 이영도 선생 데뷔작품 발표 지면, 《죽순》 창간호 (1946)

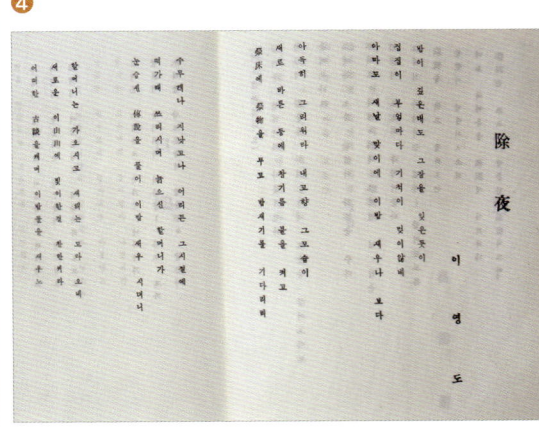

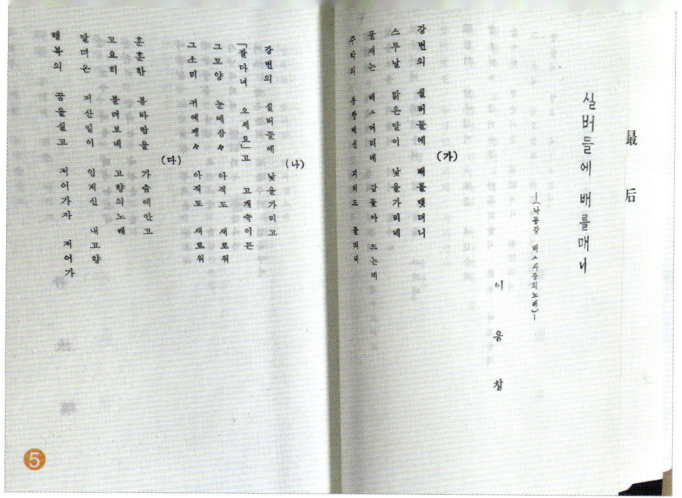

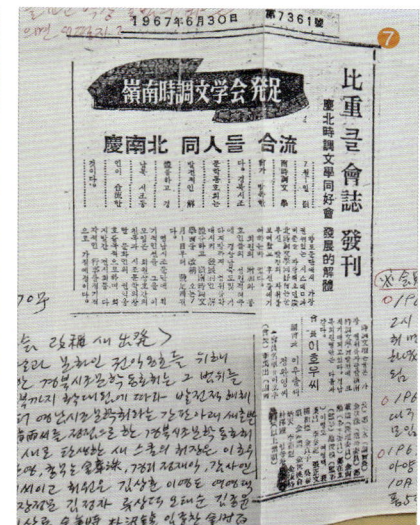

5. 이응창 데뷔작품 지면. 《죽순》 1946
6. 한국시조작가협회 창립기념 (1964. 12. 30)
7. 영남시조문학회 발족 신문보도 사진 (1967)
8. 경북 시조 특집이 실린 《시조문학》 11호 표지 (1964)

현대시조 자료

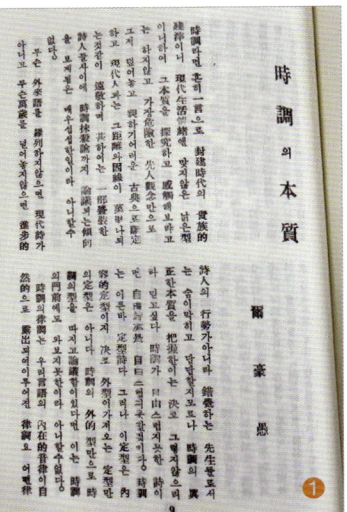

1. 이호우 선생의 시조의 본질 발표 지면, 《죽순》
2. 이영도, 이호우, 정완영 시인
3. 정완영의 동시조집 『꽃가지를 흔들듯이』 (1979)
4. 제1회 이호우시조문학상 시상식 기념 (1991)

현대시조 자료

5. 이호우 선생 기념문집
《개화》 창간호 (1991)
6. 《시조21》 창간호, 2001
(발행인 민병도)
7. 백수문학관 개관
(2008년, 김천)
8. 시조의 국제화를 위한
제1회 '청도 국제시조대회',
(청도문화회관, 2016)

현대시조 자료

1. 시조의 국제화를 위한 심포지움. (2016, 국제시조협회)
2. 《국제시조》 창간호 (2017)
3. 중국어로 번역한 경북 소재의 시조 (2017)
4. '시조의 국제화', 타이페이 중산대학에서의 정형시 간담회 (2018)

5. 중국어와 일어로 번역한
(경북의 시조, 2018, 국제시조협회)
6. 英譯『개화』, 이호우 저, 장경렬 역
(2018, 국제시조협회)
7. '시조의 국제화',
시조+하이쿠 국제 심포지엄,
(2019, 도쿄 한국대사관)
8. 시조와 하이쿠 합동시집
『들풀의 아침』, 안수현 역
(2019, 국제시조협회)

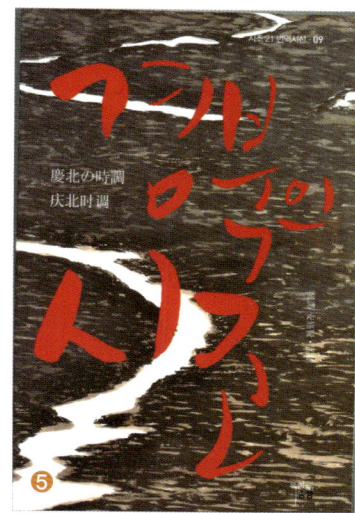

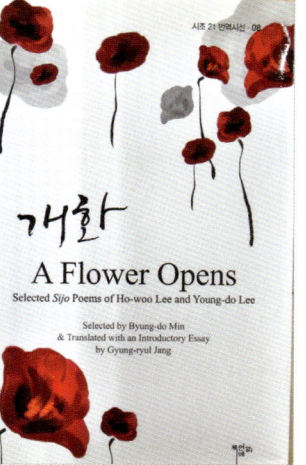

현대시조 자료 27

현대시조 자료

1. '시조의 국제화', 일본 하이쿠 잡지 '春夏秋冬'에 실린 권두언 (2020)
2. 英譯 『한국 현대 단시조 100』, 민병도 편·정경렬 역 (2021, 국제시조협회)
3. 시조의 국제화 활동이 월간 하이쿠계 319호에 소개됨
4. 이호우·이영도 오누이시조문학상 시상식 (2023)

28 현대시조 자료

1. 이호우 시조비
2. 이영도 시조비
3. 이우출 시조비
4. 정완영 시조비

현대시조비

1. 배병창 시조비
2. 김상훈 시조비
3. 류상덕 시조비
4. 박시교 시조비

5. 김남환 시조비
6. 조영일 시조비
7. 이상룡 시조비
8. 정재익 시조비

현대시조비

1. 민병도 시조비
2. 황능곤 시조비
3. 문무학 시조비
4. 청도시조공원

고시조

경북의 고시조 발생과 전개 양상
(고려-조선)

박 규 홍

차 례
Ⅰ. 기술의 대상과 방법
Ⅱ. 작자와 작품
  1. 고려시대
  2. 조선시대
Ⅲ. 경북 고시조의 흐름과 맥락

Ⅰ. 기술 대상과 방법

우리 민족 고유의 정형시인 시조時調의 연원을 밝히기 위해 조윤제, 이병기, 정병욱, 이태극 등 많은 학자들이 신라의 향가나 고려 속요와의 연관성을 주목했다. 각각의 주장에는 다양한 시각의 차이가 있지만, 시조문학이 성장했던 토양에 우리 민족의 정서를 담았던 향가나 고려속요가 밑거름이 되었을 것은 의심의 여지가 없다.

경상북도의 토양을 조금 더 폭넓게 이야기하자면, 우리나라 한문학의 선편을 잡은 임강수任强首와 설총薛聰, 한문학의 종조로 일컬어지는 최치원이 모두 경북 출신이다. 설총은 이두를 총정리하여 어문생활의 새로운 세계를 개척하기도 했다. 불교학의 최고봉이라 할 원효와 의상, 삼국사기를 편찬한 김부식과 삼국유사를 집필한 일연이 모두 경북 나아가 우리나라의 학문과 사회·문화의 토양을 기름지게 한 주역들이었다. 조선 후기의 정조대왕이 "영남은 국가의 근본이 되는 땅이다."라고 한 말이 그냥 나오게 된 게 아닌 것이다.

이런 토양 위에 고려조 경북의 시조문학이 피어나고 성장하는 데 직·간접적인 영향을 끼쳤던 인물들이 등장했다. 우리나라에 주자학을 받아들인 순흥의 안향과 경기체가 〈관동별곡〉·〈죽계별곡〉을 지은 안축, 시조와의 관련성이 꾸준히 논의되었던 정서鄭敍 작 〈정과정鄭瓜亭〉의 한역을 『익재소악부』에 실었던 이제현이 그들이다.

경북은 두말할 나위 없이 영남학파의 산실이자 근거지였다. 영남학파를 대표하는 많은 인물들이 시조를 남겼고, 거기에는 영남학파의 정신이 스며들었다. 경북의 문화적·학문적·정치적 지형 속에서 발전한 시조문학은 뚜렷한 정체성으로 우리 시가문학에 기여했다. 이러한 특성은 개별 작가의 작품에 다양하게 구현되었다.

경북의 고시조 작가로 꼽을 수 있는 인물들을 살펴보면, 안동의 우탁·이현보·권호문·이숙량·이시·권구, 성주의 이조년·이직·정구·배세면, 구미·선산·해평의 길재·장현광·하위지·박영·박운, 상주의 노수신·김우굉·고응척·김득가, 칠곡·왜관의 이담명, 문경의 권섭·신지·채헌·채시옥, 영주의 정도전·주세붕·정언박·박선장, 경주의 이별·이정·이득윤·이홍유, 영천의 정몽주 모친·정몽주·박인로·이형상, 영덕의 이색, 경산 하양의 지덕붕 등이다. 연고를 판단하는 기준에 따라 다를 수 있지만 경북의 시조문학사 전개에 크게 기여한 인물들임은 틀림없다. 다만 무명씨로 표기된 시조 작가 가운데 경북과 연고가 있는 인물이 분명히 있겠지만 확인이 어렵다.

인용하는 작품도 일부에 그칠 수밖에 없지만, 표기도 어려운 문제의 하나다. 동일 작품이 여러 가집에 수록되면서 표현에 다소의 차이를 보이기 때문이다. 『교본 역대시조전서』(1972)를 펴내 여러 이본을 대교할 수 있도록 한 심재완은 대표작 문제 해결을 위해『정본 시조대전』(1984)을 따로 펴내기도 했다. 마침 2012년 고려대학교 민족문화연구원에서 심재완의『교본 역대시조전서』(1972)의 대교 방법을 계승하고 발전시킨『고시조 대전』(2012)을 간행했다. 여기에서는 316종의 문헌에 실린 시조작품 46,431수를 유형과 군집으로 구분하고, 표제작의 표기 형태를 정규화하는 방법을 시도했다. 정규화(normalization)란 컴퓨터 정보처리의 기법 중 하나로서, 자료가 지닌 비본질적 편차를 중립화함으로써 자료 처리의 생산성과 활용도를 높이는 데 유용하다고 한다. 이 글에서도『고시조 대전』의 표제작을 그대로 인용하도록 한다. 작품 끝 부분에 유형과 군집 번호를 표기하고, 대표되는 가집 하나의 번호도 같이 표기하도록 한다. 우탁의 경우, 작품 뒤에 다음과 같이 표기될 것이다.

(5304.1. 병와가곡집.0047)

5304.1에서 5304는 유형 번호이고, 1은 군집 번호이다. 그 오른쪽에는 문헌명 하나를 쓰도록 한다.『고시조 대전』에서는 약칭으로 썼으나 여기에서는 문헌명을 그대로 표기하도록 한다. 그리고 한글 표기만으로 되어 있는 표제작의 의미를 파악하기가 어려운 경우, 가집에 적힌 한자를 병기하도록 한다.

II. 작자와 작품

1. 고려시대

우탁(禹倬, 1263~1342)

 역동易東 우탁은 고려 24대 원종 4년(1263) 충북 단양에서 출생했으나, 벼슬길에서 물러나 은거할 곳으로 복주(안동의 옛 이름) 예안현을 선택했다. 그는 이곳에서 〈탄로가嘆老歌〉로 잘 알려진 2수의 시조를 남겨 경북 시조사時調史의 첫 장을 장식한 인물로 기억되고 있다.

 우탁의 본관은 단양丹陽, 자는 천장天章·탁보卓甫이고 호는 역동易東이다. 그는 1290년 문과에 급제한 후 영해부寧海府 사록司錄으로 부임하면서 경상도와 인연을 맺게 된다. '사록'은 사록참군사와 사록장서기의 약칭이다. 사록참군사는 군사 업무, 사록장서기는 행정 업무를 담당했던 것으로 추정되는데, 제26대 충선왕 이후에는 구분이 없어지고 '사록'으로 통칭되었다고 한다.

 고려시대 무신정권기 이후 안동부·영해부·정원부定遠府·수원부·경산부京山府·김주金州·제주 등에 사록을 두었다. 우탁은 영해(영덕의 옛 이름) 사록으로 부임하여 민심을 현혹하는 '팔령八鈴'이라는 요신妖神의 사당을 철폐했다. 감찰규정監察糾正이 되었을 때는 지부상소持斧上疏의 일화도 남겼다. 『고려사』에는 1308년 충렬왕 사후에 충선왕이 복위하여 선왕의 후궁인 숙창원비淑昌院妃와 정을 통하고 숙비淑妃로 책봉했다는 기록이 있다. 이 일에 대해 『고려사열전』(제22) '우탁'조에는 "충선왕이 숙창원비淑昌院妃를 간음하니 우탁이 흰 옷 차림에 도끼를 들고 거적자리를 메고 대궐로 나아가 상소하여 거리낌 없이 간언했다."고 기록하고 있다.

 열전에는 또 "우탁은 경사經史에 정통하였는데 특히 역학에 조예가 깊어서 복서卜筮가 맞지 않음이 없었다. 이정二程의 학문이 처음 우리나라에 들어왔으나 이해하는 사람이 없었는데, 우탁이 문을 닫아걸고 한 달 남짓 깊이 연구하더니, 마침내 해득하여 생도들을 가르쳤다. 그때부터 이학理學이 비로소 행해졌다."고 적었다. '역동'이란 호를 『한서漢書』 '유림전儒林傳'의 "역이동의易已東矣"라는 말에서 가져온 것도 그런 연유다. 그는 성균좨주成均祭酒를 지내다 치사致仕하고 예안현에 은거했다. 그곳에서 제자들을 길렀는데, 세상 사람들은 여기가 도학·예의·절조 세 가지를 가르친 곳이라고 하여 '지삼의知三宜'라고 불렀다. 그의 〈탄로가〉는 이 시기에 지어졌을 것으로 짐작된다.

한 손에 가시를 쥐고 또 한 손에 매를 들고
늙는 길은 가시로 막고 오는 백발 매로 치렸더니
백발이 눈치 먼저 알고 지름길로 오거냐
(5304.1. 병와가곡집.0047)

지부상소의 기개를 담은 작품도 아니요 이렇게 살아야 하느니 하는 교훈의 시조도 아니다. 그저 누구에게나 어김없이 찾아오는 늙음에 대한 노래다. 자연의 섭리인 늙음에 저항하려 해도 '백발이 제 먼저 알고 지름길로 온다'는 재치있는 표현에서 '한탄'보다는 오히려 '달관'을 느끼게 된다.

퇴계退溪 이황(李滉, 1501~1570)은 역동 선생의 학문과 덕행을 흠모하여 역동서원 건립을 발의했다. 지역 유림들의 공의로 1570년(선조 3) 예안면 부포리 오담에 역동서원이 창건되었고, 우탁의 위패가 모셔졌다. '역동易東'이라 사액賜額된 것은 1684년(숙종 10)이었다. 1868년(고종 5)에 대원군의 서원철폐령으로 훼철되었다가 1969년 복원되었다. 서원은 1991년 안동대학교에 기부되었다.

이조년(李兆年, 1269~1343)

매운당梅雲堂 이조년은 경북 성주부 용산리 출신의 고려 말 문신이다. 그는 고향 성주에 낙향하여 자신의 심정을 읊은 시조 〈다정가〉를 남겼는데, 뛰어난 문학성으로 오늘날까지도 애송되고 있다. 천성이 결백·강직했던 그는 시문에도 능했다. 그가 남긴 유일한 시조 〈다정가〉에서 시인의 역량을 느낄 수 있다.

이화에 월백月白하고 은한銀漢이 삼경三更인 제
일지춘심一枝春心을 자규子規야 알랴마는
다정도 병인양 하여 잠 못 들어 하노라
(3901.1. 병와가곡집.0050)

배꽃이 활짝 핀 달밤에 봄의 정취에 취한 정서를 노래한 감각적이고도 애상적인 시조이다. 경관의 묘사나 사물에 자신의 감정을 이입하는 솜씨가 시대를 초월하는 듯하다. 은은한 달밤의 정취는 이 시대의 사람들에게도 오롯이 전달된다. 초장에서는 캄캄한 밤과 '이화·월백·은한'의 흰색이 대조된 시각적 심상으로, 중장에서는 울고 있는 자규를 통한 청각적 심상으로 청자를 봄의 달밤으로 안내한다. 종장에 이르러서는 이런 배경이 시적 화자의 정서와 절묘한 조합을 이룬다.

작자와 동일시해도 좋을 시적 화자는 봄밤의 번민으로 잠을 이루지 못하고 있다. 원元이 간섭하던 시기에 국가의 숱한 난맥상을 목도한 작자의 우국충정이 녹아든 작품으로도 읽힌다. 하지만 시인은 번민의 실체를 명확히 드러내지 않고 있다. 다양하게 해석될 여지를 두고 있는 것이다. 이 시조는 표현 기법이나 함축된 정서의 측면에서나 뛰어난 작품의 하나로 평가되고 있다. 고려 말 혼돈의 시기를 고스란히 겪었던 이조년의 삶을 조명하면 이 시조에 담긴 '다정'의 의미가 조금 더 새롭게 다가올 수도 있다.

이조년의 본관은 성주星州, 자는 원로元老, 호는 매운당梅雲堂 · 백화헌百花軒이고 시호는 문열文烈이다. 고려 후기인 1294년(충렬 20) 향공진사鄕貢進士로 과거에 급제하여 장령 · 정당문학 · 예문관대제학 등을 역임했다. 1306년 비서랑으로 왕을 호종하여 원元의 수도 연경燕京에 갔을 때 충렬왕과 왕자의 갈등이 심했다. 그는 자신의 본분에 충실했으나 화를 피하지 못했다. 억울한 유배살이에서 풀려나 13년간 고향인 성주에 있었다.

고려 말 제25대 충렬왕(忠烈王, 1236~1308)과 원나라 제5대 세조 쿠빌라이의 딸 제국대장공주 사이에서 태어난 충선왕(忠宣王, 1275~1325) 부자의 세력 다툼은 주권을 온전히 행사하지 못하는 부마국駙馬國의 비극을 적나라하게 보여주었다. 충선왕을 이은 충숙왕의 친정親政 체제 구축 과정에서 충선왕 측근 세력은 원 황실에 충숙왕을 참소하고 심왕瀋王을 고려국왕으로 추대했다. 조직적인 심왕파의 공격에 충숙왕은 5년간(1321~1325)이나 원에 억류되었다. 당시 고려에서는 국왕이 심왕으로 교체될 것이라는 소문이 돌며 충숙왕의 측근들조차 충숙왕을 배반하기 시작하였다고 한다. 이러한 상황에 비분강개한 이조년은 단신으로 원에 들어가 왕의 무죄를 호소하는 글을 중서성에 올렸고, 그를 필두로 고려의 대간臺諫과 사한史翰들이 강력하게 반발한 덕분에 충숙왕은 국왕으로 고려에 복귀할 수 있었다.

충숙왕에 이어 1330년 충혜왕이 즉위했다. 이조년은 충숙왕과 충혜왕 모두를 보좌하며 고려 왕실의 전통적 질서를 지키려고 노력하였다. 충혜왕은 원에 머무르는 동안 많은 악행과 불법 행위로 '발피(撥皮, 망나니)'라고 불릴 정도였는데, 그가 선정善政을 펼칠 수 있도록 이조년은 충혜왕에게 성군聖君의 덕목을 설파하기도 하고, 간악한 신하들을 멀리할 것을 강하게 직언하기도 했다. 1341년(충혜왕 후2) 73세의 고령에 이른 이조년은 치사致仕하고 1343년(충혜왕 후4) 75세를 일기로 기세했다.

퇴계 이황은 이조년이 난세에 태어나서 수많은 변고와 험난함을 겪으면서도 혼미한 임금을 받들어 지조가 금석같았고 충직한 깊이가 후세에 우뚝하다고 칭송했다. 퇴계는 이조년을 고려 오백 년 역사의 제 1인자라고까지 높게 평가했다. 이조년의 지조와 출중한 학문과 문장은 시조 창작에도 발휘되어 한국문학사에 길이 남을 시조 1수를 남겨 경북의 시조문학에도 깊은 영향을 끼쳤다.

이색(李穡, 1328~1396)

목은牧隱 이색은 영해寧海 출신의 고려 말 충신이다. 왕조 교체기 고려 왕조에 절의를 지킨 야은冶隱 길재(吉再, 1353~1419), 포은圃隱 정몽주(鄭夢周, 1337~1392)와 더불어 여말 삼은麗末三隱의 한 사람으로 꼽힌다. 그는 고려 오백 년 사직의 쇠락을 지켜보는 안타까운 심경을 한 수의 시조에 담았다.

 백설이 잦아진 골에 구름이 머흘레라
 반가운 매화는 어느 곳에 피었는고
 석양에 홀로 서 있어 갈 곳 몰라 하노라
 (1903.1. 청구영언 진본.0007)

초장에서 백설白雪이 녹아 없어진 골짜기에 구름이 머물고 있다고 한다. 백설은 고려의 유신遺臣을, 구름은 새롭게 등장한 이성계 일파를 뜻하는 것으로 해석된다. 석양에 홀로 서 있는 시적 화자는 당연히 기울어가는 고려의 국운을 걱정하는 작자 자신일 수밖에 없다. 고려의 유신들은 백설처럼 녹아 없어지고 새롭게 등장한 이성계 일파는 잔뜩 낀 구름처럼 드리우고 있는데, 고려를 지킬 매화와 같은 충신은 어디 있는지 알 수도 없다. 기울어진 국운 즉 석양 속 혼자 서서 어찌할 바를 모르는 모습에서 화자의 안타까운 심경이 고스란히 드러난다.

고려말 대사성에 올라 성균관 학칙을 새로 제정하고 김구용・정몽주・이숭인 등과 활기차게 성리학 발전에 힘을 모으던 열정과 기백은 찾아보기 어렵다. 이 시조는 『청구영언』, 『해동가요』, 『가곡원류』, 『병와가곡집』 등 수많은 가집에 실려 있다. 물론 다른 작품들과 마찬가지로 가집마다 표기에 조금씩의 차이가 있다.

이색의 본관은 한산韓山, 자는 영숙潁叔, 호는 목은牧隱, 시호는 문정文靖이다. 아버지는 정당문학政堂文學을 지낸 이곡李穀으로 영해의 대현大賢 김택金澤의 딸 함창김씨咸昌金氏와 혼인하면서 영덕 지역에 거주하게 되었다. 이색은 1남 4녀 중 외아들로 외가인 경상도 영해부 괴시리에서 태어났다. 1341년(충혜왕 2) 진사시에 입격하고, 이듬해 부음父蔭으로 별장別將이 되었다. 1348년(충목왕 4) 원元의 국자감國子監에 입학하여 생원으로 수학하였다. 1353년 과거에서는 이색이 장원으로 뽑혔다. 이때 지공거知貢擧의 한 사람이 이제현이었다. 그 이듬해에는 원의 제과制科에 급제하는 등 계속 학문적 능력을 인정받았다.

이색은 고려 말 정치・사회적으로 다양한 역할을 수행했다. 1352년 전제田制와 국방, 학제와 과거제, 불교 문제 등에 대한 복중 상소를 올렸으며, 1356년 시정時政에 관한 8조목의 상소를 올렸는데 정방政房을 혁파하고 능력 중심의 인재 등용을 역설하는 것이었다. 1359년과

1361년에 걸쳐 홍건적이 침입하자 왕을 안동으로 시종하여 신축호종공신辛丑扈從功臣 1등에 책록되었다.

1365년 과거제의 개혁에 참여하였고, 성균관 대사성大司成으로 활동하면서 성리학의 부흥에 기여하였다. 1379년 우왕의 사부師傅가 되었으며, 1388년 위화도 회군에 찬성하였고, 요동정벌에 대한 책임을 묻는다는 명분으로 우왕의 폐위와 창왕의 옹립에 동조하였다. 이후 문하시중門下侍中에 임명되었으나 1389년(창왕 1) 당시 현안으로 떠오른 사전혁파私田革罷 문제로 이성계李成桂·정도전鄭道傳 등 급진개혁파와 길을 달리하였다.

이후 정도전을 비롯한 혁명 세력은 이색을 개혁에 반대하는 무리로 몰아 탄핵하고 정몽주鄭夢周를 살해한 뒤 조선왕조를 개창하였다. 조선 건국 후 태조 이성계의 출사 종용이 있었으나 고사했다. 1396년(태조 5) 여주 신륵사神勒寺에서 기세했다. 태조는 문정文靖이라는 시호를 내렸다. 장단의 임강서원臨江書院, 청주의 신항서원莘巷書院, 한산의 문헌서원文獻書院, 영덕의 단산서원丹山書院 등에 제향되었다.

이색은 이제현과 함께 원나라 국자감에서 주자 성리학을 공부하였다. 이후 고려에서 성리학 보급에 앞장섰으며, 정몽주·길재·이숭인 등 많은 신진사대부 문인들을 길러냈다. 저서로는 1404년(태종 4) 편찬된 55권 24책의 『목은집牧隱集』이 전한다. 경북 영덕군에서는 이색의 행적을 추모하기 위해 2003년부터 목은문화제를 시행하고 있다. 영덕군 영해면 괴시리 생가터에 목은이색기념관을 건립하였다.

정몽주(鄭夢周, 1337~1392)

포은圃隱 정몽주는 널리 알려진 바와 같이 고려에 충절을 지킨 고려

말의 충신이다. 1337년 영천군永川郡 우항리愚巷里에서 태어난 정몽주의 본관은 영일, 초명은 몽란夢蘭 또는 몽룡夢龍, 자는 달가達可, 호는 포은圃隱이다. 그의 〈단심가〉는 절의의 표상으로 일컬어지는 정몽주의 정신세계를 잘 보여주는 시조로 많은 사람들의 입에 회자되었다.

  정몽주는 1360년의 과시科試에 합격하고, 1362년 예문검열藝文檢閱에 제배除拜되는 것으로 벼슬길에 들어섰다. 그는 1392년 피살되기 직전까지 고려 조정이 필요로 하는 다양한 역할을 수행했다. 여진족 평정이나 왜구 소탕과 같은 군사 활동에도 일익을 담당했고, 중국·일본과의 외교 활동에도 주요한 임무를 수행했다. 피살되기 바로 전 해인 1391년에는 인물추변도감 제조관人物推辨都監 提調官이 되었고, 이어 안사공신安社功臣의 훈호를 받았다. 1392년 들어서서 왕에게 신률新律을 바치는 등 고려의 개혁을 위해 노력하였으나, 그해 4월 선죽교善竹橋에서 역성혁명 세력에 의해 피살되고 말았다. 고려 왕조는 이해 7월에 멸망했다.

  혁명을 주동한 무리의 중심에 있었던 이방원이 정몽주의 의중을 떠보기 위해 '만수산 드렁칡과 같이 서로 얽혀 백 년까지 누리자'는 내용의 〈하여가何如歌〉를 불렀더니 이에 대한 응답이 '일백 번 고쳐 죽더라도 뜻이 변하지 않으리라'는 〈단심가〉였다는 이야기는 세간에 널리 퍼져 전해졌다.

  이 몸이 죽어 죽어 일백 번 고쳐 죽어
  백골이 진토되어 넋이라도 있고 없고
  임 향한 일편단심이야 가실 줄이 있으랴
  (3811.1. 청구영언 진본.0008)

왕조 교체기 과정에서 고려조에 충성하겠다는 뜻을 천명한 〈단심가〉가 조선조 개국 후에는 '충절의 노래'로 널리 퍼지게 되었다. 조선조가 내세운 유교적 지배질서와도 온전히 부합하고, 그와 같은 충절은 새로 건국된 조선 조정으로서도 매우 요긴한 것이었다. 이방원은 역성혁명易姓革命에 걸림돌이 되는 정몽주를 제거했으나, 그가 왕위에 오르자 곧 정몽주를 대광보국숭록대부 영의정부사 수문관대제학 겸예문춘추관사大匡輔國崇祿大夫 領議政府事 修文館大提學 兼藝文春秋館事 익양부원군을 추증하고 문충文忠이라는 시호를 내렸다.

1432년 세종의 명으로 지은 『삼강행실도』에는 정몽주를 충신전에 넣었고, 1452년에는 문종의 명으로 숭의전崇義殿에 배향하였다. 1517년에는 태학생 권전權磌 등의 상소로 중종이 정몽주를 문묘文廟에 종사토록 했다.

1554년 영천 정몽주의 옛 집터에 서원이 세워졌다. 명종이 편액을 내려 임고서원臨皐書院이라 하고 사서·오경·통감·송감宋鑑을 내리고, 이어서 위전位田을 두어 봄가을로 사사祀事를 닦게 하였다. 전국 20여 개 원사院祠에서 정몽주를 제향하고 있다. 목판본인 9권 3책의 『포은집圃隱集』이 있다.

정몽주 모친

정몽주의 어머니는 영천이씨永川李氏로 선관서승膳官署丞 이약李約의 딸이다. 많은 가집에 작자가 '정몽주 모친'으로 표기된 시조 한 수가 전한다.

까마귀 싸우는 골에 백로야 가지 마라

성낸 까마귀 흰빛을 새울세라
청강에 일껏 씻은 몸을 더럽힐까 하노라
(0619.1. 가곡원류 가람본.0031)

까마귀와 백로를 악과 선의 상징처럼 대비시켜 백로에게 까마귀를 가까이 하지 말 것을 당부하는 이런 구조는 조선 중기의 학자 이시李蒔의 〈오로가烏鷺歌〉에서도 찾아볼 수 있다. 가곡원류 계통의 가집에는 거의 '정몽주 모친'으로 작가 표기를 하고 있는데, 일부 가집에 이방원의 초대를 받은 정몽주에게 모친이 경계하라는 의미로 지어준 것이라는 부기가 있다. 하지만 정몽주 모친의 몰년이 이방원(1367~1422) 출생 이전으로 파악되니 신빙하기는 어렵다.

이직(李稷, 1362~1431)

고려조에서 벼슬을 하다 이성계의 혁명 세력에 합류하여 조선조에서도 출세 가도를 달린 이직이 마치 정몽주 모친의 시조에 응대하는 듯한 〈오로시烏鷺詩〉를 남기고 있어 매우 흥미롭다.

이직의 본관은 성주星州로 자는 우정虞庭, 호는 형재亨齋이다. 성주이씨 시조 이순유李純由의 16세손인데, 증조할아버지가 이조년이고, 큰아버지가 이인임李仁任이다. 할아버지는 이포李褒이고, 아버지는 이인민李仁敏이다. 여러 가집에 작자가 '이직李稷'으로 표기된 작품 한 수가 전하는데, 일명 '오로시烏鷺詩'이다.

까마귀 검다 하고 백로야 웃지 마라
겉이 검은들 속조차 검을쏘냐

아마도 겉 희고 속 검을쏜 너뿐인가 하노라
(0606.1. 청구영언 연민본.0201)

　이 작품에서는 까마귀와 백로에 대한 평가가 역전되었다. 백로가 겉만 흴 뿐 속이 검은 표리부동表裏不同의 이중성을 가진 존재라고 공세를 취하는 반면 까마귀가 비록 겉은 검지만 속까지 그렇지는 않다고 옹호한다. 정몽주 모친의 시조에 항변하는 듯한 내용이어서 실제 어떻게 해서 이 작품이 창작되었는지 궁금하지만 확인할 길은 없다.
　이직이 조선의 개국과 국정 운영에 적극적으로 참여하였기에 충의정신으로 성가가 드높아진 정몽주와는 입장이 다르다. 이러한 측면에서 이직에게 조롱이나 비난의 소리가 있었을 법도 하다. 그런 공세에 대한 대응이 이 시조로 이뤄졌다면, 〈하여가〉에 대한 〈단심가〉가 만큼이나 흥미로운 시조 창작의 현장이었다고 하겠다.
　이직은 고려 후기 16세 되던 1377년(우왕 3) 문과에 급제하여 경순부주부慶順府注簿, 1386년 밀직사우부대언密直司右副代言을 지냈다. 공양왕 때는 예문관제학藝文館提學에 이르렀다.
　1392년 이성계를 도와 조선 개국에 공헌, 성산군星山君에 봉해지고 1393년(태조 2) 도승지·중추원학사로서 사은사가 되어 명나라를 다녀왔다. 1397년 대사헌, 1399년(정종 1) 중추원사 겸 서북면 도순문찰리사都巡問察理使, 참찬문하부사參贊門下府事, 삼사좌사三司左使, 의정부지사議政府知事 등을 지냈다. 1400년 제2차 왕자의 난 때 이방원에 합세하여 1401년(태종 1) 좌명공신 4등이 되었고, 사은사로 명나라에 다녀와 대제학이 되었다. 1403년에는 사평부판사司平府判事로 주자소를 설치하여 동활자인 계미자癸未字를 만들었다. 이조판서·동북면도순문찰리사·영흥부윤을 역임하고, 1414년에는 우의정에 올라 진하사로 명나라에 다녀왔다.

　1415년 황희와 함께 충녕대군의 세자 책봉을 반대하여 성주에 안치되기도 했지만, 세종 6년(1424년)에는 영의정에 올랐다. 여러 관직을 거칠 동안 청백리로 명망이 높았다. 1427년 벼슬길에서 물러나와 1431년 향년 70세로 하세했다.『세종실록』에 이직의 졸기卒記가 있다. 문집『형재시집亨齋詩集』이 있다. 문집의 서문은 이직의 손자 이영진李永蓁의 청으로 점필재 김종직이 썼다. 성주의 안봉서원安峰書院에 배향되었다. 시호는 문경文景이다.

길재(吉再, 1353~1419)

　야은冶隱 길재는 선산 출신으로 여말麗末의 학자요 문신이다. 여말 삼은三隱 중 1인으로 꼽히는 그는 망국의 기미를 느끼고 고향 선산으로 낙향하여 학문 탐구와 후학 양성에 전념했다. 국가의 흥망성쇠와 인생무상을 노래한 〈회고가懷古歌〉를 지어 시조문학사에도 큰 족적을 남겼다. 그가 남긴 〈회고가〉는 조선이 개국한 후 고려의 수도였던 개성을 방문하였을 때 일었던 자신의 심정을 노래한 작품이다.

　오백년 도읍지를 필마로 돌아드니
　산천은 의구한데 인걸은 간 데 없다
　어즈버 태평연월이 꿈이런가 하노라
　(3431.1, 병와가곡집.0054)

　이 작품의 표면적 의미로 봐서는 지은이가 '개경을 방문했던 시기의 심정'으로 시간이 한정될 수 있으나, 그의 삶으로 보면 온갖 감회가 이

한 수의 시조에 함축되어 있다고 할 수 있다. 중장의 '남아 있는 것[산천]'과 '사라져 버린 것[인걸]'은 분명한 대비를 이룬다. 그래서 종장의 꿈이 더욱 짙은 여운을 남긴다. 시어 '꿈' 속에는 자신이 가졌던 '태평연월을 이루겠다는 청운의 꿈'이 허망한 '한바탕의 꿈'이 되어버렸다는 중의重義로 읽을 수도 있겠다.

지은이는 태종이 즉위한 1400년 태상박사로 조선조 조정의 부름을 받는다. 은거생활 10년이나 되었지만, 이를 거절하기가 어려웠던 길재는 한양으로 가서 상소를 올려 불사이군不事二君의 뜻을 분명히 밝힌다. 이때 한양 방문 후 고려의 도읍지 개경을 들렀을 것이다. 개경에서 만감이 교차했던 길재가 〈회고가〉 한 수를 남긴 것이다.

길재의 본관은 해평海平, 자는 재보再父, 호는 야은冶隱·금오산인金烏山人, 시호는 충절忠節이다. 금주지사錦州知事 원진元璡의 아들로 선산에서 출생한 그의 어린 시절은 외로웠다. 유아 시절부터 송도에서 벼슬살이를 하는 부친과 떨어져 모친과 함께 살다가 8세 때에는 모친도 부친을 따라가게 되어 홀로 외가에서 성장했다. 외조부모의 눈시울을 뜨겁게 했다는 '잡은 새끼 자라를 놓아준 이야기'도 그때의 일화다.

홍건적의 침입(1360, 1362)과 원·명의 왕조 교체(1368) 등 나라의 안팎으로 혼란하던 와중 길재는 부친이 모친을 버려두고 검교군교감 노영盧英의 딸과 재혼하는 가정사의 불행을 겪게 된다. 길재는 모친을 정성으로 위로하며 학업에 매진했다. 냉산冷山 도리사桃李寺에서 처음 글을 배웠으며, 18세 때인 1370년 박분朴賁으로부터 『논어』『맹자』를 배웠다고 한다. 그 뒤 아버지를 만나러 송도로 거처를 옮긴 그는 이색·정몽주·권근의 문하에서 공부했다.

포은과의 만남은 조선 유학의 정맥을 잇는 계기가 되었다 할 수 있다. 길재가 성균관에 입학했을 당시 목은 이색은 대사성大司成, 포은 정몽주는 이숭인李崇仁과 함께 성균관박사에 제수되어 있었다. 양촌 권근(權近, 1352~1409)은 시성균직강試成均直講 벼슬에 있었다. 양촌은 야은보다 불과 1년 연상이었지만, 야은은 양촌을 학문의 스승으로 극진히 모셨다. 양촌도 자신의 문하에서 야은이 단연 독보라고 인정했다. 야은은 1383년(우왕 9)에는 사마감시司馬監試, 1386년에는 진사시에 합격하여 청주목淸州牧 사록司錄에 임명되나 부임하지 않고 학문에 전념했다. 이때 이방원과 한 마을에서 학문을 토론하며 교분을 쌓았다고 한다.

성균학정成均學正, 순유박사諄諭博士, 성균박사成均博士를 거쳐 1389년(창왕 1) 문하주서門下注書에 임명되었으나, 이미 위화도 회군(1388, 우왕 14) 후의 정세는 길재가 바라지 않는 쪽으로 진행되고 있었다. 우왕 폐위 사태 등을 보며 그는 학문으로 경륜을 펼치고자 했던 희망을 접고 고려 왕조에 의리를 지킬 것을 결심한다. 38세 되던 1390년 계림부鷄林府 교수가 제수되었으나 부임하지 않고 낙향을 결행했다. 처자를 데리고 귀향하는 길에 장단長湍에 유배되어 있는 스승 목은을 만나 하룻밤을 유숙하며 사제의 정을 나누었다.

그를 본받고 가르침을 얻으려는 학자가 운집했으며, 김숙자金叔滋를 비롯하여 김종직金宗直 · 김굉필金宏弼 · 정여창鄭汝昌 · 조광조趙光祖 등이 학맥을 이었다. 세종 즉위 후 길재의 절의를 기리는 뜻으로 그 자손을 서용하려 하자, 자신이 고려에 충성한 것처럼 자손들은 조선에 충성해야 할 것이라며 자손들의 관직 진출을 받아들였다고 한다. 저서로는 『야은집冶隱集』과 『야은속집冶隱續集』이 있으며, 그 밖에 그의 언행록인 『야은언행습유록冶隱言行拾遺錄』이 전해지고 있다.

2. 조선시대

정도전(鄭道傳, 1342~1398)

삼봉三峯 정도전은 고려 말의 문신이자 조선의 개국공신으로 본관은 봉화, 자는 종지宗之, 호는 삼봉三峯, 시호는 문헌文憲이다. 이성계를 도와 권문세족의 부패 정치에 찌든 고려를 무너뜨리고 성리학 이념에 기초한 중앙집권적 관료제 국가인 새로운 왕조를 세우겠다는 꿈을 그대로 구현한 인물이다. 그는 1수의 시조를 남겼는데, 고려의 흥망을 보는 시선이 여말의 삼은三隱과는 사뭇 다르다.

선인교 내린 물이 자하동에 흘러들어
반 천 년 왕업이 물소리 뿐이로다
아이야 고국흥망을 물어 무삼 하리오
(2578.1, 청구영언 홍씨본.0033)

선인교仙人橋는 개성 자하동에 있는 다리이고, 자하동紫霞洞은 개성 송악산 기슭에 있는 마을이다. '선인교 아래를 지나 자하동으로 흘러드는 물'이 '오백 년 고려 왕업의 무상함'을 말하고 있는 듯한 초·중장은 고려 사직社稷의 흥망을 물어 무엇하겠는가 하고 던지는 종장을 위해 잘 준비된 시적 장치로 읽힌다. 흘러가버리는 '물'을 시어로 가지고 온 것도 매우 의도적인 것으로 보인다. 구 왕조에 대한 미련은 흘러가버린 것에 대한 집착일 뿐이라는 메시지로도 읽힐 수 있다. 종장에서 시적 화자는 고국흥망을 물어 무엇하겠느냐고 반문하고 있다. 아래로 흘러가버리는 물처럼 역사도 흥망도 그렇게 흐르는 것이라는 의미다.

정도전은 고려조에서 과거에 급제한 후 성리학을 장려하고 명나라와의 외교론을 주장하는 등의 행보로 파직과 복직을 되풀이하다 1383년 이성계를 만나면서 역성혁명을 준비해나가기 시작했다. 이후 이성계·정몽주와 합세하여 우왕과 창왕을 폐위시키고 공양왕을 추대하기도 했다. 이방원의 주도하에 정몽주가 제거된 1392년, 조선이 건국하고 정도전은 1등 개국공신이 된다. 그러나 그 자신도 1398년 제1차 왕자의 난 때 이방원의 군사들에게 피살되었다. 역사의 흐름 속에서 그도 그렇게 흘러가버린 것이다.

조선의 제3대 왕이 된 이방원은 역성혁명의 걸림돌로 여겨 제거했던 정몽주를 높이는 한편 개국공신 정도전을 역적으로 매도했다. 자연히 포은의 〈단심가〉는 환영받게 되고, '정도전'과 관련된 것은 조롱거리가 되었다. 정도전은 조선이라는 새 왕조의 청사진을 그렸을 뿐 아니라 『조선경국전』 등 조선의 체제 구축을 위한 방대한 저술을 남기기도 했다. 조선 창업과 이성계를 송축하는 〈신도가〉·〈정동방곡〉·〈납씨가〉·〈문덕곡〉 등의 악장도 지었다. 이 모든 것들이 그의 시조처럼 물소리를 내며 흘러가버렸다.

하위지(河緯地, 1412~1456)

단계丹溪 하위지는 잘 알려진 바와 같이 사육신의 한 사람이다. 그의 본관은 진양, 자는 천장天章, 호는 단계丹溪이다. 아버지는 군수 하담河澹이다. 그는 1412년(태종 12) 선산 영봉리에서 태어났다. 1438년(세종 20) 문과에 장원급제하여 집현전에서 세종을 도와 많은 업적을 이루었다. 문종 때 병으로 낙향하여 학문에만 전념하였는데, 김종서·황보인 등의 중신들이 수양대군에게 참살을 당했다는 소식을 듣고 큰 좌절감을 느꼈던 것이 분명하다. 세조가 예조참판에 제수했으나 받아들이지 않았다. 왕의 독촉이 심하여 부득이 벼슬에 나갔으나 세조가 내린 녹봉은 손대지 않고 별실에 쌓아두었다고 한다.

단종 복위를 계획하였으나 김질金礩의 고변으로 거사는 실패로 돌아가고, 박팽년·성삼문·이개·류성원·유응부와 더불어 같은 날 참형을 당하였다. 이들을 우리는 사육신이라 부르며 그들의 충절을 기리고 있다. 이 사건에 연루되어 하위지의 형 하강지河綱地, 아우 하기지河紀地·하소지河紹地, 아들 하호河琥·하박河珀도 참형에 처해졌다. 『청구영언』과 『화원악보』 등의 가집에 하위지를 작자로 표기한 두 수의 시조가 있다.

> 객산 문경客散門扃하고 풍미 월락風微月落한 제
> 주옹酒甕을 다시 열고 시구詩句를 흩부르니
> 아마도 산인득의山人得意는 이뿐인가 하노라
> (0197.1, 병와가곡집.0068)

손님들이 다 돌아가 문을 닫으니 바람은 살랑살랑 가볍게 불고 달은 기우는데, 술 항아리를 다시 열고 혼자 (술잔을 기울이며) 싯귀를 소리내어 마구 읊어본다. 속세를 떠나 은거하고 있는 즐거움은 이것뿐이 아니겠는가 하는 내용이다. 자연 속에서 한거하며 시주詩酒를 즐기는 여유를 노래한 작품이다.

독자나 청자는 하위지의 비극적인 최후를 알기에 이 작품이 더욱 강한 아픔으로 와닿는다. 1456년 거사 계획이 실패로 끝나고 하위지는 동료들과 모진 고문 끝에 거열형을 당했다. 충의정신에 반하는 계유정난(1453)이 일어나지 않았다면 위 시조의 시적 화자처럼 자연 속에서 유유자적 득의의 삶을 살았을지도 모를 일이다.

하위지는 1758년(영조 34) 이조판서에 추증되고, 충렬忠烈이라는 시호를 받았다. 단종의 능인 장릉莊陵의 충신단忠臣壇 숙모전肅慕殿, 노량진의 민절서원愍節書院, 영월의 창절사彰節祠, 선산의 월암서원月巖書院 등에 제향되었다. 구미시 선산읍 서쪽 단계천에 단계교丹溪橋가 있고, 그 위에 유허비각이 있다.

여헌 장현광은 단계 하위지의 묘갈명에 "군자가 변에 처하는 사업이 있으니 이 또한 하나의 의를 성취하는 것이네. 하고자 하는 바가 사는 것보다 더 중함이 있으면 사는 것도 버리며 싫어하는 바가 죽는 것보다 더 심함이 있으면 죽음도 피하지 않네. 목은 도끼에 기름칠이 되었으나 공로가 강상綱常에 남아 있네. 넉 자 남짓 황폐한 무덤은 사람들로 하여금 머리가 꼿꼿이 서고 뼛골이 시리게 하니 이곳이 바로 선생의 의관을 보관한 곳이로다."라고 적었다.

김굉필(金宏弼, 1454~1504)

한훤당寒暄堂 김굉필은 조선 초기 격랑의 시기를 꼿꼿한 선비정신으로 일관한 성리학의 거봉이다. 『병와가곡집』에는 김굉필이 작자로 표기된 시조가 4수 수록되어 있는데, 다른 가집에는 황희나 맹사성의 작품으로 혼기되어 있는 양상을 보인다. 『병와가곡집』외 『동가선』, 『악부 나손본』, 『대동풍아』, 『악부 고대본』 등의 가집에서 '김굉필'로 가장 많이 표기된 작품은 다음이다.

삿갓에 도롱이 입고 세우細雨 중에 호미 메고
산전山田을 흩매다가 녹음에 누웠으니
목동이 우양牛羊을 몰아 잠든 나를 깨와다

(2431.1. 병와가곡집 0072)

삿갓 쓰고 도롱이 입고 가랑비 내리는 날, 호미를 들고 산 속 밭을 매다가 나무 그늘에 누워 깜빡 잠이 든 시적 화자가 목동이 소와 양을 몰고가는 어수선한 소리에 깨게 되었다는 내용이다. 한가한 전원생활의 정취가 듬뿍 담긴 시조다. 김굉필은 김종직의 문인으로 갑자사화 때 사사賜死되었으니, 이 작품의 정경은 김굉필이 겪은 현실과는 거리가 멀다. 하지만 호를 '사옹簑翁' 즉 '도롱이 쓴 늙은이'로 지은 것으로 보면, 이 작품에 묘사된 세계를 동경했던 것은 분명해 보인다.

김굉필의 본관은 서흥瑞興, 자는 대유大猷, 호는 한훤당寒暄堂·사옹簑翁이다. 아버지는 호군護軍을 지낸 김유金紐, 어머니는 청주한씨淸州韓氏다. 한성부 정릉동(현 서울시 성북구 정릉동)에서 출생했으나 증조모의 친정인 경북의 달성군 현풍으로 이주하여 거기에서 성장했다.

1460년(세조 6) 경상남도 합천군의 순천박씨 가문에 장가들어, 처갓집 인근에 작은 서재를 지어 당호를 한훤당寒暄堂이라 하고 그것으로 자호自號했다. 김종직이 함양군수로 있을 때, 그의 문하에서 공부했다. 그는 특히 『소학』에 심취하여 스스로 소학 동자라 자처했고, 30세 이후에서야 다른 책에 눈을 돌렸다는 이야기도 전한다.

1480년(성종 11) 생원시에 급제하였다. 1494년(성종 25) 남부참봉南部參奉으로 벼슬살이를 시작하여 1496년 군자감 주부軍資監主簿·사헌부 감찰司憲府監察, 1497년 형조좌랑 등을 역임했다. 공직 수행에 사심이 없고 법도에 따랐다는 평을 들었다. 1498년(연산군 4)에 무오사화가 있었는데, 김일손이 사초史草에 스승 김종직의 「조의제문弔義帝文」을 수록한 것이 화근이었다. 「조의제문」의 표면적 의미는 초나라 항우에게 희생된 의제義帝의 죽음을 조문한다는 것이지만, 내포된 의미는 조카 단종으로부터 왕위를 찬탈한 세조에 대한 비판이었다.

당시 훈구파들은 이를 빌미로 신진 사림파들을 대거 숙청하였다. 사림파 인사들 중 상당수가 김종직의 문인이었기에, 김굉필도 화를 피할 수 없었다. 김굉필은 김종직의 문인으로서 붕당을 만들고 국정을 비방했다고 하여, 평안도 희천군에 유배되었다. 유배지에서 후진 양성과 학문 연구에 힘썼는데, 이때 17세의 조광조가 어천도 찰방魚川道察訪으로 부임한 아버지 조원강趙元綱을 따라 희천군에 왔다가 김굉필의 문인이 되었다.

1500년(연산군 6) 전라도 순천부로 유배지를 옮겼다. 1504년(연산군 10) 갑자사화가 발생하여 유배지에서 사약을 받게 되었다. 갑자사화로 훈구파·사림파를 막론하고 연산군의 생모인 폐비 윤씨의 죽음과 관련된 많은 인사들이 숙청되었는데, 김굉필도 폐비 윤씨 사사賜死에 찬성하였다고 하여 죽임을 당하게 되었다. 갑자사화로 김굉필의 가산은 몰수되었고, 아들 김언숙金彦塾·김언상金彦庠은 각각 하동과 사천으로 유배되었다.

김굉필은 친우였던 정여창과 함께 정몽주·길재吉再·김숙자金叔滋·김종직으로 이어지는 우리나라 성리학의 적전嫡傳을 계승한 인물이다. 1568년(선조 1) 성균관 유생들이 김굉필·정여창·조광조·이언적에 대한 문묘 종사를 청원하였으며, 1572년(선조 5)부터는 이황을 포함하여 5현五賢에 대한 문묘 종사를 청원하기 시작하였다. 1575년 '문경文敬'이라는 시호가 내려졌다.

김굉필은 문묘를 비롯하여 대구광역시 달성군 구지면 도동리에 위치한 도동서원道東書院, 황해도 서흥군에 위치한 화곡서원花谷書院, 평안북도 희천군에 위치한 상현서원象賢書院, 전라남도 순천시 금곡동에 위치한 옥천서원玉川書院, 충청남도 아산시 염치읍 서원리에 위치한 인산서원仁山書院 등에 배향되었다.

이현보(李賢輔, 1467~1555)

농암聾巖 이현보는 경북의 시조문학사는 물론 우리나라 시가문학사상 중요한 업적을 남겼다. 1665년 5권 2책의 목판본으로 처음 간행된 이현보의 시문집『농암집』에는 각종 시문 외 기記·발跋·서序 등이 수록되어 있는데, '가사歌詞' 항목에 시조〈효빈가〉·〈농암가〉·〈생일가〉외〈어부가〉9장과〈어부단가〉5장이 병서幷序·후발後跋과 함께 실려 있다. 그는 여러 가지 사연을 담은 시조를 지었을 뿐 아니라 세상에 전해지고 있는〈어부가〉12장,〈어부단가〉10결을 각각 9장과 5수로 산개刪改하여 어부가가 새로운 모습으로 명맥을 이어갈 수 있도록 하였다. 다음은〈어부단가〉5수 중 첫 수이다.

이 중에 시름 없으니 어부의 생애이로다
일엽편주一葉片舟를 만경파萬頃波에 띄워 두고
인세를 다 잊었거니 날 가는 줄을 안가
(3892.1. 어부단가 판본.0001)

자연 속에서 인세를 잊고 사는 어부의 한정을 노래하고 있다. 유유자적한 이 시세계에 대해 퇴계는 "부귀를 뜬 구름과 같이 여기시고, 세상 밖에 우아한 회포를 부치시면서, 항상 조그마한 배에 짧은 노로 연파煙波 속에서 소오嘯傲하시면서 낚시바위 위를 배회하셨다. 갈매기를 잡으시면서 기미를 잊으시고, 물고기를 관찰하시면서 즐길 줄을 아셨으니, 곧 강호의 즐거움 가운데 진미를 얻으셨다."라고「서어부가후書漁父

歌後」에서 언급했다. 이 글은 당시 풍기군수였던 퇴계가 농암의 청으로 쓴 글이다. 퇴계는 발문의 마지막에 1549년(명종 4) 12월 16일에 풍기군수 이황이 "서재에서 손을 모으고 삼가 글을 쓴다"고 적었다.

농암은 아손배兒孫輩들이 뒤늦게 이 노래를 얻어서 자신에게 보여주었는데, 이 노래를 얻은 뒤로 이전에 즐겨 부르던 가사를 모두 버리고 오직 여기에 마음을 두었다고 했다. 그리고 손수 베껴서 화조월석에 술잔을 잡고 벗을 불러 분강汾江의 작은 배 위에서 읊도록 하여 참된 흥미를 느끼면서 권태를 잊는다고 했다. 농암은 "사어가 한적하고 의미가 심원해서 읊조리는 사이에 사람들에게 공명을 벗어나서 표표히 멀리 세속을 벗어나는 뜻을 일으켰다."고 이 어부가에 대한 감흥을 말했다.

손서孫壻 황준량(黃俊良, 1517~1563)으로부터 받은 어부장·단가를 각각 9장과 5장으로 산개한 농암은 매번 반가운 손님과 좋은 경치를 만날 때마다 아이들에게 노래부르게 하고 춤을 추도록 시켰다. 자연 속에서 유유자적한 삶을 누리는 소위 '강호가도江湖歌道'의 시세계를 여기에서 볼 수 있다.

『농암집』에 수록된 시조작품 각각의 병서도 주목할 만하다. 〈효빈가〉는 1542년(중종 37) 벼슬을 그만두고 한강 가에서 지인들과 작별하고 돌아가는 배에서 도연명의 〈귀거래사〉를 본받아 지었다고 한다. 〈생일가〉는 1551년 농암이 85회 생일을 맞이하여 자제들로부터 수연을 받고 자신의 회포를 노래한 작품이다. 농암聾巖을 호로 삼은 지은이는 〈농암가〉에서 작자 자신의 고향에 있는 바위 '농암'을 노래했다. 벼슬길에서 물러나 고향의 농암에 올라서니 노안이 오히려 밝아지고 사람은 변하였지만 산천은 그대로라는 것이다.

이현보의 시조와 관련하여 빠뜨릴 수 없는 작품 하나는 모친의 〈선반가宣飯歌〉이다. 농암 연보에 의하면 1526년에 농암이 귀향성친歸鄕省親

했다고 한다. 이듬해(중종 22)에는 승정원 동부승지에 제수되었는데, 〈선반가〉의 의미로 봐서는 이때 지은 것으로 봐야 하겠다. 1527년은 농암이 환갑이 된 해다. 모부인 권씨는 1531년에 별세했다.

 먹기도 좋을시고 승정원 선반宣飯이여
 놀기도 좋을시고 대명전 기슭이여
 가기도 좋을시고 부모님 향하는 길이여

 선반宣飯은 관리들에게 제공된 식사를 말한다. 승정원 밥이 먹기 좋다는 것은 승지 벼슬이 귀하다는 자랑이다. 종장의 앞 부분이 초·중장과 다름이 없는 것은 시조 형식에 대한 의식이 부족했다는 것으로 해석된다. 이것을 온전한 시조작품으로 여기지 않는 이유도 여기에 있다고 하겠다. 하지만 자신의 기쁨을 시조와 유사한 한 수의 작품으로 창작했다는 자체가 매우 의미 있는 일이다.
 이현보는 본관이 영천永川, 자는 비중棐仲, 호는 농암聾巖·설빈옹雪鬢翁, 시호는 효절孝節이다. 참찬 이흠李欽의 아들로 안동 도산 분천리에서 태어났다. 1498년(연산군 4) 식년문과에 급제한 뒤 32세에 벼슬길에 올라 예문관검열·춘추관기사관·예문관봉교 등을 거쳐, 1504년 38세 때 사간원정언이 되었다. 이때 서연관의 비행을 논하였다가 안동에 유배되었으나 중종반정으로 지평에 복직된다. 밀양부사·안동부사·충주목사를 지냈고, 1523년(중종 18)에는 성주목사로 선정을 베풀어 표리表裏를 하사받았다. 병조참지·동부승지·부제학 등을 거쳐 대구부윤·경주부윤·경상도관찰사·형조참판·호조참판 등을 역임했다. 1542년 76세 때 지중추부사에 제수되었으나 병을 핑계로 고향에 돌아와 만년을 강호에서 한거하였다. 문집으로 『농암집』이 있다.

1556년(명종 11) 퇴계 이황이 행장을 지었고, 1557년 시호 효절孝節이 내려졌다. 1566년 신도비가 세워지고 향현사鄕賢祠에 제향되었다가 1702년(숙종 28) 분강서원汾江書院에 위판位版을 옮겨 봉안하였다. 경북 봉화군 재산면에 그의 묘소가 있다.

박영(朴英, 1471~1540)

송당松堂 박영의 본관은 밀양密陽, 자는 자실子實, 호는 송당松堂, 시호는 문목文穆이다. 강계부사·동부승지·내의원제조 등을 역임한 조선 전기의 무신이다. 아버지는 이조참판 박수종朴壽宗이며, 어머니는 양녕대군讓寧大君 이제李禔의 딸이다. 선산善山에서 대대로 살았다.

외조부가 양녕대군이고 조부가 안동대도호부사 박철손朴哲孫이다. 그는 어릴 때부터 무예에 뛰어났다고 한다. 1487년(성종 18) 이세필李世弼 막하에 있을 때 종사관으로 명나라에 다녀왔으며, 1491년 원수元帥 이극균李克均을 따라 건주위建州衛를 정벌하였다. 이듬해 돌아와서 겸사복兼司僕이 되고, 9월에 무과에 급제한 뒤 선전관이 되었다.

자신이 스스로 무인의 길을 택했지만 학문에 대한 갈증이 컸던 박영은 1494년 성종이 승하하자 낙향했다. 낙동강 변에 집을 지어 송당松堂이라 편액하고, 한훤당 김굉필(1454~1504)의 도학을 계승한 신당新堂 정붕(鄭鵬, 1467~1512)의 문하에서 성리학 공부에 몰입했다. 정붕은 그보다 불과 4살 위였지만, 그는 죽을 때까지 제자로서 스승 정붕에게 예를 다하였다고 한다. 그런 마음가짐으로 학문에 매진한 그는 '송당학파'를 이루어 영남 사림의 학맥을 이었다.

1509년(중종 4) 선전관으로 임명되었으나 나가지 않다가 이듬해 삼포에 왜구가 침입하자 조방장으로 창원에 부임하였다. 1514년 황간현감, 1516년 강계부사를 지냈다. 1518년 의주목사에 임명되었으나 부임하지 않았고, 같은 해 동부승지로 임명되었으며 내의원제조를 역임하였다.

1519년 병조참판에 임명되었으나 병을 핑계로 사직하고, 그 해 5월에 성절사로 명나라에 다녀와 기묘사화의 화를 모면하였다. 이듬해 김해부사가 되었다가 곧 사직했다. 뒤에 영남좌절도사로 임명되었으나 곧 타계했다. 가집에 박영을 작자로 기록한 시조작품이 2수 전해지고 있다.

뉘라서 범아부范亞父를 지혜 있다 이르던고
패상霸上의 천자기天子氣를 판연히 알련마는 홍문연 칼춤에 거옥결擧玉玦은 무삼 일고
불성공不成功 저발배사疽發背死한들 뉘 탓이라 하리오
(1129.1. 청구영언 가람본.0288)

이 시조는 일부 가집에서 '만횡' 혹은 '롱'으로 불린 것으로 되어 있으나, 『청구영언 가람본』과 『교주』에는 이삭대엽으로 불린 것으로 되어 있다. 음악의 측면에서 조금 더 천착해볼 여지가 있는 작품이라 할 수 있다.

항우項羽와 유방劉邦이 각각의 진로로 진秦과 싸웠을 때, 함곡관을 먼저 통과하여 진秦나라를 무너뜨린 유방을 홍문鴻門으로 불러 연회를 열고, 유방을 죽이고자 했으나 실패한 범증范增을 노래했다. '범증을 누가 지혜 있다고 했나. 천자의 기운이 패공沛公에게 있는 것이 판연한데도 홍문연에서 차고 있던 옥결玉玦을 세 번이나 들었다 놓으며 항우에게 신호를 보낸 일은 왜 했는가. 그(범증)가 성공하지 못해 홧병으로 등창

고시조 61

이 발병하여 죽음에 이른들 누구 탓을 하리오'라는 내용으로 보아 무인이었던 박영을 작자로 보아도 무방할 듯한데, 『병와가곡집』한 군데에는 '이정보'로 표기되어 있고, 『청구영언 가람본』한 군데에는 '박영'으로 표기되어 있다.

박영이 낙동강 변에 지었던 송당정사는 임진왜란 때 소실되었다가 200여 년 후 재건되었다. 그 중건기重建記는 입재立齋 정종로(鄭宗魯, 1738~1816)가 썼다. 송당정사 앞에는 허목許穆이 비문을 쓴 신도비가 있고, 경내에 박영의 불천위 사당인 문목사文穆祠가 있다. 『조선유교연원』을 저술한 장지연이 "송당은 그의 학문을 일재 이항, 용암 박운, 진락당 김취성, 구암 김취문, 송계 신계성, 야천 박소 등에게 전하였는데, 대개 송당 역시 한훤당의 일파이다."라고 했다. 송당이 김종직·김굉필의 학맥을 계승했다는 언급이다.

박영은 황간의 송계서원松溪書院, 선산의 금오서원金烏書院에 제향되었다. 저서로는 『송당집松堂集』·『경험방經驗方』·『활인신방活人新方』·『백록동규해白鹿洞規解』등이 있다.

이언적(李彦迪, 1491~1553)

회재晦齋 이언적은 조선 전기의 유학자로서 조선조 성리학의 정립에 선구적인 역할을 하였다. 호를 '회재'라고 한 것도 회암晦庵 주희朱熹의 학문을 따른다는 뜻을 표명한 것이다. 시조 1수가 여러 가집에 수록되어 있다.

천부지재天覆地載하니 만물의 부모로다
부생모육父生母育하니 이 나의 천지로다

이 천지 저 천지 즈음에 늙을 뉘를 모르리라
(4610.1. 해동가요 박씨본.0040)

 '천부지재天覆地載' 즉 '하늘이 덮고 땅은 싣는다'는 것은 『중용』에서 가져온 말로 '매우 큰 은혜'라는 뜻이다. 중용에서는 "이 31장이 앞의 장을 이어서 소덕小德의 계속적인 흐름을 말한 것이니 또한 천도天道를 말하고 있다.(右第三十一章 承上章而言小德之川流 亦天道也)"고 설명하고 있다.
 천지는 만물의 부모요, 부모는 나의 천지라고 말하는 초·중장에 시적 화자의 가치관이 고스란히 담겨 있다. 그런 가치관 속에서 일생을 보낸다는 종장으로 이어지고 있다. 이 시조의 지은이가 『중용구경연의中庸九經衍義』(1553)를 저술했다는 점을 생각하면 창작 의도를 더욱 분명히 이해할 수 있게 된다.
 이언적의 본관은 여주驪州, 자는 복고復古, 호는 회재晦齋·자계옹紫溪翁·자옥산인紫玉山人, 시호는 문원文元이다. 아버지는 이번李蕃, 어머니는 경주손씨慶州孫氏로 경주에서 출생했다. 원래 이름은 적迪이었으나 중종의 명으로 언적彦迪으로 고쳤다. 1514년(중종 9) 24세에 문과에 급제하여 사헌부 지평·밀양부사 등을 역임했다.
 1530년(중종 25) 사간원 사간에 임명되었는데, 김안로의 재등용을 반대하다 파면되어 귀향했다. 경주 자옥산 자락에 독락당獨樂堂을 짓고 학문에 전념했다. 1537년 김안로 일파가 몰락하자 종부시첨정으로 시강관에 겸직 발령되고, 홍문관교리·응교 등을 거쳐, 1539년에 전주부윤이 되었다. 이때 조정에 「일강십목소一綱十目疏」를 올려 정치의 도리를 논하였다.
 1545년 인종이 훙서하자 좌찬성으로 원상院相이 되어 국사를 관장했고, 명종이 즉위하자 「서계 10조書啓十條」를 올렸다. 이후 이조·예조·

병조 판서와 대사헌·부제학을 거쳐 경상도관찰사·한성부판윤이 되었다. 윤원형尹元衡이 주도한 을사사화의 추관推官으로 임명되어 선비들을 심문하는 일을 맡았지만 스스로 벼슬에서 물러났다. 1547년 윤원형과 이기李芑 일파가 조작한 양재역 벽서사건良才驛壁書事件에 무고하게 연루되어 강계로 유배되었다. 귀양살이 7년 동안 그곳에서 많은 저술을 남겼다. 1553년 63세를 일기로 별세하였다. 『봉선잡의』·『대학장구보유』·『일강십목소』 등의 저술을 남겼다.

27세 때 당시 영남지방의 선배학자인 손숙돈孫叔暾과 조한보曺漢輔 사이에 토론되었던 성리학의 기본쟁점인 무극태극논쟁無極太極論爭에 뛰어들어 손숙돈과 조한보의 견해를 모두 비판하며 자신의 학문적 견해를 밝히기도 했다.

회재는 불의와 타협하지 않으면서도 온건한 해결책을 추구하였던 인물로 평가받고 있다. 중요한 저술로는 『구인록求仁錄』(1550), 『대학장구보유大學章句補遺』(1549), 『중용구경연의中庸九經衍義』(1553), 『봉선잡의奉先雜儀』(1550) 등이 있다. 1568년 영의정에 추증되었으며, 이듬해 '문원文元'의 시호가 내려졌다. 1573년 경주의 독락당 아래에 서원이 건립되어 옥산서원玉山書院으로 사액되었다. 1610년 문묘에 종사되었고, 경주의 옥산서원 등에 배향되었다.

박운(朴雲, 1493~1562)

용암龍巖 박운의 본관은 밀양密陽, 자는 택지澤之, 호는 용암龍巖·운암雲巖·지암止庵이다. 1493년(성종 24) 선산군 해평海平에서 출생하였다. 박영(朴英, 1471~1540) 문하에서 수학하면서 송희규宋希奎·송순宋純·김취성金就成 등과 교유하였다. 27세 때인 1519년(중종 14) 진사시에 입격하였으나 부친의 명에 따라 사환하지 않고 해평에 은거하면서 평생 학문에 정진하였다. 40세 때인 1532년(중종 27) 낙동강변 용소龍沼 가에 용수암龍首庵을 짓고, 용암龍巖이라 자호하였다.

박운의 시조 4수가 수록된 친필 수고본手稿本 잡록雜錄이 박운 후손가에 소장되어 있던 것을 정명세 선생이 발굴하여 소개한 바 있다. 시詩, 설說, 서序, 부賦 등이 잡다하게 수록되어 있는 이 잡록에는 〈일모日暮〉 1수, 「곡보」에 3수의 시조가 실려 있는데, 그의 문집 『용암선생문집』에는 보이지 않는다. 시조 4수는 이 무렵에 창작하였다고 한다. 〈일모〉는 간단없는 학문 수양을 노래한 것으로 저자의 삶의 태도가 드러난 작품이다.

날은 저물고 갈 길은 멀었으나
천리 만리에 사람 하건마는
가다가 엎더진들 가던 길을 말리야
(0802.1. 박운.0001)

비록 날은 저물고 갈 길은 멀더라도 가던 길을 멈출 수는 없다는 의지를 드러내고 있다. 멈추지 않겠다는 것은 학문에 뜻을 둔 학자들이 종종 사용하는 의지 표명의 방식이다. 퇴계도 "우리도 그치지 마라 만고상청하리라"라고 〈도산십이곡〉에서 노래했다. 〈용암龍巖〉이라는 제목의 3수는 박운이 은거하며 자신의 뜻을 추구하던 용수암龍首庵 주변의 풍광과 흥취를 노래한 작품이다.

박운은 만년에 이황과도 서신을 통해 학문적 교류를 하였다. 이황에게 산정刪正을 부탁한 『격몽편』과 『자양심학지론』은 후일 문집에 수록되었다. 『격몽편』은 초학자의 성리학 입문서이고, 『자양심학지론』은 주희

朱熹의 심학心學을 정리한 것이다. 평소의 생활은『주자가례』에 준하였다고 한다.

박운이 별세한 지 18년 후인 1580년(선조 13) 정려가 하사되었으며, 현재의 경북 구미시 해평면 괴곡리 고리실에 그의 효자정려비가 세워졌다. 1646년(인조 24)에 설립되어 1787년(정조 11)에 사액된 낙봉서원洛峰書院에 배향되었다. 낙봉서원에는 박운 이외에도 김숙자金淑滋·김취성·김취문金就文·고응척高應陟이 배향되었다.『격몽편擊蒙編』·『자양심학지론紫陽心學至論』,『경행록景行錄』,『삼후전三侯傳』,『위생방衛生方』,『용암집龍巖集』등을 저술했다. 1757년(영조 33) 후손들이 정간鄭幹의 서문을 받아 4권 2책의『용암선생문집』과 5책의『용암선생별집』을 편찬하였고, 1778년(정조 2) 이상정李象靖의 발문을 받아 4권 2책의『용암선생문집』을 목판으로 간행하였다.

주세붕(周世鵬, 1495~1554)

신재愼齋 주세붕의 본관은 상주尙州, 자는 경유景遊, 호는 신재愼齋, 시호는 문민文敏이다. 고조할아버지인 진사 주유周瑜가 고려 멸망 이후 합천에 은거하였다. 증조할아버지는 증 사복시정 주상빈周尙彬, 할아버지는 증 병조참의 주장손周長孫, 아버지는 증 이조참판 주문보周文俌인데 1501년(연산군 7) 가족들을 이끌고 칠원 무릉리(현 경남 함안군 칠서면)로 이주하였다. 이후부터 사람들은 주세붕 가문을 '칠원주씨'라고 불렀다.

주세붕은 1541년(중종 36) 풍기군수로 부임하여 향교를 수리하고, 1543년 안향(安珦, 1243~1306)을 배향하기 위하여 우리나라 최초의 서원인 백운동서원白雲洞書院을 건립하는 등 향촌 교화에 힘썼다. 주세붕이 백운동서원의 설립 취지를 알리기 위해 관련 기록을 모아 1544년(중종 39) 편찬한 『죽계지竹溪志』에는 시조 9수가 수록되어 있다. 또 그의 시문집인 『무릉잡고武陵雜稿』 속집에는 〈오륜가〉 6수가 실려 있다. 〈오륜가〉는 1549년(명종 4) 황해도 관찰사로 부임하면서 창작한 것이다.

　아버님 날 낳으시고 어머님 날 기르시니
　부모곧 아니시면 내 몸이 없을랏다
　이 덕을 갚으려 하니 하늘끝이 없으샷다
　(3003.2, 무릉.0002 오륜가:2)

　〈오륜가〉의 첫 수는 서사, 나머지 5수는 부모의 은덕·믿음·부부유별·형제간의 우애를 노래하고 있다. '황해도 풍속이 윤리에 어두워 이 노래를 지어 사람의 대륜大倫을 밝히고자 하였다.'고 창작의도를 밝히고 있는 〈오륜가〉는 오륜에 대한 설명과 이를 실천하기를 촉구하는 어조로 기술되었다. 문학에 '윤리적 가치'를 담은 주세붕의 〈오륜가〉는 후대의 훈민가 계통 시조 창작에 매우 큰 영향을 끼쳤다.
　주세붕은 1522년(중종 17) 사마시에 입격하고, 그해 겨울 별시문과에 급제하였다. 그는 내직으로 예문관검열·홍문관정자·성균관전적·지제교경연관춘추관 등을 지내며 주로 서적 관리, 문한, 왕의 자문과 같은 일을 맡았다. 특히 성균관대사성에 올라서는 부화浮華한 학문을 일소하고, 실학에 힘쓰도록 유생들을 가르쳤다. 왕에게는 경연을 통해 기질의 함양, 덕성의 훈도 등을 충언하였다.
　주세붕은 강원도도사·곤양군수·풍기군수·황해도관찰사 등의 여러 외직도 역임하였다. 주세붕은 부임지마다 문교를 일으켜서 풍속을 교화하고 백성의 생활을 구제하는 일에 주력하였다. 그중에서도 특히 풍기군수 재임 시의 행적이 주목된다. 주세붕은 1541년(중종 36) 풍기군수에 부임한 뒤, 안향의 고향인 옛 순흥 지역에 안향을 제향하는 사묘를 세웠다. 1542년에는 학사를 세운 뒤 주자朱子의 백록동서원을 본받아 이를 '백운동서원'이라 하였다. 백운동서원은 우리나라 최초의 서원으로 훗날 소수서원紹修書院으로 사액된다. 그는 빈민구제를 위해 고향집 곡식을 풍기로 운반해 오기도 했다. 그가 임기를 마치고 떠날 때 풍기 백성들은 진심을 다한 유애비遺愛碑를 세웠다.

주세붕은 1506년(중종 1) 강신효姜藎孝로부터 처음 학문을 배웠다. 회재 이언적을 스승처럼 받들었으며, 이황·조식 등과 교우 관계를 맺었다. 『무릉잡고武陵雜稿』와 『신재집愼齋集』 2책의 문집이 있었으나, 『신재집』은 임진왜란 당시 소실되었다. 중종 39년(1544)에 편찬한 『죽계지』에는 주세붕이 풍기군수 재임 시절 건립한 백운동서원의 창건 기록과 배향 인물의 전기가 수록되어 있다. 『죽계지』 권1에는 국문시가가 수록되어 있는데, 안축의 〈죽계별곡〉을 비롯하여 주세붕 자신이 지은 경기체가 〈도동곡道東曲〉 9장, 〈엄연곡儼然曲〉 7장, 〈태평곡太平曲〉 5장과 시조 〈군자가君子歌〉 〈학이가學而歌〉 〈문진가問津歌〉 〈욕기가浴沂歌〉 〈춘풍가春風歌〉 〈지선가至善歌〉 〈효제가孝悌歌〉 〈정양음靜養吟〉 〈동찰음動察吟〉 9수가 수록되어 있다. 『무릉잡고』 속집 권1의 '가사편'에는 〈오륜가〉 6수가 수록되어 있는데, 별집 권8의 '가사편'에는 경기체가 〈도동곡〉 9장, 〈육현가六賢歌〉, 〈엄연곡〉 7장, 〈태평곡〉 5장이 실려 있다.

주세붕은 백운동서원 건립의 공로가 인정되어 1633년(인조 11) 소수서원에 추향되었다. 그 외에도 해주의 양근서원陽根書院, 함안의 덕연서원德淵書院, 합천의 도연서원道淵書院에 제향되었다.

이황(李滉, 1501~1570)

동방 이학理學의 종사宗師라고 불리는 퇴계退溪 이황은 『심경후론』·『역학계몽전의』·『성학십도』·『주자서절요』·『자성록』·『송원이학통록』 등의 많은 저술을 남겼을 뿐 아니라 2천 수가 넘는 한시漢詩도 남겼다. 그가 고향 예안에서 강학과 저술에 전념하던 만년에는 연시조 〈언지육곡言志六曲〉과 〈언학육곡言學六曲〉을 지었다. 〈도산십이곡陶山十二曲〉으로 지칭되는 바로 그 작품이다.

〈도산십이곡〉은 퇴계 수필手筆의 목판본으로 전하고 있는데, '도산십이곡발陶山十二曲跋'이 작품 뒤에 부기되어 있다. 이 노래를 짓게 된 경위와 목적 등을 밝히고 있어 주목할 만하다.

우리 동방의 가곡은 대부분 음란한 노래가 많아서 족히 말할 것이 못된다. 〈한림별곡翰林別曲〉과 같은 류類는 문인의 입에서 나왔으나, 긍호방탕矜豪放蕩하며 설만희압褻慢戲狎하니 더욱이 군자가 마땅히 숭상할 바가 아니다. 근세에 〈이별육가李鼈六歌〉라는 것이 세상에 크게 전해지고 있는데, 오히려 그것(이별육가)이 이것(한림별곡류)보다 나으나, 또한 애석하게도 이것은 완세불공玩世不恭의 뜻이 있으며 온유돈후溫柔敦厚의 내실이 적다.

지금의 시詩는 옛날의 시와는 달라, 읊을 수는 있어도 노래를 부를 수는 없으니, 만약 노래를 부르려면 반드시 비속한 말로 엮어야 한다. 이는 대개 우리 나라의 음절이 부득이 그럴 수밖에 없기 때문이다. 그래서 일찍이 대략 〈이가李歌〉를 모방하여 지었는데, 〈도산육곡陶山六曲〉이 둘이다. 그 하나는 뜻[志]을 말하고, 그 두 번째는 배움[學]을 말하였으니, 아이들로 하여금 조석으로 익혀 노래하게 하고 궤에 기대어 앉아

들으며, 또한 아이들로 하여금 스스로 노래하고 스스로 춤추게 하고자 한다. 그러면 비루함과 인색함을 씻어내고 마음이 감발융통感發融通하여, 노래 부르는 자와 듣는 자가 서로 유익함을 주고받지 않을 수 없다.

먼저 이 노래를 짓게 된 계기를 언급하고 있다. 〈한림별곡〉과 같은 작품은 문인들에 의해 창작되었으나 뽐내고 방탕하고 제멋대로 굴고 장난쳐서 군자가 숭상할 것이 못 되고, 세간에 성행하는 이별의 〈육가〉가 그것보다는 나으나 세상을 희롱하며 공손하지 못한 뜻이 있고 온화하고 두터운 내실이 부족하다는 불만을 표시했다. 그럼에도 〈육가〉를 주목한 것은 노래를 부르려면 우리말로 엮어야 했기 때문이다.

퇴계는 '노래가 가능하도록' 육가 형식의 그릇을 빌렸으나 내용물은 온전히 자신의 사상으로 채운 자신의 노래를 만들었다. 우선 시어詩語만으로도 퇴계가 지향했던 바를 확연히 알 수 있다. "피일미인彼一美人 · 교교백구皎皎白駒 · 어약연비魚躍鳶飛" 등 『시경』의 구절을 인용하거나 "천석고황泉石膏肓 · 허다영재許多英才 · 사시가흥四時佳興 · 운영천광雲影天光 · 유수불식流水不息" 등 유가의 사상이 용해되어 있는 경거지문經據之文으로 채웠다. 퇴계 이황이 사상적으로도 완숙한 시기에 나온 〈도산십이곡〉은 이황의 사유를 잘 농축해 놓은 것이라 할 만하다.

퇴계는 발문에서 〈도산십이곡〉 12수 중 앞의 여섯 곡은 '언지言志' 뒤의 여섯 곡은 '언학言學'이라고 밝혔다. 자신의 '뜻'과 '학문'에 대한 생각을 각각 6수에 담아놓았다는 것이다. 또 발문의 마지막 부분에는 '가정년 을축 저문 봄 18일 도산 노인이 쓴다'고 써놓았다. 이 해는 퇴계가 65세 되던 1565년(명종 20)인데, 혹자는 발문은 이때 쓴 것이라 하더라도 〈도산십이곡〉을 지은 시기는 이보다 먼저라고 주장한다. '이런 한가한 일이 혹시 요단을 일으킬지도 모른다는 우려에 한 벌을 베껴 상자에 넣어두고 꺼내어 완미하여 자성自省하였다.'는 발문의 내용으로 봐서 상자에 넣어둔 기간이 있다는 것이다.

퇴계는 〈도산십이곡〉을 지은 뒤 "아이들로 하여금 아침 저녁으로 익혀 노래하게 하고 궤에 기대어 앉아 들으며, 또한 아이들로 하여금 스스로 노래하고 스스로 춤추게 하고자 한다."고 했다. 그러면 비루함과 인색함을 씻어내고 마음을 드러내어 서로 통하여, 노래 부르는 자와 듣는 자가 서로 유익함을 주고받지 않을 수 없다는 것이다. 이것은 〈도산십이곡〉의 효용성을 말한 것이자 자신이 이 노래를 지은 목적을 말해주는 대목이다.

이런들 어떠하며 저런들 어떠하료
초야 우생草野愚生이 이렇다 어떠하료
하물며 천석고황泉石膏肓을 고쳐 무삼 하료
(3766.1. 어부단가 판본.0006)

위의 작품은 '언지'의 첫 수이자 〈도산십이곡〉 전체의 첫 수이다. 여기에서 퇴계는 '천석고황泉石膏肓'을 언급하였다. '세속에 물들지 않고 자연 속에 살고자 하는 마음의 고질병'을 고쳐 무엇하겠는가'하고 묻는다. 어떤 것으로도 자연을 지향하는 자신의 마음은 바뀌지 않을 것이라는 언명이기도 하다. 언지는 '자연이 드러내 보이는 사계절의 아름다운 흥興'이 '사람과 하나가 되어 합일된 모습'과 '천리와 도가 유행하는 모습'을 보여주는 것으로 마무리했다.

후 육곡은 자연 속에서 사심 없이 학문과 수양에 임하는 마음을 노래했다. 푸른 산과 흐르는 물을 시어로 가지고 와 그것들이 만고에 푸르며 밤낮으로 그치지 않는 것처럼 우리도 그치지 않는 노력을 경주할 것이라는 의지를 드러내고 있다. 그리고 그 일은 우부愚夫라도 쉽게 할 수 있고 성인聖人이라도 어려울 수 있는 것이 세상의 이치라는 메시지로 마무리했다.

퇴계의 일생은 그야말로 '학문의 공에 깊이 의지한' 삶이었다. 60대에 들어선 퇴계는 도산서당에서 『계몽啓蒙』·『심경心經』 등을 강학하는 한편 『이학통록理學通錄』·『심경후론心經後論』 등을 저술했다. 이 시기에 나온 〈언지육곡〉과 〈언학육곡〉은 서로 밀접하게 호응하여, 퇴계의 사상과 삶을 그대로 농축한 완성도 높은 한 편의 작품 〈도산십이곡〉을 이루었다. 이 작품이 알려지면서 엄청난 반향을 불러일으켰다. 그 흔적을 몇몇 문헌에서 찾아볼 수 있다.

잠곡潛谷 김육(金堉, 1580~1658)의 『잠곡유고潛谷遺稿』에 수록되어 있는 '지산芝山 조호익曺好益의 행장'이나 눌은訥隱 이광정(李光庭, 1674~1756)의 『눌은문집訥隱文集』, 대산大山 이상정(李象靖, 1711~1781)의 『대산문집大山文集』 등에는 당시 〈도산십이곡〉을 향유하던 정황을 기술하고 있다. 배를 띄워서 노래 잘 부르는 이에게 〈도산십이곡〉을 노래하도록 시키기도 하고, 말 위에서 일창一唱을 하기도 했다. 그러면 공히 스스로 만족하여 피곤함을 잊거나, 유연히 도심이 생겨 마음이 금방 평온해지는 등으로 그 효과를 누렸다. 향산響山 이만도(李晩燾, 1842~1910)의 『향산문집響山文集』에 실려 있는 '기천杞泉 권승하權承夏 행장'의 경우, 어릴 적 모부인이 아침 저녁으로 〈도산가곡陶山歌曲〉과 소학 등을 가르쳤다고 언급하고 있다.

뿐만 아니라 〈도산십이곡〉을 본받은 6곡 혹은 12곡 계통의 작품이 이어지기도 했다. 〈도산곡〉을 본떠서 〈강호연군가江湖戀君歌〉 12수를 지은 장경세(張經世, 1547~1615)는 〈도산십이곡〉을 들으면 사람으로 하여금 족히 선한 마음을 흥기시켜 그 사예한 마음을 씻도록 하니 진실로 『시경』 삼백편의 유지遺旨라고 칭송했다. 퇴계가 언급한 바의 탕척비린蕩滌鄙吝과 감발융통感發融通의 유익함이 생긴다는 것이다.

퇴계라고 하면 떠올리게 되는 시조 1수가 더 있다. 〈청량산 육육봉을 ~〉이라는 시조다.

청량산 육육봉을 아는 이 나와 백구
백구야 헌사하랴 못 믿을쏜 도화로다
도화야 떠나지 마라 주자 알까 하노라
(4732.1. 백운암금보.0001)

이 작품은 대부분의 가집에 작자를 이황으로 표기하고 있으나 일부 가집에는 '조인趙寅'으로 표기하고 있고, 『교합아악부가집』에는 유호인俞好仁으로 표기되어 있다. 청량산은 퇴계 이황에게 각별했던 산이다. 이황은 이곳에서 숙부이자 안동부사를 지낸 송재 이우 선생으로부터 글을 배웠다. 이후 과거급제하며 벼슬생활을 하는 틈틈이 이곳을 찾아와 학문에 정진했다. 벼슬 생활을 정리하고 고향에 내려온 후에도 제자와 함께 청량산을 자주 찾았다.

이황은 청량산을 '우리 집안의 산'이라는 뜻의 '오가산吾家山'이라 불렀을 정도의 애정을 가지고 있었다. 또 스스로 '청량산인'이라 했고, 청량정사는 오산당이라 불렀다. 순조 32년에 이황의 후학이 모여 스승이 머물며 학문을 연구하던 자리에 청량정사를 세웠다. 그 후로 수많은 학자가 이곳을 찾아왔으며, 이황을 존경하는 선비들은 청량산을 유람하며 시를 짓는 것이 하나의 유행처럼 번지기도 했다.

이황의 본관은 진보眞寶, 자는 경호景浩, 호는 퇴계退溪·퇴도退陶·도수陶叟, 시호는 문순文純이다. 경상도 예안현 온계리(현 안동시 도산면 온혜리)에서 좌찬성 이치李埴의 7남 1녀 중 막내아들로 태어났다. 생후 7개월에 아버지의 상喪을 당하였다. 어려서는 작은아버지 이우李堣의 가르침을 받았다.

1527년(중종 22) 향시鄕試에서 진사시와 생원시 초시에 합격하고, 어머니의 소원에 따라 과거에 응시하기 위해 성균관에 들어가 다음 해에 진사 회시에 급제하였다. 1533년 재차 성균관에 들어가 이듬해 문과에 급제하고 승문원부정자承文院副正字가 되면서 본격적인 관직생활이 시작되었다. 1539년에는 홍문관수찬이 되었지만, 중종 말년의 어수선한 시국에 출처出處에 대한 생각을 깊이 한 것으로 보인다. 이후의 벼슬길은 출出과 퇴退의 연속이었다. 1546년(명종 1)에는 고향인 낙동강 상류 토계兎溪의 동암東巖에 양진암養眞庵을 짓고 독서에 전념했다. 이때 토계를 퇴계退溪라 개칭하고, 자신의 아호로 삼았다.

단양군수에 이어 풍기군수로 부임하여, 주세붕이 창설한 백운동서원에 편액·서적과 학전學田을 하사할 것을 감사를 통해 조정에 청원했다. 조정에서는 '소수서원紹修書院'이라 사액했다. 이렇게 하여 최초의 사액서원이 탄생하게 되었다. 이후 성균관대사성, 홍문관부제학 등으로 출사하기도 했으나 사퇴·고사가 수없이 이어졌다. 1560년에는 도산서당陶山書堂을 세우고 아호를 '도옹陶翁'이라 했다. 이로부터 7년간 서당에서 많은 제자들을 길렀다.

명종이 퇴계의 관직 고사固辭에 '초현부지탄招賢不至嘆'이라는 제목의 시를 짓고, 화공에게 도산 풍경을 그리게 하여 거기에다 송인宋寅으로 하여금 도산기陶山記 및 도산잡영陶山雜詠을 써넣게 해 병풍을 만들었다는 일화는 유명하다. 명종에 이어 즉위한 선조도 이황 초빙에 간절하였다. 여러 차례 현직을 사양하다 68세의 노령에 대제학·지경연知經筵의 중임을 맡아 선조에게 「무진육조소戊辰六條疏」를 올렸다. 선조에게 여러 경서를 진강하기도 했다. 그리고 심혈을 기울여 저술한 『성학십도聖學十圖』를 어린 국왕 선조에게 바쳤다. 1570년(선조 3) 11월 단정히 앉은 자세로 역책易簀하였다. 산소에는 유계遺誡대로 작은 자연석에 '퇴도만은진성이공지묘退陶晚隱眞城李公之墓'라 새긴 묘비만 세웠다.

  1574년(선조 7) 도산서당 뒤에 도산서원을 착공하여 이듬해 낙성하고 도산서원의 사액을 받았다. 1576년 문순文純이라는 시호가 내려졌다. 1609년 문묘文廟에 종사從祀되었고, 그 뒤 이황을 주사主祀하거나 종사하는 서원은 전국 40여 개 처에 이르렀다.

노수신(盧守愼, 1515~1590)

  소재蘇齋 노수신은 조선 전기에 우의정·좌의정·영의정 등을 역임한 문신이다. 노수신의 본관은 광주光州, 자는 과회寡悔, 호는 소재蘇齋·이재伊齋·암실暗室·여봉노인茹峰老人, 시호는 문의文懿·문간文簡이다. 우의정 노숭盧嵩의 후손이며, 아버지는 활인서별제活人署別提 노홍盧鴻이다. 27세 때인 1541년(중종 36) 당대의 명유였던 이언적에게 배우고 학문적 영향을 받았다. 여러 가집에 노수신의 작으로 표기된 시조 1수가 전해지고 있다.

  명명덕 실은 수레 어드메를 가더닌고
  물격치 넘어 들어 지지 고개 지나더라
  가기야 가더라마는 성의관을 못 갈래라
  (1641.1. 시조 단대본.0042)

이 작품은 『대학장구』의 '명명덕明明德'을 실은 수레가 어디로 가더냐고 묻는 것으로 초장으로 삼고, 격물格物 치지致知를 넘고 지지知至 고개를 지나는 것으로 중장을 삼았다. 종장에서 성의誠意에 이르기가 어렵다는 것으로 마무리하고 있다. 시적 화자는 대학 8조목(격물, 치지, 성의, 정심, 수신, 제가, 치국, 평천하) 중 성의에 이르기조차 어렵다고 말한다. 지은이는 '마음을 성실하게 하고 진실되게 하는 것'이 결코 쉽지 않다는 점을 독백처럼 표현하고 있다.

노수신이 『대학장구』와 『동몽수지童蒙須知』 등을 주석까지 했으니 『대학』에 대한 남다른 공부와 안목이 있었을 것이다. 그는 이 작품을 통해 유학 이념을 실천궁행하는 것이 실은 지난한 일임을 말하고 싶었던 것으로 보인다.

노수신은 1543년 식년문과에 장원급제한 이후 전적典籍·수찬修撰을 거쳐, 1544년 시강원사서侍講院司書가 되고, 인종 즉위 초에 정언이 되었다. 소윤小尹 윤원형尹元衡이 을사사화를 일으키자 이조좌랑의 직위에서 파직되어 1547년(명종 2) 순천으로 유배되었다가 양재역 벽서사건良才驛壁書事件까지 연루되어 진도로 이배되었다.

19년에 이르는 긴 귀양살이를 하면서 이황李滉·김인후金麟厚 등과 서신으로 학문을 토론했고, 진백陳柏의 「숙흥야매잠夙興夜寐箴」을 주해하기도 했다. 1565년 다시 괴산으로 이배되었다가 1567년 선조가 즉위하자 풀려나와 교리校理에 기용되었다. 이어서 대사간·부제학·대사헌·이조판서·대제학 등을 지냈다. 1573년(선조 6) 우의정, 1578년 좌의정을 거쳐 1585년에는 영의정에 이르렀다. 1588년 영의정을 사임하고 영중추부사領中樞府事가 되었으나, 이듬해 기축옥사가 일어나자 과거에 정여립을 천거했다는 이유로 대간臺諫의 탄핵을 받고 파직되었다.

그는 온유하고 원만한 성격으로 인해 사림의 신망이 두터웠고, 선조 또한 지극히 존중했던 것으로 알려져 있다. 그가 진도에 귀양갔을 때, 혼례라는 것이 없이 중매를 통하지 않고 남의 집 처녀를 서로 쟁탈하는 풍속을 예법으로써 섬 백성들을 교화하여 마침내 야만의 풍속이 있었던 것을 없애기도 했다.

그는 시·문·글씨에 능했으며, 경일敬一 공부에 주력할 것을 강조하고 도심미발道心未發·인심이발설人心已發說을 주장했다. 한편 양명학陽明學을 깊이 연구한 탓에 주자학자들의 공격을 받기도 하였다. 또한 승려인 휴정休靜·선수善修 등과의 교분을 통해 학문적으로 불교의 영향을 입기도 하였다고 한다.

저서로는 『소재집蘇齋集』이 있다. 충주의 팔봉서원八峰書院, 상주의 도남서원道南書院·봉산서원鳳山書院, 진도의 봉암사鳳巖祠, 괴산의 화암서원花巖書院 등에 제향되었다. 시호는 문의文懿이며, 뒤에 문간文簡으로 고쳤다.

이숙량(李叔樑, 1519~1592)

매암梅巖 이숙량의 본관은 영천永川, 자는 대용大用, 호는 매암梅巖이다. 아버지는 농암 이현보로 1519년(중종 14) 경상도 안동부安東府 예안현禮安縣 분천리(汾川里, 현 안동시 도산면 분천리)에서 6째 아들로 태어났다.

일찍이 퇴계 이황의 문하에 나아가 학문을 닦았는데, 문장은 청려전아淸麗典雅하고 필법은 절묘하였다고 한다. 1543년(중종 38) 진사시에 합격했으나, 과업에는 뜻을 두지 않고 성리학 연구에만 전념하였다. 천거에 의해 왕자사부王子師傅에 임명되었으나 부임하지 않았다.

맏형수 임씨林氏가 일찍 홀로 되어 대구의 친정집에 가 있었기 때문에 대구를 자주 왕래하였다. 이때 대구 연경리의 화암畫巖이라는 곳에 매암서당梅巖書堂을 짓고 『심경』 공부에 몰두하였다. 1563년(명종 18)에는 서당을 개축하여 연경서원研經書院을 창설하였는데, 대구 지역에서는 최초로 세워진 서원이었다.

1570년(선조 3) 예안 지역의 퇴계 문도인 오천烏川의 김씨 형제들, 조목・이안도 등과 함께 역동서원에 나아가 『심경』을 강독했다. 아버지 이현보의 유풍을 계승하는 데도 힘썼다. 이숙량은 문사와 필법이 뛰어나 금보琴輔・오수영吳守盈과 함께 '선성삼필宣城三筆'이라 불렸다.

문집으로 『매암집梅巖集』 3권 1책이 있다. 또 보물 1202호로 지정된 『분천강호록汾川講好錄』이 있는데, 뒷부분에 이숙량이 지은 시조 〈분천강호가汾川講好歌〉 6수가 수록되어 있다. 『분천강호록』은 이숙량이 예안현 분천리에서 시행하기 위해 제정한 동약洞約 등을 모아 편집한 것이고, 동약은 효부모孝父母, 우형제友兄弟, 화친척和親戚, 목인보睦隣保 등의 4개 조항을 골자로 하여 매월 초하루와 보름, 정침正寢에 모여 경전을 강론함과 동시에 우호를 다지는 것을 목적으로 만든 조직이다. '강호'는 서로 화목하여 사이좋게 지낸다는 뜻이다. 〈분천강호가〉도 부모, 형제, 친척들과의 효자孝慈・우애友愛를 그린 작품이다.

공명은 재천하고 부귀는 유명하니
공명 부귀는 힘으로 못하려니와
내 타난 효제충신이야 어느 힘을 빌리오
(0328.1. 분천.0006)

이숙량의 문집 『매암집』에는 〈분천강호가〉에 대한 설명을 부기해 놓

앉다. 첫째 수는 부모형제를 그리는 노래이고, 둘째 수는 늙도록 봉양하지 못하였음을 한스러워 하는 노래이며, 셋째 수는 앞의 두 장에서 말한 내용을 힘써 노력하기를 권하고 있으며, 넷째 수는 형제의 우애를 경계한 것이고, 다섯째 수는 친척의 도리에 관하여 경계하는 내용이고, 여섯 번째 노래는 앞의 다섯 가지 내용을 되풀이해서 권면한 것이라 하였다. 위에 인용한 작품은 마지막 수로 앞에서 언급한 효제충신孝弟忠信의 내용을 총결하고 있다. 공명이나 부귀는 모두 하늘과 운명에 달려 있어 어쩔 수 없지만, 인간의 도리인 효제충신이야 누구나 할 수 있는 것이니 스스로 실천하면 된다는 것이다.

 1592년 임진왜란이 발발하자 조목·금응협琴應夾 등과 함께 창의의 격문을 돌렸다. 이것이 계기가 되어 안동 지역의 향병이 잇달아 일어났고 지역 방위에 성과를 올렸다. 이숙량은 74세의 노구를 이끌고 의병으로 종군했다. 월천月川 조목趙穆이 기록한 『임진왜변일기』에 의하면 임진왜란이 발발한 1592년 10월 15일(음력) 진주 진중에서 별세하였다고 한다. 그의 삶은 영남학파의 의리정신을 잘 지키고 실천했다 할 만하다. 그리고 〈분천강호가〉가 6수의 연시조로 되어 있다는 것도 주목할 만하다.

이별(李鼈, ?~?)

 퇴계 이황은 장육당藏六堂 이별의 〈육가〉를 접하고 이 작품이 〈한림별곡〉류에 비해서는 나으나 '세상을 희롱하며 공손하지 않고, 온유돈후溫柔敦厚하지 못하다'고 아쉬워했다. 그러나 그 형식을 본따 육가계의 연시조 〈도산육곡〉둘을 지었다. 합하여 〈도산십이곡〉이라 일컬어지는 작품이다.

지금 〈장육당육가〉의 원문 시조는 전해지지 않고, 이득윤의 동생 홍문관 부제학 이광윤(李光胤, 1564~1637)이 한문으로 번역한 한시 4수가 그의 문집 『양서집瀼西集』에 전해지고 있다. 『양서집』 권2 「번장육당육가졸제飜藏六堂六歌拙製」에는 시조 4수를 각각 5언 6구의 한시로 번역해 놓았다. 퇴계가 느낀 바와 같이 기득권 세력에 대한 냉소의 내용이 읽힌다. 한역된 것과 다시 한글로 번역한 작품 1수를 인용한다.

옥계산 흐르는 물 못 이뤄 달 가두고	玉溪山下水 成潭是貯月
맑으면 갓을 씻고 흐리면 발을 씻네	淸斯濯我纓 濁斯濯我足
어떠한 세상 사람도 청탁을 모를래라	如何世上子 不知有淸濁

〈장육당육가〉 실제 작품도 이와 크게 다르지는 않으리라 본다. 미수眉叟 허목(許穆, 1595~1682)은 '장육당육가지藏六堂六歌識'에서 "소보巢父 · 허유許由의 기풍이 있다."고 언급하였는데, 위의 작품으로 봐서 수긍할 만한 평가라 하겠다.

이제현의 6대손 이공린李公麟은 사육신의 한 사람인 박팽년의 사위였다. 그에게는 '경주 이씨 8별鼈'이라 불린 아들 8형제가 있었다. 그 중 3남 이원李黿이 김종직의 제자로서 갑자사화 때 화를 당하자, 집안이 풍비박산되어 5남인 이별은 황해도 평산 옥계산玉溪山에 들어가 은둔하였다. 이별이 장육당藏六堂으로 자호한 것도 거북이 머리, 꼬리, 사지를 등껍질 속에 감추듯이 온몸을 세상으로부터 감추겠다는 뜻인 것이다. 위의 시조에 '옥계산'이 시어로 등장하고 있다. 이 작품은 연산군 6년(1500) 이후 평산 옥계 생활 중 창작한 것으로 추측된다.

이정(李淨, 1520~1594), 이득윤(李得胤, 1553~1630)

풍계楓溪 이정은 조선 중기의 문인으로 본관은 경주慶州, 자는 태호太灝, 호는 풍계楓溪로 이제현의 8대손이다. 이공린의 8남 이곤李鯤은 충청도 청주의 미원면 서계西溪로 은거하였다. 이곤의 둘째 아들이 정淨이다. 이정李淨은 박달천의 옥화 계곡의 풍광을 읊은 〈풍계육가楓溪六歌〉를 지어 자신의 큰아버지 이별의 〈장육당육가〉를 계승하였다. 1558년 식년시에 합격. 그의 아우인 이잠(李潛, 1528~1575)의 『섬계공유사剡溪公遺事』에 〈풍계육가楓溪六歌〉가 전한다. '풍계육가'라는 제목 아래 '풍계공은 섬계공의 중형이고, 이름은 정淨이며 문장을 잘 했다.'는 주석이 달려 있다. 그 아래 이정李淨이라 쓰여 있다. 다음은 〈풍계육가〉 중 둘째 수이다.

  내라서 뉘로라 하여 작록을 마음에 둘고
  조그만 띠집을 시내 위에 이룬 바
  어젯밤 손수 닫은 문을 늦도록 닫치었소
  (0926.1. 섬계공유사.0002)

〈풍계육가〉는 이별의 〈장육당육가〉 이후 경주이씨 가문에서 처음으로 창작된 육가계 시조이다. 〈장육당육가〉와 마찬가지로 진세塵世와의 거리가 느껴지는 작품이다. 자신이 닫은 문이 늦도록 닫쳤다는 종장에서 현실과 화해하기 어려운 벽을 느낄 수 있다. 이별의 〈육가〉 그리고 조카인 이정의 〈풍계육가〉에서 이 집안을 관류하는 분위기를 짐작할 수 있다.

이정은 이제현의 8대손이고, 이득윤(李得胤, 1553~1630)의 큰아버지이기도 하다. 이제현의 9대손이 되는 이득윤은 서계와 옥화대의 아름다운 풍경을 읊은 연시조 〈서계육가〉와 〈옥화육가〉를 지어 육가계의 전통을 이었다. 아쉽게도 이 두 편의 연시조는 전해지지 않고 있다. 이득윤은 서기徐起에게 대학大學, 심경心經·주역周易·계몽啓蒙 등을 배우고 그 후 수암守菴 박지화朴枝華에게 역학易學을 배웠다. 1600년(선조 33) 왕자의 사부師傅로 뽑혀 엄하고 성실히 가르쳤다. 1602년 만기로 형조좌랑을 거쳐 1604년 의성義城 현령을 지냈으며 광해군의 정치가 날로 그릇됨을 개탄하고 서계西溪의 동쪽 옥화동玉華洞에 은거하여 사계沙溪 김장생金長生과 서신書信으로 태극도太極圖 및 역학을 논하였다. 1623년 인조반정으로 지평持平·공조 정랑·선공감정繕工監正을 지내고 고향에 은퇴하였다가 다시 괴산槐山 군수로 피명되었는데, 때마침 이괄李适의 난이 일어나 임지에 이르러 민폐를 없애고 정치를 바로 잡았다. 이득윤의 시문집으로『서계문집』이 전한다. 1833년(순조 33) 6세손 정연 등이 편집, 간행하였다. 그 외『현금동문류기玄琴東文類記』,『서계가장결西溪家藏訣』등이 전한다.『현금동문류기』는『안상금보安常琴譜』·『조성금보趙晟琴譜』와 더불어 임진왜란 이전의 음악 연구에 매우 귀중한 자료이다.

김우굉(金宇宏, 1524~1590)

개암開岩 김우굉은 임진왜란 발발 전 대사간·대사성·승지 등을 역임한 문신으로 퇴계의 〈도산십이곡〉을 본받은 〈개암십이곡〉을 창작했다. 임란 중에 4수가 망실되어 현재 8수가『개호잡록開湖雜錄』에 전하고 있다.

원산에 비 걷은 후에 전강이 살진 적에

일편 태기一片苔磯에 낚대를 비껴 들고
몰라라 부춘산 조대 이렇던동 말던동
(3630.1. 개호잡록 의성본.0004)

이 시조의 청자는 초·중장에서 먼 산에 비 개인 후 강물이 불어날 적에 한 조각 이끼 낀 바위에 앉아 낚시를 드리우는 풍경을 음미하다가 종장에서 갑자기 '부춘산富春山 조대釣臺'를 만나게 된다. 그리고 그제서야 작자의 의도를 깨닫게 된다. 시적 화자는 '부춘산의 조대가 이렇든지 말든지'라고 하면서도, 부춘산에서 은거하며 낚시하던 후한 광무제의 친구 엄자릉(嚴子陵, BC.39~ AD.41)을 소환하여 자신이 엄자릉과 같은 정신세계를 지향함을 내색한다.

'개호잡록 소서'에 의하면『개호잡록』은 경진년(1640)에 모정 김추임(金秋任, 1592~1654)이 작성한 것으로 되어 있다. 김우굉의 〈개암십이곡〉을 비롯한 시조 작품은『개호잡록 상』에 실려 있다.『개호잡록 상』 앞부분에는 〈개암십이곡〉 관련 내용이 있는데, 이 작품을 얻게 된 사정을 설명한 서문과 12곡 중 8곡에 해당하는 작품이 실려 있다.

1585년(선조 18) 고향인 경북 상주시 중동면 회상리 맷골의 낙동강 가에 개암정開巖亭을 짓고, 강호에 사는 즐거움을 노래한 〈개암십이곡 開巖十二曲〉을 지었다. 〈개암십이곡〉은 〈도산십이곡〉의 영향을 받아 창작된 육가형 시조로 원래 12수로 이루어진 것이지만, 개암의 증손자 김추임(金秋任, 1592~1654)이『개호잡록』을 묶을 때에는 8수밖에 남아있지 않았다고 한다.『개호잡록』 뒷부분은 부록이라 하여 〈개암십이곡〉 이외의 작품 3수를 싣고 끝에 이들 작품을 수록하게 된 이유를 간단히 밝힌 발문을 달았다. 이 발문에 따르면 3수 중 2수는 김우굉의 작품이고 나머지 1수는 김우굉의 아들 김득가(金得可, 1547~1591)의 작품이다.

  김우굉의 본관은 의성義城, 자는 경부敬夫, 호는 개암開岩이다. 1524년(중종 19) 경북 성주에서 출생했다. 아버지는 부사 김희삼金希參이며, 어머니는 청주곽씨淸州郭氏이다. 퇴계 이황과 남명 조식의 문인으로 1542년(중종 37) 향시에 수석 합격하고, 1552년(명종 7) 진사시에도 수석으로 합격하였다. 1565년(명종 20)은 문정왕후를 정점으로 하는 척신 정권에 대한 사림의 전국적인 저항이 최고조에 달하였던 해이다. 경상도 유생들이 이 저항의 중심에 섰는데, 이를 선두에서 이끌었던 인물이 바로 김우굉이다. 김우굉은 여덟 차례에 걸쳐 문정왕후와 친밀했던 승려 보우普雨를 주살할 것을 상소하였다.

  별시 문과에 을과로 급제해 예문관검열이 되었다. 그 뒤 주서注書·대교待敎·봉교奉敎·전적典籍, 예조와 병조의 좌랑·정랑, 지제교知製敎·정언正言·헌납獻納 등 여러 관직을 두루 지내다가 1573년(선조 6) 부수찬副修撰이 되었다. 1578년 사복시정司僕寺正을 거쳐 동부승지·대사간·대사성 등을 지내고 이듬해 병조참의·승지에 이르렀다. 그러나 이수李銖의 옥사로 곧 파직되었다. 1582년 충청도관찰사가 되었다가 형조참의·장례원판결사·홍문관부제학 등을 역임하였다. 이듬해 유생 박제朴濟로부터 탄핵을 받아 외직으로 물러나 청송부사·광주목사光州牧使 등을 지냈다.

  1589년 관직에서 물러나 성주로 낙향했다. 그 해에 동생 김우옹金宇顒이 정여립鄭汝立의 옥사에 연좌되어 안동의 임지에서 회령으로 유배되어 갈 때 영주로 달려가 동생을 만나 갓과 옷을 벗어주고 시 한 수를 지어주며 이별했다는 일화가 전한다. 사후 상주 속수서원涑水書院에 제향되었다. 저서로 『개암집開巖集』이 있다.

김득가(金得可, 1547~1591)

김득가의 자는 군망君望, 호는 주봉柱峰이다. 〈개암십이곡〉을 지은 김우굉의 아들로 1547년(명종 3) 상주에서 태어났다. 의성김문에서 소장하고 있는 『개호잡록 의성본義城本』과 의성김씨 가문의 주요 인물들의 행적을 기록한 『추모록追慕錄』에는 김우굉의 〈개암십이곡〉과 다른 작품 3수를 싣고 끝에 이들 작품을 수록하게 된 이유를 간단히 밝힌 발문이 있다. 이 발문에 따르면 3수 중 2수는 김우굉의 작품이고, 나머지 1수가 김득가의 작품이다.

귀거래 귀거래 하면서 육기六期를 다 지내와라
전원이 장무하거늘 후일년은 무삼 일고
두어라 역군은이시니 슬퍼 무삼 하리
(0462.1, 개호잡록 의성본.0011, 추모록.0011)

작자인 김득가는 창녕현감을 지냈다. '육기六期'는 지방 수령守令의 임기를 만 6년으로 하는 법을 말한다. 세종 때 수령이 너무 자주 바뀌는 데 따른 영송迎送의 폐단을 줄이고, 한 사람의 수령에게 그 지방의 행정을 오래 맡겨서 그 사정에 익숙하게 하기 위하여 종래의 삼기법三期法을 고쳐 만든 것이다. 지은이는 귀거래 귀거래 하면서도 도연명처럼 수령직을 내던지고 전원으로 달려가지 못하고, 임기를 다 채웠다고 자책하면서도 그것이 군은君恩이니 슬퍼해서 무엇하겠느냐는 스스로의 답으로 마무리하고 있다. 시적 화자는 귀거래를 당장 실천하지 못한 이유를 '군은' 때문이라는 답을 내렸다. 이 대목에서 농암 이현보를 떠올리게 된다.

농암 역시 44년 간의 환로를 걸으며, 늘 마음에 품고 있었던 꿈은 '귀거래'였다. 그가 영천군수를 지내던 44세 때, 잠시 고향 안동 예안에 들러 분천汾川 가에 명농당明農堂을 짓고 벽에 도연명의 귀거래도를 그렸다. 마음 속에 있던 귀거래의 꿈을 벽상의 그림으로 나타낸 것은, 귀거래를 실천하겠다는 의지의 표현이었다. 그러나 쉽게 치사致仕를 결행할 수는 없었다. 4년 후 고향을 들른 농암은 "임기가 되어 서울로 갔다가 갑술년 겨울에 다시 밀양부사로 갔다 돌아와 보니 벽에 귀거래도는 그대로 있고 벼슬살이는 여전하니 어찌 수치가 아닌가. 그러나 노친이 계시니 임의로 못하고 다만 글귀를 지어 다른 날 성취를 시험해 보려 한다."는 글귀를 남겼다. 당시 지식인들이 항상 갖게 되는 출처出處에 대한 고민을 읽을 수 있다. 한편으로 도연명의 〈귀거래사〉가 당시 사대부들의 의식에 깊숙이 들어와 있음을 알 수도 있다.

고응척(高應陟, 1531~1605)

두곡杜谷 고응척의 본관은 안동安東, 자는 좌명佐明, 호는 두곡杜谷·취병翠屛이다. 두곡은 시조문학사에서 자신만의 독특한 족적을 남긴다. 그의 문집『두곡집』상권의 '곡曲' 부분에 시조 28수가 전하는데, 25수는『대학장구大學章句』를 시조로 읊은 것이다.

한 권 대학 책이 어찌하여 좋은 글고
나 살고 남 사니 그 아니 좋은 글가
나 속고 남 속일 글이 아니라 안 읽어 무삼 하료
(5277.1, 두곡집.0001 대학곡)

두곡의 시조를 수록한『두곡집』2권 1책은 서와 발이 없어 편집 경위와 필사 연도 등을 알 수 없다. 임진왜란을 겪으면서 상당 부분을 망실하고 그 나머지가 지금 전하는 것으로 파악되고 있다. 상권의 '곡曲' 부분에 전하는 28수의 시조 중 25수는 '대학곡大學曲·입덕곡入德曲·명명덕곡明明德曲·신민곡新民曲·지선곡至善曲·군자곡君子曲' 등 주로 대학과 관련한 제목을 붙여 놓았다. 위에 인용한 작품은 '대학곡大學曲'이라 제목한 첫 수로 전체 작품의 서두라고 할 수 있다. '대학이 나 살고 남도 살게 하는 좋은 글'이라는 것이다. 작품마다 적절한 비유를 동원하여 알기 쉽게 대학의 요체를 전하고 있다. 작자가 『대학』에 전심하였음을 짐작할 수 있다.

『두곡집』에 수록된 28수 중 '호호가浩浩歌'라 명명한 마지막 3수는 〈마자재가馬子才歌〉를 번역한 것이라고 하는데, 정형시의 틀을 벗어나 있다. 은사隱士로서 안빈낙도를 누리는 즐거움을 주제로 하고 있는데, 술에 취할 때면 동자에게 노래 부르게 했다고 하니 가창이 가능했던 것을 알 수 있다.

두곡 고응척은 1531년(중종 26) 경북 구미시 해평면 문량리에서 태어났다. 어려서부터 신동이라 불렸으나 벼슬에는 크게 뜻을 두지 않았다. 1549년(명종 4) 사마시에 합격하였고, 1561년(명종 16)에 식년문과에 급제하였다. 이듬해 함흥교수로 부임하였다가 1563년 사직한 뒤 시골에 묻혀 학문과 후배 교육에 전념했다. 노년에 이르러서야 1595년부터 약 10년간 풍기군수·회덕현감·강원도사·경상도사를 거쳐 성균관사성 등을 역임하고 낙향했다. 1605년에는 경주부윤에 부임하였다가 곧 사직하였다.

고응척의 『두곡집』은 현재 2종의 이본이 있다. 하나는 통문관 소장의 필사본(상·하권 2책)이고, 하나는 5책의 목판본이다. 시조는 통문관 소장본 전 2책 중 하권에, 목판본에는 전 5책 중 4책 권지오卷之五에 수록되어 있다. 두 이본의 표기법에 약간의 차이가 있긴 하나 작품의 의미가 달리 해석될 정도는 아니다. 통문관 소장본에는 시조작품을 '곡曲'이라는 표제 아래 수록하고 있는데, 목판본에는 '두곡가곡杜谷歌曲'이라는 표제로 14면에 걸쳐 수록해놓은 차이도 있다.

그의 작품 중 6수는 평시조의 정형에서 벗어나 있어 학자들은 사설시조 형성의 측면에서도 주목하고 있다.

권호문(權好文, 1532~1587)

송암松巖 권호문은 조선 중기의 문인으로 본관은 안동安東, 자는 장중章仲, 호는 송암松巖이다. 퇴계에 사사하였고, 30세에 진사시進士試에 합격하였으나 연이어 부모 상喪을 치른 후 벼슬길을 포기하고 안동 청성산靑城山에 무민재無悶齋를 짓고 은거했다. 12권 4책으로 이루어진 그의 문집 『송암집』에는 경기체가 〈독락팔곡獨樂八曲〉과 연시조 〈한거십팔곡閑居十八曲〉 19수가 실려 있다.

주색 좇자 하니 소인騷人의 일 아니고
부귀 구求차 하니 뜻이 아니 가네
두어라 어목漁牧이 되오사 적막빈寂寞濱에 늙자
(4404.1. 송암집.0015)

총 19수로 이루어진 연시조 〈한거십팔곡〉은 세사를 모두 잊고 자연을 벗삼아 전원에서 한가하게 살아가는 안빈낙도安貧樂道의 시조다. 벼슬길에 나아가기 위해 분방했던 10여 년을 반성하고 마음을 비우자 평온을 찾았다는 기쁨이 연시조의 전반에 깔려 있다. 출出과 처處를 두고 일어난 내적 갈등이 시간의 흐름에 따라 해소되는 과정을 보여준다.
 서사 부분인 제1곡은 임금에 대한 충성과 부모에 대한 효도가 모든 행동의 규범으로 작용하였던 조선조 선비들의 기본적인 가치관을 드러내고 있다. 충과 효를 아울러 수행할 수 있는 길은 벼슬하는 방법뿐이다. 관리가 되는 것이 자신이 연마한 학문을 실천하는 길이고, 임금에게 충성할 수 있는 길이며, 부모의 이름을 드높이고 기쁨을 드리는 길이었다. 제1곡에서 충과 효를 실천하기 위하여 10년을 허둥댔다는 것은 벼슬길에 들어서기 위해 노력했다는 의미로 읽힌다.
 제1곡을 제외하면 나머지 18수를 6수씩 묶을 수 있다는 점에서 스승 퇴계의 〈도산십이곡〉을 계승한 육가 계열의 작품으로 보기도 한다. 제2수부터 제7수까지는 공명과 은거 사이의 내적 갈등을, 제8수부터 제13수까지는 자연 속에서 은거하는 삶을 선택한 후의 모습을, 제14수부터 제19수까지는 내적 갈등의 극복을 통한 정신적 성숙을 노래한 것이라고 정리할 수 있다. 하지만 반드시 그렇게 읽을 필요는 없다. 오히려 〈도산십이곡〉의 형식보다는 '천석고황泉石膏肓'이란 시어로 표현된 자연에 대한 갈망을 〈한거십팔곡〉이 더욱 닮고자 했을지도 모른다.
 방황의 과정을 거쳐 자연에 안착하는 모습이 제9곡부터 나타난다. 계곡물이 흐르는 청산과 안개 낀 마을 속에서 거문고를 벗하며 유유히 보내는 일상을 즐긴다. 빈궁과 영달이 무상한 세속과 담을 쌓고 아름다운 산수에서 노니는 참맛을 깨닫게 될 것이다. 마지막 19곡은 자연 속에서 지난 시절의 방황을 조용히 반추하고 이제의 선택을 즐기는 모습이 잘 반영되어 있다. 〈한거십팔곡〉은 당대 사대부들이 가졌던 출出과 처處에 대한 고민을 보여주는 동시에 권호문 개인의 의식의 흐름을 드러낸 작품이라 하겠다.
 권호문이 지은 경기체가 형태의 〈독락팔곡〉 역시 초야에서 농사를 지으면서 자연을 벗삼아 살아가는 심회를 노래한 작품이다. 만년에 덕망과 문명이 높아져서 모여드는 문인이 많았다. 조정에서 집경전참봉·내시교관 등의 벼슬을 내렸으나 나아가지 않았다. 유성룡, 김성일 등이 그의 학행을 높이 평가하고 교류했다. 사후 안동에 세워진 송암서원松巖書院에 배향되었다.

정구(鄭逑, 1543~1620)

한강寒岡 정구는 조선 중기의 학자로 본관은 청주淸州, 자는 도가道可, 호는 한강寒岡이다. 그의 외증조부가 김굉필金宏弼이고, 아버지는 판서 정사중鄭思中이다. 퇴계의 계도를 받아 영남예학의 조祖가 되었다는 평가를 받는 그는 고향 성주에 백매원百梅園을 조성하여 후학들을 가르쳤다.

여러 가집에서 정구를 작자로 표기한 시조가 5수 보인다. 3수는 작자가 혼기되어 있고, 두 수는 작자 표기가 없거나 '정구鄭逑'로만 되어 있다.

강호에 기약을 두고 십년을 분주하니
그 모른 백구는 더디 온다 하건마는
성은이 지중하시니 갚고 가려 하노라
(0167.1. 청구영언 육당본.0131)

이 작품은 약 80종의 가집에 작가가 '정구鄭逑'로 표기된 것이 다수이지만 '이항복李恒福'이나 '유호인俞好仁'으로 표기된 곳도 있다. 정구 자신이 한역한 것이 있으므로 정구의 작으로 보는 것이 합당할 것이다.

강호에 은거하기를 기약했지만 벼슬살이로 십 년을 보내버렸다. 앞뒤 사정을 모르는 백구가 왜 오지 않느냐고 책망한다는 의미를 담은 중장은 당시 지식인들이 가졌던 내면의 갈등을 보여준다고 하겠다. 작자는 성은聖恩이 지중至重하니 그것을 갚으려면 부득이 진세塵世에 머물 수밖에 없다고 마무리한다. 벼슬길에 나서는 것과 강호로 물러나는 일의 반복은 조선조 선비들에게는 다반사였다. 정구 자신은 강호에 은거하며 학문 탐구와 후학 육성으로 일생을 보냈다. 그의 삶으로 봤을 때, 이 시조는 자신의 진정성을 충실히 담은 작품이라고 해야 할 것이다.

정구는 어려서부터 신동이라 일컬어지며 학업에 두각을 나타내었다. 오건吳健의 문하에서 수학했고, 조식曺植·이황李滉에게서 성리학을 배웠다. 여러 차례 관직에 임명되었으나 사양하고 향리에 은거하며 향우문도鄕友門徒를 모아 강론에 힘쓰다가, 1580년에야 선조宣祖의 명으로 비로소 창녕현감昌寧縣監에 부임하여 선정을 베풀었다. 이듬해 지평持平을 거쳐 1585년 교정청校正廳 교정랑校正郎이 되어 『경서훈해經書訓解』를 교정했다. 강릉부사江陵府使·충주목사忠州牧使 등을 거쳐 대사헌大司憲에 이르렀으나 임해군 옥사臨海君獄事가 일어나자 이에 관련된 사람을 모두 석방하라는 상소를 올린 뒤 낙향했다.

그는 경학經學을 비롯하여 산수算數·의약醫藥·역사歷史·천문天文·풍수風水·병진兵陣 등에 두루 통달하였으며, 특히 예학禮學에 뛰어나 이에 관한 많은 저술을 남겼다. 당대의 명문장가로서 글씨도 잘 썼다. 인조반정 이후 이조판서에 추증追贈되었고, 성주의 회연서원檜淵書院, 충주의 운곡서원雲谷書院 등에 제향되었다. 저서로는 『오선생예설분류五先生禮說分類』, 『심경발휘心經發揮』, 『고금충모古今忠謨』와 『고금치란제요古今治亂提要』, 『의안집방醫眼集方』, 『광사속집廣嗣續集』, 『한강집寒岡集』 등이 있다.

김택룡(金澤龍, 1547~1627)

와운자臥雲子 김택룡의 본관은 예안禮安, 자는 시보施普, 호는 와운자臥雲子다. 조선 중기의 문신으로 아버지는 참봉 김양진金楊震이다. 1547년(명종 2) 안동에서 출생했다. 「조성당일기操省堂日記」의 1612년(광해군 4) 1월 11일자에 시조 1수가 수록되어 있다.

한곡寒谷 노화안蘆花岸에 든 기러기 웃지 마오
도량稻粱에 살 못 지다 망라網羅 아니 두려운가
오호변五湖邊 자재비명自在飛鳴을 내 본인가 하노라
(5276.1, 조성당집.0001)

초장에서 시적 화자는 청자에게 차가운 계곡 갈대밭[한곡노안寒谷蘆岸]에 있는 기러기를 비웃지 말라고 한다. 중장에서는 '비록 맛있는 음식에 살지진 못하지만 그물을 두려워할 일은 없지 않는가'하고 반문 형식을 취한다. 종장에서는 오호五湖 가에서 속박이나 장애 없이 자유롭게 노래하며 날아다니는 것이 나의 본분이라고 마무리한다. 올곧은 영남 선비의 기개가 느껴지는 작품이다.

「조성당일기」에 실려 있는 이 작품은 자신을 조롱하는 인척에게 대답한 시조이다. 그 인척은 아재뻘인 인물로 '충순위忠順衛'라고 불린 것으로 보아 정병正兵도 아닌 명분상의 무관직 신분이었던 모양이다. 그는 일전에 보냈던 '기러기 그림'을 한 편의 시로 표현해 김택룡의 처지를 놀리는 의미를 담았다. 김택룡이 지난날 벼슬길[운로雲路]에서 승승장구하던 때를 기러기가 구름 너머 푸른 하늘로 힘차게 비상하던 모습으로, 지금 집에 있는 모습을 차가운 계곡의 갈대밭에 몸을 숨기고 있는 처지로 비유한 것이다. '운로雲路'로 벼슬길을 표현한 것은 김택룡이 호를 '와운臥雲'으로 한 것도 염두에 둔 듯하다. 조롱하는 의미를 담은 한시에 대해 시조에 자신의 굳건한 뜻을 담아 응대한 것도 재미있는 사례라고 하겠다.

김택룡의 본관은 의성義城, 자는 시보施普, 호는 와운자臥雲子·조성당操省堂이다. 고조부는 첨정 김효우金孝友, 아버지는 김양진金楊震, 어머니는 숙부인淑夫人 안동김씨安東金氏이다. 고조부 김효우가 안동부 예안현 한곡리(현 안동시 예안현 태곡리)에 터를 잡은 이래로 후손들이 세거하였다.

김택룡은 이황의 문인 조목(趙穆, 1524~1606)에게서 배웠는데 '경으로써 내면을 곧게 하고 의로써 바깥을 반듯이 한다'는 것을 좌우명으로 삼아 독실히 공부하여 여러 사람들의 추숭을 받았다. 1576년(선조 9) 사마시에 합격하고, 1588년(선조 21) 식년 문과에 병과로 급제하여 환로를 걷게 되었다. 임란 중인 1595년(선조 28) 병조좌랑이 되었다. 선조 앞에서 『주역周易』을 강의하였다고 전하는데, 그가 역학에 매우 밝았다는 것을 말해준다. 헌납獻納·직강直講 등을 역임하고, 1600년(선조 33) 전적典籍을 거쳐 강원도도사江原道都事·전라도도사全羅道都事 등을 역임하였다. 전라도 광양·운봉에서 적을 무찌른 공으로 명성이 높아졌다.

의성김씨 한곡파와 의성김씨 평장사공파 삼대종택에서 각각 소장해오다가 현재 한국국학진흥원에 기탁된 『조성당일기操省堂日記』가 전해지고 있는데, 김택룡이 쓴 1612년 1월 6일부터 7월 25일까지의 기록이다. 대체적인 내용은 지인들과 내왕하면서 시사를 토론한 일, 그해 농작물의 작황과 소출 및 집안의 관혼상제, 질병 등에 대한 것 등 다양한데, 17세기 안동·예안·영주 일대의 사족들의 문화풍속을 이해하는 데 크게 도움이 되는 자료이다.

그의 문집『조성당집操省堂集』은 4권 2책의 목판본으로 김택룡의 11대손 종벽宗璧과 윤원胤元이 자신들의 선조 조성당의 시가와 산문을 엮어 1913년에 간행한 시문집이다. 많은 한시가 수록되어 있는데, 임진왜란 중 군무에 종사하면서 우러난 우국충정을 읊은 것이 다수다. 그 중에서도 1600년(선조 33) 가을 접반배신接伴陪臣으로 명나라 진중에서 임학령林鶴齡에게 준 〈여임상공시與林相公詩〉는 나라를 위해서는 언제든지 죽을 각오가 되어 있음을 보여주었다.

임진왜란 이후에는 경독관耕督官이 되어 전후의 농경을 장려하여 백성을 정착시키는 데 힘썼다. 선무이등宣武二等과 청난일등淸難一等의 훈작을 받고, 1608년(광해군 즉위년) 영월군수에 이르기까지 여러 벼슬을 지냈다. 광해군이 즉위한 후 낙향하여 향촌을 교화하고 후진을 양성하는 데 힘썼다. 예안의 한천사寒泉祠에 배향되었다.

장현광(張顯光, 1554~1637)

여헌旅軒 장현광은 경북 인동부仁同府 인의방仁義坊 남산(현 칠곡)에서 출생했다. 17세기 영남학파를 대표할 만한 유학자로『여헌집』·『성리설性理說』·『역학도설易學圖說』·『용사일기龍蛇日記』등의 저서를 남겼다. 인동장씨 문중에 내려오는『장씨가장張氏家藏』필사본에 시조 1수가 수록되어 있다.

바위로 집을 삼고 폭포로 술을 빚어
송풍松風이 거문고 되며 조성鳥聲이 노래로다
아이야 술 부어라 여산동취與山同醉
(1805.1, 장씨가장필사본.0001)

이 작품은 가공되지 않은 자연 속의 전원생활을 노래하고 있다. 산간에서 자유로운 삶을 영위하는 즐거움을 노래한 시가가 적지 않지만, '바위로 집을 삼고 폭포로 술을 빚어, 솔바람과 새소리를 풍악삼아 산과 함께 취하겠다'는 시상은 여느 전원시와는 다른 분위기다.

장현광은 '여헌旅軒'이라 자호自號한 이유를 밝힌 「여헌설旅軒說」에서 "어찌하여 여旅라고 하였는가? 나는 항상 나그네가 되었기 때문이니, 나그네란 남의 손님이 됨을 이른다. (중략) 친척에 의탁하거나 그렇지 않으면 반드시 붕우에게 의지하여 처자를 이끌고 이곳으로 옮겨 가고 저곳으로 옮겨 가, 혹 한 해에도 서너 번씩 옮겨 다녀 마침내 동서남북의 정처 없는 사람이 되었으니, 나그네가 됨이 그 누가 나보다 더한 자가 있겠는가. 이와 같다면 여헌이라고 호하는 것이 마땅하지 않겠는가."라고 하였듯이 적잖이 떠돌아다니는 삶을 살았다. 위의 시조에서는 여러 어려움을 극복하면서 더욱 여물어졌을 그의 호쾌한 기상이 느껴진다.

장현광의 본관은 인동仁同, 자는 덕회德晦, 호는 여헌旅軒이다. 과거에 뜻을 두지 않고 학문에 진력하여 큰 학문적 성취를 이루었다. 류성룡柳成龍 등의 천거로 조정에서 여러 차례 내외의 관직을 내렸으나, 1602년(선조 35) 공조좌랑으로 부임하여 정부의 주역周易 교정사업에 참여하고 이듬해 잠깐 의성현령으로 부임한 것 외 대부분의 부름에는 응하지 않았다.

1623년 인조반정 후 산림山林의 학자를 뽑는 성균관 사업司業에 서인西人인 김장생金長生·박지계朴知誡와 함께 선발되었다. 이후 장령으로 잠깐 상경하였으나 이조참판·대사헌·우참찬 등에는 모두 나아가지 않았다. 1636년(인조 14) 병자호란 때는 의병 모집과 군량 조달에 나서기도 했으나, 조정이 청에 굴복한 후 은거하던 입암으로 돌아가 이듬해 별세했다.

장현광은 어느 학설에 매이기보다는 창의적이고 독자적인 주장을 펼쳤다. 한천寒泉 허잠許潛이 한강寒岡 정구鄭逑에게 "남쪽에 호학하는 선비가 있느냐?"고 물으니, 한강은 망설이지 않고 '장모[장현광]'가 있다고 대답했다는 내용이 『여헌선생연보』에 전한다. 사후 영의정이 추증되고, 성주의 천곡서원川谷書院 등 여러 곳에 제향되었다. 인조는 1637년(인조 15) 홍문관 수찬 유철俞撤을 보내어 제사를 올린 치제문에서 "아! 영령은 금오산과 낙동강의 빼어난 정기를 받아 오백년에 한 번씩 태어나는 우리나라의 위대한 인물이었소. 어린 시절부터 벌써 도덕을 닦는 데에 뜻을 두어 삼분오전三墳五典의 옛글을 널리 고찰하여 마음 깊이 탐구하고 연마해서 마침내는 이를 집대성하여 오묘하고 정밀한 경지에 묵묵黙黙히 도달하였소."라고 칭송했다.

김득연(金得研, 1555~1637)

갈봉葛峯 김득연은 경북 안동에서 출생한 조선 중기의 학자다. 본관은 광산光山, 자는 여정汝靜, 호는 갈봉葛峯이다. 그는 49수로 된 연작 시조〈산중잡곡山中雜曲〉을 포함하여 모두 74수의 시조를 남겼다. 김득연은 1602년(선조 35) 생원과 진사 두 시험에 모두 합격하였으나, 평생 벼슬하지 않고 예안에 은거하며 학문과 시작에 전념하였다. 그의 시조에는 처사적 삶의 즐거움을 표상화한 것들이 많다.

와룡산臥龍山 내린 아래 반무당半畝塘을 새로 여니
티 없는 거울에 산영山影이 잠겼나다
이 나의 경영經營하는 뜻은 그를 보려 하노라

(3508.1, 갈봉유고.0001, 갈봉선생유묵.0001)

위의 작품은 〈산중잡곡〉 49수 중 첫 수이다. 초장에서 와룡산 기슭에 반무半畝 정도의 작은 연못을 연다고 밝히고, 중장에서는 "명경지수明鏡止水에 산 그림자가 비치고 있다"고 한다. 종장에서는 이 연못을 경영하는 뜻이 그것을 보는 데 있다고 말한다. 이 작품이 〈산중잡곡〉 전체를 총괄하는 서두인 셈이다.

'〈산중잡곡〉이 총 53수로 이뤄졌으며, 현재 전하는 것이 49수'라고 보는 김상진은 전체의 유기적 연계성에 의문을 표하면서도 첫 수 이하 나머지를 네 묶음으로 범주화했다. '산중의 사시가흥四時佳興' '상산사호商山四皓의 표방' '수역壽域의 즐거움' '낙이망우樂而忘憂하는 노년'이 그것이다.

김득연의 작품에 대해, 여러 한문성구로 인해 우리말의 맛을 느끼기 어렵다는 평가가 있다. 그러나 일각에서는 김득연의 작품이 가지고 있는 소박성·일상성을 더욱 주목할 필요가 있다고 주장하기도 한다. 그의 작품에서 느끼는 생소함 혹은 질박함이 오히려 강한 힘으로 읽힐 수 있다는 것이다. 특히 그의 가사작품 〈지수정가止水亭歌〉의 경우, 전체적으로 호흡이 힘차고 기운이 넘친다고 보고 그런 역동적인 전개를 김득연 시가의 특성으로 평가하기도 한다.

김득연의 부친 김언기는 퇴계 문도 중 안동 문학 융성의 창도자란 칭송을 받는 확고한 기반의 재지 사족이다. 김득연 자신도 지방사회에서 계회契會 등을 통해 가문의 단결을 꾀하고자 하거나 누정을 세워 사족으로서의 존재감을 드러내는 데 열정적이었다. 강호 주인임을 천명하는 것으로 자신의 정체성을 확인하려는 것이 그의 많은 강호시조의 창작 의도로 짐작된다. 일각에서는 〈산중잡곡〉의 특성을 전체적으로 응

집적인 언어를 구사하여 호흡에 힘이 있고 기운이 강하다는 점으로 보기도 한다. 작품에 드러나는 시상詩想이나 상상력을 주목해보는 것도 김득연의 시조를 음미하는 효과적인 방법의 하나가 될 것이다.

김득연의 본관은 광산光山. 자는 여정汝精, 호는 갈봉葛峯이고 세거지는 안동安東이다. 성균관 생원 김언기金彦璣의 맏아들로서 어머니는 영양남씨英陽南氏이다. 첫 돌 전에 어머니를 여의고 조모 안씨安氏에게서 자랐으며, 아버지에게서 글을 배웠다. 1602년 생원시와 진사시에 모두 합격하였으나 평생 벼슬하지 않고 예안에 살면서 학문과 시작詩作에 전념했다.

임진왜란 때는 안동에 주둔한 명나라 군사의 군량미 보급에 힘썼고, 경리經理 양호楊鎬의 부하 장수들과 교유하여 문장과 덕행으로 그들로부터 추앙받았다. 병자호란 때 삼전도三田渡의 치욕을 듣고 비분강개하여 병을 얻어 별세했다. 그의 「청량산유록淸凉山遊錄」은 임진왜란 이전 지방 사림士林의 생활 모습을 그린 작품이다. 저서로는 『갈봉유고葛峯遺稿』가 있다.

박선장(朴善長, 1555~1616)

수서水西 박선장은 조선 중기의 문신으로 본관은 무안務安, 자는 여인汝仁, 호는 수서水西이다. 그의 문집 『수서선생문집水西先生文集』에는 시조 〈오륜가五倫歌〉 8수가 수록되어 있다.

촌寸만도 못한 풀이 봄 이슬 맞은 후에
 잎 넓고 줄기 길어 밤낮으로 불어났다
 이 은혜 하 망극하니 갚을 줄을 몰라라

(4931.1. 수서선생문집.0001)

　한 마디 길이도 못 되는 풀이 봄 이슬을 맞은 후에 잎과 줄기가 밤낮으로 자라는 것이 어떻게 가능한가. 우리가 그렇게 성장할 수 있는 것은 부모님의 커다란 은혜 덕분인데, 이 은혜가 너무나 망극하여 갚을 방법을 모르겠노라고 노래하고 있다. 부모의 은혜에 보답하려는 자식의 마음을 가리키는 '촌초심寸草心'이라는 표현을 염두에 둔 시조다. 부모의 은혜는 너무나 크고, 자식이 할 수 있는 것은 너무도 보잘것없다는 말이다. 아버지를 일찍 여읜 박선장의 안타까운 마음이 용해되어 있는 듯한 작품이다.

　박선장의 아버지는 호조정랑戶曹正郎 박전朴全이고 어머니는 웅천주씨熊川朱氏다. 그는 1555년(명종 10) 경상도 영해부 익동(翼洞, 현 영덕군 창수면 인량리)에서 출생했다. 어려서 아버지를 여의고 외가가 있는 강원도 울진현 구만리(현 울진군 울진읍 고성리)에서 지내다가 10세 때 경상도 영천군榮川郡 화천리(현 봉화군 봉화읍 화천리)로 다시 이거하여 남몽오南夢鰲의 문하에서 수학하였다. 그의 재주를 눈여겨본 남몽오는 그를 사위로 삼았다.

　박선장은 과거 시험보다 학문에 뜻을 두어 주로 영주의 이산서원伊山書院이나 봉화의 두릉서당杜稜書堂을 오가며 공부하고, 조목趙穆·류성룡柳成龍·이덕홍李德弘 등의 명유들을 왕배했다. 정유재란이 시작된 이듬해인 1598년(선조 31) 명나라 경략 정응태丁應泰가 조선과 일본이 연합하여 명나라를 공격한다고 본국에 무고한 사건이 발생하였다. 이때 박선장은 이산서원의 유생들과 함께 변무하는 상서를 올렸다. 1604년(선조 37)에는 성균관의 유생들이 동방오현에 대한 문묘종사를 청원하였는데, 선조는 오현 가운데 이언적의 출처관을 문제 삼으며 이를 거부하였다. 이때 박선장은 이언적을 신원하는 상소문을 올리기도 했다. 50세까지 벼슬에 뜻을 두지 않고 학문에만 힘을 쏟았으나, 1605년(선조 38) 노모의 권유로 대과에 응시하여 비로소 벼슬길에 나아갔다. 예안현감禮安縣監·좌령남막佐嶺南幕 등의 외직을 맡았을 때 청백리淸白吏로 명성이 높았다.

 1611년(광해군 3) 영주榮州 옥봉산玉峰山 동록하東麓下에 구만서당龜灣書堂을 짓고 학도學徒를 모아 강론講論하는 등 여생을 학문에 진력했다. 박선장은 1614년 노모 봉양을 위해 고향으로 내려왔으며, 1615년 이산서원의 원장을 역임하였다. 박선장의 묘소는 봉화군 봉화읍 문단리 소지동에 있다. 1676년(숙종 2) 봉화군 봉화읍 화천리 구만서당에 제향 되었는데, 이 서당은 1766년(영조 42) 구만서원으로 승격되었다.

박인로(朴仁老, 1561~1642)

 노계蘆溪 박인로는 영천 출생으로 고산孤山 윤선도(尹善道, 1587~1671)와 송강松江 정철(鄭澈, 1536~1593)과 함께 조선조 시가詩歌의 3대가로 평가되는 인물이다. 임진왜란 때 의병으로 종군하여 계속 무인의 길을 걸었고 종4품의 무관직 만호萬戶 벼슬을 하기도 했다. 만호 벼슬살이를 마친 뒤 고향 영천에서 성리학 공부와 시문 창작으로 여생을 보내며 82세의 수를 누렸다. 그는 많은 가사와 시조를 지어 한국문학사에 커다란 자취를 남겼다. 그의 작품으로 확인된 가사가 11편에 이르고, 시조는 『노계집蘆溪集』에 수록된 것과 가집에 작자를 노계로 표기한 작품 모두를 더하면 77수에 이른다. 다음은 많은 이들이 애송하는 〈조홍시가早紅柹歌〉다.

반중盤中 조홍早紅감이 고와도 보이나다
유자柚子 아니라도 품음즉도 하다마는
품어 가 반길 이 없을새 글로 설워 하나이다
(1826.1. 노계가집 경오본.0001)

이 〈조홍시가〉는 중국 삼국시대 오나라 손권의 참모를 지낸 육적陸績의 '회귤고사懷橘故事'에 기대어 자신의 부모님에 대한 그리움을 그려낸 작품이다. 초장에서 먹음직한 조홍감을 묘사하고, 중장에서 귤을 품어서 모친에게 가져다드리려 한 육적의 고사를 가져옴으로써 이제는 돌아가시고 없는 부모님에 대한 그리움과 안타까움을 담은 종장의 울림을 극대화했다. 『노계집』에는 이 시조를 포함하여 68수의 작품이 실려 있다. 그 외 〈오륜가〉 25수, 〈입암구곡가立巖九曲歌〉 29수가 있고, '신유년(1621) 가을에 한강寒岡과 울산 초정椒井에서 목욕을 하다辛酉秋與鄭寒岡浴于蔚山椒井'는 제목의 시조 2수 그리고 〈사친事親〉 1수, 〈모현慕賢〉 2수 등의 작품들이 수록되어 있다.

노계 박인로의 본관은 밀양密陽, 자는 덕옹德翁, 호는 노계蘆溪·무하옹無何翁이다. 1561년(명종 16) 영양永陽 도천(道川, 현 영천시 북안면 도천리)에서 태어났다. 아버지는 정8품 무관 승의부위承義副尉 박석朴碩이다. 13세에 〈대승음戴勝吟〉이라는 칠언절구의 한시를 지어 시재詩才를 드러냈다고 전한다. 32세인 1592년(선조 25) 임진왜란이 발발하자 분연히 붓을 던지고 영천 의병진에 합류했다. 이후 무인으로의 길을 걸었다. 38세인 1598년(선조 31)에는 경상좌도절도사인 성윤문成允文의 막하에서 종군하다가 1599년(선조 32) 무과에 등과했다. 수문장·선전관을 거쳐 조라포 만호로 부임했다. 무인의 길을 걸으면서도 언제나 주머니에는 붓과 먹이 있었다고 한다. 전쟁가사로도 분류되는 〈태평사太平詞〉나 〈선상탄船上嘆〉이 그 붓으로 지어졌을 것이다.

만호 벼슬에서 물러난 뒤에는 유학자이자 문인의 삶을 살았다. 성현의 경전 주석 연구에 몰두하여 늘 성현의 기상을 묵상했다. 꿈속에서 성·경·충·효誠敬忠孝 네 글자를 얻어 평생의 좌우명으로 삼아 자성自省을 게을리하지 않았다고도 한다. 25수에 이르는 연시조 〈오륜가〉도 그런 의식의 소산물이라 할 수 있다. 정규양은 노계의 「행장」에서 "일찍이 말하기를 '시는 뜻을 말한 것이고, 노래는 말을 길게 하는 것이다. 사람의 착한 마음을 감발케 하는 노래가 으뜸이니 〈이남二南〉 또한 노래이다.'하고 드디어 군신, 부자, 부부, 형제, 붕우의 다섯 조목 백여 편의 시를 짓고 시경을 모방하여 이름을 '정풍正風'이라 하였다. 세상 사람들이 모두 소중하게 여겨 외우고 이따금 관현에 올려 불렀다."고 적었다. 〈오륜가〉 백여 편을 짓고 '정풍'이라고 이름했다는 것인데, 지금은 25수만 남아 있어 사실 여부를 확인하기가 어렵다.

영천의 한미한 선비였던 노계의 사람 사귐은 다소 특별했다. 우선 재상의 지위를 오래 지켰던 한음 이덕형과의 관계는 남달랐다. 이덕형 사후 그의 자식들이 노계를 초빙하여 선친과의 관계를 이야기할 정도였다. 뿐만 아니라 한강 정구, 지산 조호익, 여헌 장현광을 종유하여 그들의 인정을 받았다. 여헌은 노계에 대해 "이웃에 무하옹無何翁으로 성이 박씨이고 이름이 인로仁老라는 분이 있으니, 그는 참으로 인의仁義의 사람이다."라고 하고 "새로운 각오로 대인大人의 도에 뜻을 두고는 구인산九仞山을 찾아 들어가 산의 아름다움을 두루 구경한 다음 분발하여 밥먹는 것도 잊고 공부하며 늙음이 장차 이르는 것도 모르니, 내가 보기에는 마땅히 우리 동방의 호걸스러운 사람이라 할 것이다."라고 평가했다.

〈입암 29곡〉은 노계가 입암에 우거하고 있는 여헌을 찾아가 종유할 때 지은 작품이다. 여헌은 1596년 영양사우永陽四友 권극립·정사상·정사진·손우남의 간청으로 입암을 방문하여 1637년 입암서원의 만욱재에서 별세할 때까지 입암을 근거지로 삼고 활동하며 〈입암기〉·〈입암정사기〉·〈입암십삼영〉 등 입암과 관련한 시문을 다수 남겼다. 노계의 〈입암 29수〉는 여헌의 입암시문에 영향을 받은 것이 분명해 보인다. 아울러 경북에 면면히 이어지고 있는 강호가도의 기운을 담고 있다고도 하겠다.

1630년(인조 8)에는 노인직으로 용양위부호군龍驤衛副護軍이라는 은전恩典을 받았고, 자연을 벗하여 안빈낙도하는 말년을 보내다가 1642년(인조 20) 기세하여 영천의 남쪽 대랑산大朗山에 안장되었다. 향리의 선비들이 그를 흠모하여 1707년(숙종 33)에 생장지인 영천시 북안면 도천리에 도계서원道溪書院을 세워 춘추제향하고 있다. 이 서원에는 노계 선생의 문집을 인쇄한 박노계집판목이 경북 유형문화재 제68호로 보관되어 있다. 2018년에는 도계서원 가까이에 노계문학관이 건립되어 노계 박인로의 발자취를 기리는 문화활동을 이어가고 있다.

이시(李蒔, 1569~1636)

선우당善迂堂 이시는 환로에 나서지 않고, 고향 안동에서 학문과 교육활동에 전념하여 많은 학자들과 문인을 배출했다. 그는 시조 〈조주후풍가操舟候風歌〉 3수와 〈오로가烏鷺歌〉 1수를 남겼다. 다음이 〈오로가〉이다.

까마귀 디디는 곳에 백로야 가지 마라
희고 흰 깃에 검은 때 묻힐세라

진실로 검은 때 묻히면 씻을 길이 없으리라

(0622.1. 선오당일고.0004)

　이 작품은 많은 가집에 작자가 '정몽주 모친'으로 기록된 시조 "까마귀 싸우는 골에 백로야 가지 마라/ 성낸 까마귀 흰빛을 새울세라/ 청강에 일껏 씻은 몸을 더럽힐까 하노라"를 무척 닮았다. 까마귀와 백로를 악과 선의 상징처럼 대비시켜 백로에게 까마귀를 가까이하지 말라는 충고를 던지는 방법이다. 이 시조는 작자 이시가 동생이 혼미한 광해군 조정에 나아가는 것을 경계하고 만류하는 의도로 지었다는 이야기가 전한다. 〈조주후풍가操舟候風歌〉는 사람이 순풍에 돛을 단다면 험한 길도 쉽게 갈 수 있지만, 출발을 잘못하여 폭풍우를 만나면 배가 뒤집히고 사공은 익사한다는 내용이다.

　이시李蒔의 본관은 영천永川, 자는 중립中立, 호는 선오당善迁堂으로 안동 출신이다. 종증조부가 농암 이현보이고, 아버지는 증 이조참판 이덕홍李德弘이다. 이시는 어려서부터 재주가 남달라 13, 14세에 경사經史를 통달하였다고 한다. 도道를 굽혀서까지 명예를 따르지 않는다는 부친의 가르침을 받들어, 벼슬할 것을 단념하고 학업에만 전념하였다.

　만년에 오천迂川의 하류에 오계서당迂溪書堂을 짓고 후진양성에 힘썼다. 그의 학행을 흠모하여 많은 선비들이 모여들었는데, 그것을 기록한 『오계서당동화록迂溪書堂同話錄』이 있다. 사후 사복시부정司僕寺副正에 추증되고, 오계서원에 제향되었다. 저서로는 『선우당일고』 2권이 있다.

김충선(金忠善, 1571~1642)

모하당慕夏堂 김충선은 임진왜란 때 조선에 귀화한 일본인으로 본명은 사야카沙也可이다. 그가 '항왜降倭'였던 까닭에 일본 학계에서는 그의 실존 여부와 정체성에 대한 논란이 많았다. 특히 일제 강점기에는 김충선의 문집인 『모하당문집慕夏堂文集』이 위작이라는 주장 혹은 그가 매국노였다는 주장 등이 쏟아졌다. 김충선의 존재 자체를 부정하거나 그를 폄하하려는 일인日人들의 시도가 많았던 것이다.

　한편으로는 이런 주장에 반론을 펴는 일본 학자들도 다수 있었다. 나카무라 히데타카中村榮孝는 『조선왕조실록朝鮮王朝実録』의 '항왜 첨지 사야가降倭僉知沙也加'라는 기록과 『승정원일기承政院日記』의 '항왜 영장 김충선降倭領將金忠善'이라는 기록을 근거로 "이괄의 난이나 정묘호란·병자호란 때 이른바 항왜가 종군 활약했었다는 사실은 이미 잘 알려진 바다. 그 영장 중에 김충선이라는 용사가 있다는 것을 승정원일기(승정 원년 4월 23일)의 기사를 통해 알 수 있다."고 했다. 고사카 지로神坂次郎의 경우, 사야가는 당시 일본 최강이었던 철포부대원 중 한 인물이었다고 주장했다. 그 부대의 이름이 '사이가슈雜賀衆'인데, 와카야마현和歌山県의 와카야마시和歌山市 일대는 '사이가雜賀'라고 불리는 철포 생산지였고, 사야가는 그곳 사람이라는 것이다. 그곳 사람들은 히데요시에게 패해서 규슈九州로 도망을 갔고, 히데요시에 대한 그들의 원망이 깊었을 것이며, 그것이 임진왜란이 시작되자 김충선이 바로 투항한 이유라는 주장이다. 그 밖에도 이사고沙설, 사에몬佐衛門설, 하라다 노부타네原田信種설 등 사야가沙也可의 존재에 대한 여러 주장이 나왔다.

　한국의 학자들은 『모하당문집慕夏堂文集』의 내용 분석에 집중했다. 잡저雜著편에는 〈술회가述懷歌〉·〈잉방시仍防詩〉·〈남풍유감南風有感〉·〈우흥寓興〉·〈우회寓懷〉·〈우회又懷〉로 제목을 붙인 6수의 우리 시가가 실려 있다. 다음은 〈우회寓懷〉다.

예의동방 좋단 말을 듣고 만이속 다 버리고 일조에 들어오니
삼강오상도 밝거니와 의관문물도 갖출시고
생봉요순하였으니 강구연월 동락태평할까 하노라

(3364.1. 모하당실기.0005)

이 작품은 '예의의 나라 조선이 좋다는 말을 듣고 그가 생장한 왜국 만이蠻夷의 습속을 다 버리고 이 동쪽 땅에 들어오니 삼강三綱과 오상五常도 밝고 의관과 문물도 다 갖추어져 있음을 확인하게 되었다. 살아서 요순堯舜과 같은 예의문물의 나라를 만났으니 강구연월康衢煙月에서 동락태평同樂太平하겠다'는 뜻을 나타내었다. 자신이 조선에 귀화한 이유를 이 한 수의 작품에 녹여낸 것이다.

김충선의 일본 이름은 사야카沙也可로 1592년(선조 25) 가토 기요마사加藤淸正의 좌선봉장이 되어 군사 3천 명을 인솔하고 조선 동래성에 상륙한 다음 날 경상도 병마절도사慶尙道兵馬節度使 박진에게 항복했다. 그는 박진에게 "이 나라의 예의문물과 의관 풍속을 아름답게 여겨 예의의 나라에서 성인의 백성이 되고자 할 따름입니다."라는 내용의 항서降書를 써냈다. 위의 시조와 같은 맥락의 내용이다.

그는 조선에 귀화한 후 수많은 전공을 세웠다. 경상도의 의병들과 협력하여 일본군과 전투를 벌였고, 곽재우郭再祐와 연합하기도 했다. 정유재란 때는 역시 항복한 왜장이었던 손시로孫時老와 함께 의령 전투에서 공을 세웠고, 울산성 전투에서는 경상도 우병사 김응서金景瑞의 휘하에서 농성 중이던 가토의 1군을 격파하는 공을 세웠다. 도원수 권율權慄과 어사 한준겸韓浚謙의 주청으로 선조는 김해김씨 성과 충선忠善이라는 이름을 하사하고 품계를 정2품 자헌대부資憲大夫로 올렸다. 그는 의병 혹은 조선군 장수로서 모두 78회의 전투를 치렀다고 한다.

특히 그는 귀화한 직후 조총 개발을 건의하는 서신을 절도사에게 제출하는 등 화포와 조총 제조 기술을 전수하는 데 힘을 기울였다. 이순신과 나눈 서신에 이미 조총을 개발하여 훈련하고 있다고도 썼다. 난중에 여러 주요 인물과도 교류했다. 이순신 외에도 이덕형·정철·유근·권율·조호익·김성일·곽재우·김덕령·김응서 등이 김충선과 긴밀한 연락을 주고받았다.

임진왜란 이후 북방 야인들의 침입이 잦자 변방 방어를 자청하여 10년 동안 북방 변경 수비를 하기도 했다. 그 공로를 치하하기 위해 선조는 그를 후원으로 불러들여 친히 잔치 열어 위로하고, 정2품 정헌대부正憲大夫 품계로 특별히 상을 하사하면서 '스스로 원하여 거듭 방어해주니 그 마음 가상하도다自願仍防 其心可嘉'라는 교지를 내렸다.

1624년(인조 2년) 이괄의 난 때에는 이괄의 부장副將 서아지徐牙之를 잡아서 벤 공으로 사패지賜牌地를 받았으나 사양하고, 수어청守禦廳에 반납하여 둔전屯田을 만들었다. 1636년(인조 14년) 병자호란 때는 소명召命을 받지 않고 광주廣州 쌍령雙嶺에 나가 싸워 청나라 병사 오백여 명을 베었으나 화의가 성립되었다는 말을 듣고 통곡하며 대구의 우록리로 돌아갔다.

김충선은 1600년(선조 33년) 진주목사 장춘점張春點의 딸 인동장씨와 결혼해 아들 다섯 명과 딸 한 명을 두었다. 그는 1642년(인조 20년)에 기세했다. 1798년(정조13년) 지방 유림들에 의해 창건된 녹동서원(현 대구광역시 달성군 가창면 우록리)에 배향되었다. 녹동서원은 대원군의 서원철폐령으로 훼철되었다가 1914년에 재건되었다. 현재까지도 김충선의 후손들이 녹동서원을 중심으로 녹우동友鹿洞에 집성촌을 이루어 살고 있다.

김계(金啓, 1575~1657)

　용담龍潭 김계는 벼슬을 하지 않고 고향인 경북 의성에서 자연 경치를 완상하며 동기간의 정을 시주詩酒로 달래며 평생을 보냈다. 만년에 쓴 일기 「용담록龍潭錄」에는 자신의 시조 31수와 자손들의 시조 3수, 인조 임금의 시조 1수가 수록되어 있다.

부창 부수夫唱婦隨라 한들 사람마다 그러하랴
비록 기걸한들 듣지 아니면 어이할꼬
이르거니 좇거니 하니 가법家法 귀貴히 여기로다
(2104.1. 용담록.0011)

　경북 의성에서 세거하던 김계는 63세 때인 1638년(인조 16)에 시작하여 졸년인 1657년(효종 8)까지 20년에 걸쳐 일기를 썼다. 여기에 시조 35수가 실려 있다. 이 중 처음의 1수는 인조 임금의 시조이고, 1654년 7월 19일 자에 수록된 마지막 3수는 자손들이 지어 올린 작품이다. 김계의 시조는 31수인 셈이다.
　그의 시조는 당시 지식인들의 이념이나 추구하는 삶을 노래한 것이 아니라 소소한 일상의 단상이나 소회를 담았다. 노처老妻와 자신의 생일연에서의 감회를 읊은 작품, 노인회 등 지인들과의 모임에서 읊은 작품, 경사京師의 자식이나 종증손 등 가족을 생각하며 지은 작품, 선산에 불이 나 지은 작품, 자식을 훈계하며 지은 작품 등 다른 사대부 시조와는 상당히 다른 모양이다. 형식에 구애되지 않는 즉흥적인 사설조에 평민시가의 멋이 담겨 있다.
　김계의 본관은 일선一善, 자는 옥부沃夫, 호는 용담龍潭이다. 일선김씨 백암공파白岩公派로 김효정金孝貞의 직계손이다. 아버지 예복禮復은 임진왜란 때 군자감軍資監을 지냈지만, 김계 자신은 평생 전형적인 처사의 삶을 살았다. 용담록에 실린 시조는 그런 삶의 기록이다. 노래를 지은 일시와 창작 공간이 구체적으로 기록(1644년 2월 2일~1654년 7월 19일)된 것으로 당시 우리 시가의 향유 양상을 살필 수 있는 매우 특별한 자료이다.

이홍유(李弘有, 1588~1671)

돈헌遯軒 이홍유의 본관은 경주慶州, 호는 돈헌遯軒으로 이제현李齊賢의 10대손이다. 아버지는 역학易學으로 이름이 높았던 괴산군수槐山郡守 이득윤李得胤이고, 어머니는 옥구장씨沃溝張氏 의서습독관醫書習讀官 장징張徵의 딸이다. 김집(金集, 1574~1656)의 문인이며, 송시열과도 교유했다. 그의 문집 『돈헌집遯軒集』에 연시조 〈산민육가山民六歌〉 6수가 전한다.

조그만 이 내 몸이 천지간에 혼자 있어
청풍 명월을 벗 삼아 누웠으니
세상의 시시비비를 나는 몰라 하노라
(4353.1, 돈헌공유사.0002)

이홍유는 1615년(광해 7) 성균 진사시에 합격하였으나 벼슬에 나아가지는 않았다. 1644년(인조 22) 57세 때 비로소 성현찰방省峴察訪에 부임하였으나 모친상으로 곧 사직하였다. 60세 이후로는 향인鄕人들에 의해 서원의 책임자인 산장山長에 추천되어 후진 양성에 힘썼다. 1770년(영조 46)에 장악원掌樂院 정正에 증직되었다.

문집으로『돈헌집遯軒集』4권 2책이 있으며, 1890년(고종 27)에 개간開刊되었다. 이홍유의 조부 이잠李潛 이하 4대가 모두 성균진사로서 산당의 임무를 맡았던 교육자의 가문이다. 조부와 부친은 청주의 신항서원莘巷書院에 제향되었다.

이홍유의 〈산민육가〉가 이별의 〈장육당육가〉, 이정의 〈풍계육가〉, 이득윤의 〈서계육가〉와 〈옥화육가〉를 이은 육가계의 연시조라는 점과 이들이 모두 이제현의 7대손에서 10대손까지의 혈육이라는 점을 특별히 주목하지 않을 수 없다.

이중경(李重慶, 1599~1678)

수헌壽軒 이중경은 조선 중기의 문신이다. 이중경의 본관은 전의全義, 자는 경숙慶淑, 호는 수헌壽軒·오대산인梧臺散人·봉옹鳳翁이다. 증조할아버지인 이홍지李興智가 소요당 박하담의 사위가 되어 경기도 금천衿川에서 청도로 옮기게 되었다. 아버지는 이기옥李璣玉이고 어머니는 거제 반씨巨濟潘氏이다. 이중경의 가계는 지방 사족 가문과의 통혼으로 청도 지역에 기반을 잡고 학덕과 문장으로 명망을 얻은 재지 사족이었다.

이중경은 800편이 넘는 시詩와 산수 유기 〈유운문산록遊雲門山錄〉, 연작 시조 〈오대어부가梧臺漁父歌〉, 청도 지역 최초의 사찬 군지 『오산지鰲山誌』 등 다양한 분야의 많은 작품을 남겼다. 그의 문집『잡훼원집雜卉園集』에는 〈오대어부가구곡〉·〈속어부사오장〉·〈어부별곡전삼장〉·〈어부별곡후삼장〉으로 구성된 〈오대어부가〉가 수록되어 있다.

일곡一曲 승계산勝溪山에 생애를 붙여 두고
어초漁樵를 일을 삼아 백년을 보내리라

어즈버 무이구곡武夷九曲이 예도 긘가 하노라

(3979.1. 잡훼원집.0001)

위의 작품은 〈오대어부가〉의 일곡으로 주자의 무이구곡과 같은 오대구곡에서 고기 낚고 나무하며 여생을 보내겠다는 뜻을 밝히고 있다. '오대어부가'라고 하면 〈오대어부가구곡〉만을 지칭하기도 하지만 〈오대어부가구곡〉, 〈어부사오장〉, 〈어부별곡〉의 전삼장, 후삼장을 합한 20수 모두를 통칭하기도 한다.

「오대어부가자서梧臺漁父歌自序」에 의하면 이현보의 〈어부가〉와 이황의 〈도산십이곡〉을 함께 취하여 〈오대어부가〉를 지었다고 한다. 이현보의 〈어부장가〉 9장, 〈어부단가〉 5장, 두 개의 육곡형을 취한 〈도산십이곡〉의 형식과 내용 모두를 참고하여 자신의 〈오대어부가〉 20수를 지었다는 것이다. 어부漁父 · 백구白鷗 · 청산靑山 · 공명功名 · 전계前溪를 노래하고 있는 〈어부사오장〉을 비롯한 작품 20수 전반에 강호생활에서 느끼는 즐거움이 깔려 있다. 농암과 퇴계의 강호가도를 계승한 노래라고 할 만하다.

이중경은 6세 때 아버지를 여의고 외가인 예천에서 생활하면서 외할아버지 반몽벽潘夢壁과 외숙 반로潘潞에게 자학字學과 사서史書를 배웠고, 아버지와 친분이 있었던 동호東湖 정윤위(鄭允偉, 1564~1629)를 스승으로 삼고 가르침을 받았다. 17세에 아버지의 스승인 한강寒岡 정구鄭逑를 찾아가 아버지가 기축옥사에 얽혀 고통받은 전말을 들은 이중경은 아버지에 대한 존경과 사모하는 마음이 크게 일어 20세에 청도로 돌아와 가업을 일으키기 위해 노력하였다.

이중경은 자타가 산수벽山水癖이라고 일컬을 정도로 산수를 사랑했다. 퇴계처럼 '천석고황泉石膏肓'이 있다는 것이다. 44세 때 운문산 유람을 통해 오대梧臺를 발견하고, 49세에 오대에 정사精舍를 구축하면서 운문산 일대와 관련된 많은 작품을 남겨 청도 지역의 산수 문학을 꽃피웠다. 1642년 청도 동창천東倉川 일대를 유람한 뒤 『유운문산록遊雲門山錄』을 남겼다. 유람하면서 봐두었던 동창천 하류의 오대梧臺에 봉서정鳳棲亭을 짓고, 초막 아래 넓은 강에 배를 띄우고 구곡을 경영한 것이다.

이중경의 저서로는 필사본 『잡훼원집雜卉園集』 2권 1책이 전하고, 1959년 후손들이 『잡훼원집』의 일부와 산문을 합해 연활자본 『수헌선생문집壽軒先生文集』 6권 2책을 간행하였다. 특히 『잡훼원집』에 수록된 800여 수가 넘는 시와 연작 시조 등은 이념에 얽매이지 않고 일상의 한가로움, 농촌 사회의 다양한 생활 모습, 당대 현실에 대한 사실적 묘사와 애민 의식, 산수 속에서의 체험을 바탕으로 자신이 그리는 이상향을 미적으로 형상화했다. 그는 이런 작품을 통해 청도 사족의 산수 문학의 특징적 면모를 그대로 보여주었다는 평가를 받고 있다. 이중경의 묘소는 경북 청도군 이서면에 있다. 유림의 천거로 청도군 도림사道林祠에 배향되었다.

배세면(裵世綿, 17세기)

17세기에 주로 활동한 유학자 배세면의 본관은 성산星山으로 경북 성주 출신이다. 생몰년은 미상이다. 조부의 유명遺命에 따라 과거에 응시하지 않고 학문에만 전념했다. 때때로 뜻이 맞는 벗들과 함께 승경을 찾아 구경하며 유유자적한 삶을 살았다. 그의 아들인 배석휘(裵碩徽, 1653~1729)가 기록한 『가범家範』에 시조 2수가 전한다.

청산아 좋이 있더냐 녹수ㅣ 다 반갑다

무정한 산수도 이다지 반갑거든
하물며 유정한 임이야 일러 무삼 하리오
(4759.1, 가범.0001)

  청산과 녹수를 향해 반갑다는 인사를 건네고, 무정한 산수도 이처럼 반가운데 유정한 임이야 더 말할 나위가 없다는 내용이 벗들과 경치 좋은 데를 찾아다니는 지은이의 삶과 부합하는 듯하다. 작품에서의 '유정한 임'이 친구인지 그냥 아는 사람인지, 남성인지 기녀인지 알 수는 없는데, 자기가 찾아다니는 좋은 경치보다 더 반갑다는 이 작품에서 이런 종류의 시조를 향유 했던 조선 후기의 분위기가 묻어난다.

이휘일(李徽逸, 1619~1672)

  존재存齋 이휘일은 경북 영양 출생으로 본관은 재령載寧. 자는 익문翼文, 호는 존재存齋이다. 참봉 이시명李時明의 아들로, 승의랑承議郞 이시성李時成에게 입양되었다. 어머니 안동장씨는 이휘일과 이현일李玄逸 등 6남매를 낳았다. 그녀 자신도 시문에 뛰어나 여중군자女中君子로 불리었다고 한다. 평생 학문에 매진하여 동생인 갈암葛庵 이현일(李玄逸, 1627~1704)과 함께 성리학자로 명성이 드높았다. 그는 〈전가팔곡田家八曲〉을 지어 경북의 시조문학사에도 큰 족적을 남겼다.

여름날 더운 적에 단 땅이 불이로다
밭고랑 매자 하니 땀 흘러 땅에 드네
어사와 입립신고粒粒辛苦 어느 분이 알으실꼬
(3304.1, 저곡전가팔곡필첩.0003)

이 작품은 〈전가팔곡〉 중 셋째 수 '하夏'이다. 전가田家는 농가 곧 농부의 집이다. 이 연시조는 농촌의 풍경과 농민의 수고를 담아내었는데, 위의 작품은 여름날의 힘든 농사일을 그리고 있다. 여름날 더운 때는 땅의 열기가 대단하다. 작자는 뜨거운 태양 아래 달구어진 땅이 불이라고 표현하고 있다. 밭고랑을 매는 농부의 땀이 땅에 뚝뚝 떨어진다. 이렇게 농사지어서 얻은 곡식의 알갱이 하나하나에 담긴 고통을 어느 분이 아시겠는가 하고 묻고 있다. 이 작품의 독자나 청자는 고개를 끄덕일 수밖에 없었을 것이다.

　〈전가팔곡〉은 1664년 이휘일이 45세 때에 지은 것으로 『존재집存齋集』에 수록되어 있지 않고 필사본으로 전해지고 있다. 전체 8수는 '원풍願豊·춘春·하夏·추秋·동冬·신晨·오午·석夕'으로 각각의 제목이 있다. 첫 곡은 서사序詞로 풍년을 기원하는 뜻을 나타냈고, 둘째 곡부터 다섯째 곡까지는 4계절에 농민이 해야 할 농사일의 수고로움을 담았다. 여섯째 곡부터 마지막 곡까지 3수는 새벽·낮·저녁으로 나누어 일하는 즐거움을 노래하였다. 이 작품을 통하여 조선 후기 사대부의 은거 생활과 시조 창작의 변모 양상을 짐작할 수 있다.

　이휘일은 13세 때 외할아버지 장흥효의 문하에 들어가서 『맹자』의 마음을 보존하고 심성을 기르는 데에 대한 이론 '존심양성설存心養性說'을 힘써 배웠다. 『주역』의 선천후천설과 주돈이周敦頤의 태극설을 배워 흔연히 깨달은 바가 있었다. 그리고 선현들의 인仁에 대한 연구들을 모아 『구인략求仁略』이라 이름하여 이를 아침저녁으로 독송하였다. 1661년(현종 2) 수석水石을 찾아 저곡楮谷에 옮겨 살면서 학문에 전념하였다. 일찍부터 정주程朱의 성리학을 궁구하여 이해하지 못한 바가 없었으나, 병자호란을 겪고 나서는 성리학 공부를 중단하고 손무孫武와 오기吳起의 병서를 읽어 기정합변奇正合變의 묘리를 연구하고 산천의 험이險易와 주변국가의 정황을 조사하여 효종의 북벌계획에 소용이 되고자 하였다.

그러나 효종이 훙서한 후 쓸모가 없음을 깨닫고 다시 『근사록』과 『심경』을 비롯한 경서 연구에 진력하여 일가를 이루었다. 뒤에 학행으로 천거되어 참봉에 임명되었으나 부임하지 않았다. 영해의 인산서원仁山書院에 봉향되었다. 저서로는 『존재집存齋集』·『구인략求仁略』·『홍범연의洪範衍義』가 있다. 8권 3책의 『존재집存齋集』은 1694년 아우 현일이 편집하여 간행한 것이다.

손만웅(孫萬雄, 1643~1712)

야촌野村 손만웅은 상주 출생의 조선 후기 문신이다. 문과에 급제하여 공조·예조·형조 좌랑 등을 역임하고 경주부윤을 끝으로 귀향하여 독서와 강학에 전념했다. 『야촌집野村集』 4권에 〈연행시단가燕行時短歌〉라는 시조가 수록되어 있다.

이 몸을 허許한 후니 왕사王事를 꺼릴손가
만리 산하에 좋은 듯이 가거니와
북당北堂에 서일모西日暮하니 염려 많아 하노라
(3795.1, 야촌집.0001)

이 시조는 손만웅이 35살에 되던 1677년(숙종 3) 사은 겸 동지사로 정사 영창군瀛昌君 이침李沉, 부사 심재沈梓와 함께 서장관으로 청나라에 갈 때 지은 작품이다. 초장에는 청나라에 가는 것이 내키는 일은 아니라는 느낌이 묻어 있다. 그래서 '이 몸을 허한 후니'라고 운을 뗐다.

인조가 청 태종에게 삼전도의 치욕을 겪은 것이 불과 30년 전이니 조정에서 누구든 유쾌하게 청나라 사행길에 나설 사람은 없었을 것이다. 이어서 왕명을 받들어 가는 일을 꺼릴 수 없다고 했다. 중장에서 좋은 듯이 먼 길을 간다고 하고는 종장에서 다만 노모를 두고 떠난 것이 마음에 걸린다고 마무리했다. 이 시조는 산해관山海關에서 지었다고 전해진다.

손만웅의 본관은 경주慶州, 자는 적만敵萬, 호는 야촌野村이다. 손흥효孫興孝의 증손으로, 할아버지는 손당孫糖이고, 아버지는 손신의孫愼儀이며, 어머니는 이심근李深根의 딸이다. 1669년(현종 10) 사마시에 합격하였다. 그 해에 식년 문과에 을과로 급제하여 크게 명성을 떨치고 성균관에 등용되어 오수찰방獒樹察訪·전적을 거쳐 공조·예조·형조의 좌랑을 지냈다. 1674년 현종이 훙서 하고 국상을 치를 때 도감랑都監郞으로서 모든 일을 순서 있게 처리하자 당상관들이 그 재주를 칭찬하고 일마다 손만웅과 의논하여 행하였다고 한다.

1675년(숙종 1) 영광군수로 선정을 베풀다 퇴임 후 중앙으로 복귀하였다. 1677년(숙종 3) 동지사 서장관으로 청나라에 갈 때 지은 시조가 앞의 그 작품이다. 1680년(숙종 6) 경신대출척庚申大黜陟으로 서인이 정권을 잡자 고향인 상주로 낙향하였다. 1689년(숙종 15) 기사환국己巳換局으로 남인이 집권한 후 복귀하였다. 이후 공주·나주·괴산·청주의 목사를 거쳐 1692년(숙종 18) 동래부사로 부임하였다. 지방 수령을 거치면서도 서책과 장복章服을 팔아서 부모를 봉양하였다고 한다. 그 뒤 동래부사를 거쳐 경주부윤에 이르렀다.

『동래부지東萊府誌』에 따르면 손만웅은 1692년 10월 동래에 부임하였다. 부임 한 달 전에 늙은 부모의 봉양을 이유로 임명을 취소해 달라는 상소를 올렸으나 받아들여지지 않았다. 11월에는 왜관을 다녀왔고 이듬해인 1693년(숙종 19) 3월 부사직에서 물러났다. 경주부윤을 마지막으로 벼슬살이를 마치고 고향에 내려가 은거하였다. 퇴계학파에 속하며, 1774년(영조 50) 증손자 손익현이 펴낸 6권 3책의 목판본 『야촌선생문집』이 있다. 1784년(정조 8) 경북 상주시 외서면 관동리 구호서원龜湖書院에 배향되었다.

이담명(李聃命, 1646~1701)

정재靜齋 이담명은 숙종조 환국정치의 와중에 남인의 과격파로서 큰 부침을 겪었다. 그의 연시조 〈사노친곡십이장思老親曲十二章〉도 그런 정치·사회적 격랑을 배경으로 나온 작품이다.

기러기 아니 나니 편지를 뉘 전하리
시름이 가득하니 꿈인들 이룰쏜가
매일에 노친 얼굴이 눈에 삼삼하여라
(0565.1. 정재선생문집.0006)

이 작품은 연시조 〈사노친곡십이장〉 중 제6수이다. 자신은 유배객의 신세라 노모가 계시는 수천 리 밖의 고향에 갈 수 없는 안타까운 마음을 담고 있다. 소식의 전령 기러기도 날지 않으니 누구에게 편지를 전하며, 시름으로 잠을 못 자니 꿈에서 만나기도 어렵다. 그저 매일 노친의 얼굴이 눈에 삼삼할 뿐이다. 이 연시조의 제목이자 주제가 그대로 이 종장에 응결되어 있다.

이담명의 본관은 광주廣州, 자는 이로耳老, 호는 정재靜齋다. 아버지는 이조판서 귀암歸巖 이원정李元禎이고, 어머니는 벽진이씨碧珍李氏이다.

그는 경북 성주군에서 태어나서, 미수眉叟 허목(許穆, 1595~1682)의 문하에서 공부했다. 1666년(현종 7) 생원시에 입격하고, 1670년(현종 11) 별시別試 을과로 문과에 급제한 후 성균관 학유成均館學諭·봉상시 봉사奉常寺奉事·승정원 주서承政院注書·홍주목사洪州牧使 등 여러 관직을 역임했다.

1680년(숙종 6)의 경신환국, 1689년(숙종 15)의 기사환국, 1694년(숙종 20)의 갑술환국 등 남인과 서인이 부침을 거듭하던 숙종 대에 살았기에 생애 내내 정국 변동의 영향을 많이 받고 커다란 시련도 감당해야 했다.

경신대출척으로 이담명은 파직되고, 이조판서였던 아버지 이원정李元禎은 초산으로 유배가던 도중에 불려와 장살되었다. 이담명은 1683년(숙종 9) 다시 복관되어 우승지·전라도관찰사·부제학·이조참판 등을 역임하였다. 경상도관찰사로 있을 때 진정賑政에 힘쓰고 선정을 베풀었다. 외직에 있을 때 보고 들은 사실과 군정軍政·호포戶布·시재試才 등의 시폐時弊를 들어 시정책을 강구한 상소를 올렸다. 기사환국이 일어나자 아버지의 신원伸冤을 이루었지만 갑술환국으로 인해 유배되었다. 1694년 4월 평안도 창성으로 유배된 후, 1697년(숙종 23) 충남 남포(藍浦, 현 보령시)로 이배되었고 1699년(숙종 25) 방환되었다.

이담명은 「서전차의書傳箚疑」·「기뇌홍記雷虹」 외 구휼救恤사업의 기록인 『진정총람賑政總覽』을 남겼다. 정재定齋 유치명柳致明이 이담명의 묘갈명을 지었다. 1690년(숙종 16) 영남에서 대흉년이 발생하였을 때 백성들 구제에 공을 세운 일로 도민들이 왜관읍 석전리에 영사비永思碑를 세웠다. 저서로 『정재집靜齋集』·『서전차의書傳箚疑』 등이 있다.

이형상(李衡祥, 1653~1733)

　병와瓶窩 이형상은 인천에서 출생했다. 효령대군의 10대손으로 경주 부윤에서 물러난 1700년 영천에 호연정을 짓고 30년 가까이 우거하면서『악학편고』·『가례편고』등 방대한 저술을 남겼다. 아직 그의 창작으로 밝혀진 시조작품은 없다.

　우리 시가로〈창부사倡父詞〉가 있는데, 어부사의 형식을 계승한 작품이다. '창부사병서'에서 "농암의 어부사를 닮은 자신의 차작〈창부사〉를 지어 시의에 맞고 토착성이 있는 우리만의 악조로 노래한다."고 창작 의도를 밝혔다.

　병와 이형상이 시조문학에 관련하여 큰 주목을 받는 것은『병와가곡집』때문이라 하겠다. 172명의 시조작자와 1,109수의 시조가 수록되어 있는『병와가곡집』은 가장 큰 규모만으로도 학계에 놀라움을 선사했다. 그리고 이 가집에는 여전히 식지 않은 쟁점이 있다.

　1956년부터 이 가집의 필체까지 꼼꼼히 분석한 심재완은 논문「병와가곡집의 연구」(1958)에서 병와 후손가에 전해져오는 이 가집의 표지와 권두부의 일부가 훼손되어 있어 실제 있었던 제목을 확인하기가 어렵다는 결론을 내리고 '병와가곡집瓶窩歌曲集'이라는 편의상의 명칭을 부여했다. 한편 이형상이 남긴 유고 전반을 검토하고『병와 이형상 연구』(1978)라는 단행본을 출간한 권영철은 '병와저서목록'에 나와 있는 '악학습령樂學拾零'이 바로 이 책이라는 주장을 펼쳤다.

　하지만『병와가곡집』권두의 '목록'에 '英宗朝'라고 표기된 부분, 이 가집의 작자 목록에 이형상의 사후에 활동했던 인물들이 포함된 점만을 감안해도 이 책의 편찬 시기를 정조正祖 즉위년(1776) 이전으로 잡기가 어렵다. 혹자는 병와가 편찬한『악학습령』에 후대인들이 가필한 것이라는 주장을 펴기도 했으나, 이 가집이 병와의 다른 저서들과 함께 발굴되었다는 것 외의 증거를 찾지는 못하였다.

음악에 대한 이형상의 관심이 대단했던 것은 분명하다. 조선 후기에 예론禮論으로 치열한 당쟁을 벌일 때, 이형상은 "예禮와 악樂은 편중되어서는 안 된다."고 했다. 『가례편고家禮便考』· 『가례혹문家禮便考』· 『가례도설家禮圖說』 등 예에 대한 여러 책을 집필하면서 『악학편고樂學便考』· 『악학습령樂學拾零』 등의 음악 관련 책을 편찬한 것도 그런 이유라고 하겠다.

병와 이형상은 천부적으로 음악성이 뛰어났던 것도 『병와선생언행록』에 언급되어 있다. 그는 "음률에도 조예가 깊어 말 위에서 김매고 낫질하는 소리를 듣고 그 궁상宮商을 구별하였다."고 한다.

그가 지은 〈창부사〉 역시 예사롭지 않은 점을 발견할 수 있다. 이 작품은 구조적 측면에서 경기체가와 같은 전대 시가의 전통을 되살렸으며, 형식적 측면에서는 반복구와 집구 등의 시적 장치를 보다 효과적으로 활용하여 국문시가의 전통과 특성을 수용·재창조한 면모를 보여주었다는 평가를 받았다. 국문시가에 대한 폭넓은 이해를 바탕으로 이형상이 기존의 국문시가를 수용하고 재창조한 결과물이며, 이는 고악古樂의 이상을 살리면서도 당대의 삶과 생각을 반영한 금악今樂을 활성화하고자 했던 이형상의 가악관이 실현된 산물이라는 것이다.

『병와가곡집』과 관련한 문제뿐 아니라 우리의 시가문학 전반에 대한 병와의 영향은 앞으로도 계속 연구되어야 할 여지가 다분하다.

권섭(權燮, 1671~1759)

옥소玉所 권섭의 본관은 안동安東, 자는 조원調元, 호는 옥소玉所·백취옹百趣翁·무명옹無名翁·천남거사泉南居士이다. 아버지는 증 이조참판 권상명權尙明, 어머니는 용인이씨龍仁李氏이다. 큰아버지 권상하權尙夏는 이이李珥를 조종祖宗으로 하여 송시열에게 계승된 기호학파의 지도자로 이른바 '강문팔학사江門八學士' 외 많은 제자를 배출한 학자였다. 외할머니인 정경부인 정씨의 동생이 효종의 부마요 숙휘공주의 남편 인평위寅平尉 정제현鄭齊賢이었으므로, 옥소는 숙휘공주淑徽公主와 자의대비慈懿大妃와 명성왕후明聖王后, 인경왕후仁敬王后의 지극한 사랑을 받으며 인평궁에서 어린시절을 보냈다.

 유년 시절부터 문재文才를 드러냈던 그는 14세 때 아버지를 여의고 큰아버지 권상하權尙夏의 각별한 보살핌을 받으며 수학했다. 성장하면서 그는 벼슬보다는 문인의 생활을 선택했다. 일생 동안 전국 여러 곳을 기행하며 많은 시로 자연을 노래했다. 그의 작품 세계는 내용이 다양하고 사실적이며 깊이가 있을 뿐만 아니라, 그의 문필 유산 가운데에는 한시·시조·가사 작품 외에도 유행록遊行錄·기몽설記夢說 등이 있어 그 내용이 광범위하고 섬세하다는 평가를 받고 있다. 그는 3천여 수의 한시와 75수의 시조, 2편의 가사를 남겼다.

 그의 시조 중 대표작이라면 역시 〈황강구곡가黃江九曲歌〉를 꼽게 될 것이다. 〈황강구곡가〉는 주자의 〈무이도가武夷櫂歌〉와 율곡栗谷 이이李珥의 〈고산구곡가高山九曲歌〉의 맥을 잇고 있다.

  하늘이 뫼를 열어 지계도 밝을시고
  천추수월이 분 밖에 맑았어라
  아마도 석담 파곡을 다시 볼 듯 하여라
  (5240.1. 옥소장행.0001)

 이 작품은 〈황강구곡가〉 10수 중 첫째 수다. 언급된 '석담 파곡石潭巴

谷'은 율곡 이이李珥가 학문하며 제자들을 가르쳤던 해주海州의 석담石潭과 송시열이 강학했던 파곡巴谷을 가리킨다. 율곡의 〈고산구곡가〉를 계승하고 있음을 여기에서 스스로 드러내고 있는 것이다. 자신에게 허용된 지계地界가 밝고, 오랜 세월의 달과 물이 분에 넘치도록 맑은 이 황강에서 구곡가를 읊겠다는 이야기다.

권섭이 82세 되던 1752년(영조 28)에 황강을 배경으로 지은 〈황강구곡가〉는 〈무이도가〉나 〈고산구곡가〉와 같은 구조를 취하고 있다. 첫 수는 〈고산구곡가〉의 산실인 석담을 상기하는 대목으로부터 시작하여, 각 곡마다 그 지역 여건에 따른 소재를 도출하여 작품을 형성했다. 각 곡명 차례를 보면, 1곡 대암對岩, 2곡 화암花岩, 3곡 황강, 4곡 황공탄皇恐灘, 5곡 권호權湖, 6곡 금병錦屏, 7곡 부용벽芙蓉壁, 8곡 능강淩江, 9곡 구담龜潭이다. 이 지역들은 남한강 상류 강줄기를 따라 황강을 중심으로 좌우에 있다.

구곡가의 전승을 통해 기호학파의 도맥을 재확인하고 큰아버지 권상하(權尙夏, 1641~1721)를 추숭하고자 하는 의도를 담은 〈황강구곡가〉는 작품 자체의 가치도 클 뿐 아니라 문학사적으로도 시문학의 상호 영향관계와 맥락체계를 확연히 보여주는 중요한 자료이다.

작자의 백부 권상하는 1675년 송시열이 유배를 가자 남한강 상류에 있는 제천 황강으로 내려가 44년 동안 살면서 주자학으로 일가를 이루고 소위 황강팔학사黃江八學士 등 많은 학자를 길러내었다. 권섭은 1689년(숙종 15) 기사환국 때 19세로 상소문 맨 앞에 이름을 올리는 소두疏頭로 연명하는 등 한때 시사에 관심을 갖기도 했으나, 송시열의 사사賜死를 비롯한 살벌한 환국정치를 보며 명철보신의 길을 선택한다. 말년에 가의대부의 예우를 받았다. 저서로는 간행본『옥소집玉所集』13권 7책과 필사본『옥소고玉所稿』가 있다.

권구(權榘, 1672~1749)

병곡屛谷 권구는 안동 출생의 학자다. 본관은 안동安東, 자는 방숙方叔, 호는 병곡屛谷이다. 저서는 1797년(정조 21) 외손 유일춘 등에 의해 간행된 『병곡집』 10권 5책이 있다. 권구가 지은 6수의 연시조 〈병산육곡屛山六曲〉이 있다.

보리밥 파 생채生菜를 양量 맞춰 먹은 후에
모재茅齋를 다시 쓸고 북창하北窓下에 누웠으니
눈앞에 태공부운太空浮雲이 오락가락 하노라
(2015.1. 내정편부문.0003)

위의 작품은 〈병산육곡〉 중 셋째 수이다. 노동에 지친 삶이지만 안빈낙도의 자유로움을 그린 시조로 한가롭고 유유자적한 작자의 심경이 느껴진다. 작자의 고향인 안동군 풍천면 병산리를 제명題名으로 한 이 연시조는 세사를 멀리하고 자연 속에서의 안분지족하는 삶을 그리고 있는 것으로, 퇴계의 〈도산십이곡〉의 〈언지〉 6수, 〈언학〉 6수처럼 육가계 시조의 맥을 잇고 있다.

권구는 아버지 선교랑宣敎郎 권징(權澄, 1636~1698)과 어머니 풍산유씨豐山柳氏의 1남 6녀 가운데 외아들로 태어났다. 갈암葛庵 이현일(李玄逸, 1627~1704) 문하에서 수학하였고, 권두경·이재·권두인·조덕린·김성탁·권만 등과 교유하였다. 과거를 단념하고 학문 연구와 후진 양성으로 일생을 보냈다. 권구는 경학을 깊이 연구했을 뿐 아니라 천문·역수·역학·사기史記 등에도 매우 조예가 깊었다고 한다. 그는 자신이 살던 안동에서 사창社倉을 열어 흉년에 빈민들을 구제하였으며, 향약을 실시하고 고을에 미풍양속을 일으켰다. 저서로 『병곡집屛谷

集』10권 5책이 전한다.

한유신(韓維信, 1690~1765)

한유신은 경북 달성 출생의 가객이다. 당시 가곡계에서는 유명 인사인 김유기로부터 여러 해 동안 창곡을 배웠다는 것을 박영돈본朴永弴本 『해동가요』의 부록으로 실려 있는 『영언선永言選』의 서문을 통해 알 수 있다.

김유기가 1715년(숙종 41) 봄에 서울에서 달성(達城, 지금의 대구)으로 와서 한유신韓維信 등에게 여러 해 동안 창곡을 가르쳤다고 그 서문에 기록되어 있다. 김유기는 그 뒤 심생沈生을 따라 밀양으로 갔다가 염병으로 객사했다고 하는데, 늦어도 1720년 전에는 하세한 것으로 짐작된다.

김천택이 편찬한 『청구영언』의 '여항육인閭巷六人'이라는 별도의 항목에 장현·주의식·김삼현·김성기·김유기·김천택의 작품이 수록되어 있다. 김천택이 자신과 함께 김유기도 여항육인으로 꼽은 것이다. 김유기는 당시 김천택도 인정한 명창이었다. 그런 그가 대구에 와서 여러 해 동안 한유신을 가르쳤다는 것이다. 이때 김유기는 자신이 편찬한 『영언선』을 지니고 왔고, 한유신 등에게 노래 교습용으로 사용했던 것으로 보인다.

한유신은 김유기의 『영언선』을 수정·보완하여 편찬했다. 심재완은 논문 「한유신과 영언서」에서 1979년 서지학자 박영돈이 발굴한 한유신의 '영언선서永言選序'와 11수의 시조를 소개했다. 다음은 그중 한 수이다.

동학산動鶴山 내린 암만岩巒 유정有情도 할세이고
대덕산大德山 조족봉鳥足峰이 용호龍虎를 나눠 있다
이 중에 풍경風景 임자는 나뿐인가 하노라
(1439.1. 해동가요 박씨본.0320)

이 작품은 대구를 둘러 있는 산 이름을 시어로 가져왔다. 동학산은 경산 남쪽의 대구와 경계한 산이고 대덕산은 대구에서 앞산이라 불리는 산이다. 초장과 중장에서 동학산과 대덕산의 뛰어난 경관을 끌어들이고, 종장에서는 이 풍경의 임자가 자신뿐이라는 호기와 여유로움을 담아내었다.

한유신은 김유기의 『영언선永言選』을 물려받은 다음 새로운 『영언선』을 만들었고, 그것이 어떤 경로를 통해 『박씨본해동가요朴氏本海東歌謠』 '유명씨' 부분 말미에 첨부되었고, 기존 가집의 작품들과 중복되는 것들이 산삭刪削되어 현재와 같은 『영언선』의 모습을 갖추게 된 것으로 유추되고 있다. 『영언선』에는 『영언선』의 편찬 경위나 한유신 자신의 노래생활에 대한 비평적 언급들이 담긴 글을 포함하여 9편의 서·발문과 한유신의 작품 11수가 수록되어 있다.

한유신의 작품들에는 자연과 음악에 대한 애호의 정신을 바탕으로 산수간의 청유淸遊·인생무상·한정閑情·성대聖代에 대한 칭송과 인륜 등이 주된 내용을 형성하고 있다. 그리고 이 서·발문들은 이미 나온 가집을 저본으로 가감·정정하는 작업을 통하여 새로운 가집이나 원래 가집의 이본으로 갱신해 나가는 당대 가집 편찬의 과정을 잘 말해주고 있다. 아울러 이를 통해 조선 후기 가곡계의 동향을 짐작해볼 수 있다.

신지(申墀, 1706~1780)

반구옹伴鷗翁 신지는 영·정조 때의 선비다. 본관은 평산平山, 자는 백첨伯瞻, 호는 반구옹伴鷗翁이다. 여러 번 과거에 실패하고, 만년에는 고향 문경의 송호강松湖江 가에 반구정伴鷗亭을 지어 여생을 보냈다. 문경 산양에서 12장의 시조를 지었는데, 발문에서 〈도산십이곡〉에 화답한다는 뜻을 밝혔다. 문집 『반구옹유사伴鷗翁遺事』에 시조 14수가 실려 있다.

청계상淸溪上 반구정伴鷗亭에 국목소쇄極目瀟灑 풍경일다
무심한 백구들은 자거자래自去自來 무삼 일고
백구야 날지 마라 네 벗인 줄 모를쏘냐
(4724.1. 반구옹유사.0001)

위의 작품은 〈영언십이장永言十二章〉 중 첫 수다. 맑은 시냇물 위 반구정에서 맑고 깨끗한 풍경을 시력이 미치는 끝까지 보는 시적 화자의 눈앞에 흰 갈매기가 오락가락 날아다닌다. 갈매기와 짝하겠다는 그 뜻으로 정자도 짓고, 그것으로 자호自號한 작자는 종장에서 갈매기에게 너의 벗이니 나 때문에 놀라 날지는 말라고 한다.

문학성이나 작품의 완성도에서 큰 평가를 못 받고 있는 작품이지만, 이 당시의 시조 향유 양상을 살피는 데는 상당한 의미를 가진다고 할 수 있다. 작자가 송호강 절벽 위에 반구정을 짓고 반구망기伴鷗忘機하며 세월을 보낼 수 있었던 향촌 사족의 여유와 이 시대의 문화는 조금 더 주목할 필요가 있다.

채헌(蔡瀗, 1715~1795), 채시옥(蔡蓍玉, 1748~1803), 정언박(鄭彦璞)

근품재近品齋 채헌의 본관은 인천이고, 자는 계징季澄, 호는 근품재近品齋이다. 1753년(영조 29)에 진사시에 합격하여 영·정조 시대에 주로 경북 문경 지방에서 활동한 학자로 청대淸臺 권상일(權相一, 1679~1759)의 문하에서 수학하였다. 조선조 중추부中樞府의 정3품 당상관인 첨지중추부사를 지냈다고 한다. 74세 때(1788) 아들 채시옥과 현재의 문경시 산북면 이곡리에 석문정을 세우고 친인척, 동학과 더불어 시가를 창작하고 향유하면서 여생을 보냈다.

채헌·채시옥 부자의 석문정 생활을 살필 수 있는 『석문정일록石門亭日錄』이 전하는데, 이 책은 1787년 5월부터 1803년까지 16년간에 걸쳐 석문정을 중심으로 펼쳐진 두 부자父子의 일상을 일기체로 기록한 필사본이다. 편자는 채시옥이다. 석문정 건립 후 이곳을 중심으로 한 시가활동을 묶어낸 『석문정심진동유록石門亭尋眞同遊錄』도 함께 전한다. 다양한 양식의 석문정 관련 시문이 있는데, 은일가사 유형의 〈석문정가石門亭歌〉, 어부가계 가사인 〈석문정구곡도가石門亭九曲櫂歌〉와 〈석문가石門歌〉 2수를 포함한 8수의 시조가 실려 있다. 다음은 채헌의 〈석문가〉 2수 중 한 수이다.

청산이 둘러 있고 벽수도 흘러간다
풍월이 벗이 되어 백운에 누웠으니
백구야 백년을 함께 놀자 하노라
(4775.1. 석문정심진동유록.0010 석문가:2)

위의 작품에서 보이는 '청산, 벽수, 풍월, 백운' 등의 시어는 모두 석문정을 둘러싼 한가롭고 여유로운 주위 환경을 그려낸다. 시적 화자는 이런 유유자적한 마음으로 흰 갈매기에게 백년을 함께 놀자고 한다. 반구옹 신지의 시조와 유사한 분위기를 느낄 수 있다.

  이런 여유로움으로 채헌·채시옥 부자는 석문정시가단을 이끌었다. 여기에는 채래蔡淶·채용蔡溶·채시로蔡蓍老·채시성蔡蓍成·채시강蔡蓍康·채시홍蔡蓍弘·조석철趙錫喆·이현조李顯朝·김명흠金命欽·김명우金命禹·김우량金佑良·김우직金佑直·이원양李元陽·이도양李道陽·이중목李重穆·이천섭李天燮·권준權焌·권경權㯳·권녹인權祿仁·류일춘柳一春 등 채씨 일문 외 인척, 지인, 동문들이 참여했다.

  『석문정집石門亭集』과 『석문정심진동유록』에는 채헌의 가사 2편과 시조 8수 외에도 채시옥의 시조 2수, 정언박의 시조 1수가 수록되어 있다. 다음은 채시옥의 시조다.

가노라 석문정石門亭아 다시 보자 세심대洗心臺야
이화 도화 행화 만발할 제
일필一匹 건려蹇驢로 다시 올까 하노라
(0011.1, 석문정심진동유록.0007)

  내용으로 봐서 석문정을 떠나면서 김상헌의 시조 〈가노라 삼각산아~〉에 기대어 읊은 것으로 보이는데, 작품성을 운위하기는 어렵다. 다만 석문정을 떠나는 어떤 특별한 연유가 있었다면 당시의 청자들에게는 나름의 의미가 있었을 것이다.

  1795년 채헌이 세상을 떠난 이후 석문정시가단은 채시옥이 주도하여 활동을 이어갔다. 채시옥은 1802년 이천섭 등과 함께 「석문기회록石門奇會錄」을 작성하고 『석문정심진동유록』을 재전사하는 작업을 하였다. 혈연·학연·지연으로 맺어진 구성원의 특징이나 석문정과 주변의 자연경관을 배경으로 창작된 작품은 당시 지역사회의 생활문화 양상을 잘 보여주고 있다.

『석문정심진동유록』의 1789년 4월 22일의 기록에는 정언박鄭彦璞의 〈석문정가石門亭歌〉가 소개되어 있다. 정언박은 자가 탁중琢仲, 호가 청계淸溪인 인물로 순흥順興 동면東面 산운리山雲里에 살았다고 한다.

정언박은 석문정 편액을 전사篆寫하였으며, 의술에 능하였고, 거문고를 잘 탔던 가객으로 알려져 있는데, 그의 실제 생업이 어떠하였는지 정확히 알 수는 없다.

석문정 찾아오니 사호에 다섯일다
강산 풍경이 이 아니 상산이냐
기국에 탄금 취소하니 봉학이 자무러라
(2536.1. 석문정일록.0001)

정언박鄭彦璞의 이 시조 한 수에 석문정시가단의 활동상이 한눈에 들어오는 듯하다. 여기에 동원된 시어 '석문정石門亭, 사호四皓, 강산풍경江山風景, 상산商山, 기국棋局, 탄금彈琴, 취소吹簫, 봉학鳳鶴, 자무自舞'는 석문정에서 모인 사람들의 활동상을 고스란히 보여주고 있다. 작자는 석문정 주인을 중국 한漢 고조高祖 때 섬서성의 상산에 은거하여 '상산사호商山四皓'라 일컬어졌던 네 은자로 높였다. 바둑 두고, 거문고를 타고, 퉁소를 불 때 봉과 학이 춤을 추는 선경으로 석문정을 묘사했다. 이런 내용이 흥취 있는 음률에 실려 노래되었다면, 채헌·채시옥 부자와 그곳 분위기에 취해 있던 사람들은 모두 무릎을 쳤을 것이다.

가객과 금객이 석문정의 명성을 듣고 드나들었고, 원근의 지인들이 왕래했다는 점에서 석문정시가단의 문화적 영향력은 문경을 넘어 예천·선산·영주 등에까지 미쳤던 것으로 보인다. 석문정시가단을 통해 18세기 말에서 19세기 초까지의 향촌사회에서 이루어진 경북의 시가 문학 향유 양상의 일단을 살필 수 있다.

지덕붕(池德鵬, 1804~1872)

상산商山 지덕붕은 조선조 말기의 학자이다. 그는 하양현(河陽縣, 현 경산시 하양읍) 출신의 학자로 명성이 높았다. 경상도 관찰사의 요청으로 낙육재樂育齋에서 강학하고, 만년에는 관유정觀遊亭을 지어 후학을 양성하였다. 1946년 손자가 석판본石版本으로 간행한 『상산집商山集』에는 지덕붕의 시조 13수가 실려 있다.

> 강가의 버들가지 천만사千萬絲 늘어져도
> 벗님 이별할 제마다 한 가지를 꺾어드니
> 지금은 다 모지라져 그를 슬퍼 하노라
> (0117.1, 상산집.0004)

수많은 이별의 정한을 한 수의 시조에 담았다. 버드나무 가지는 꺾어 심어도 잘 살아나는 생명력이 있다. 이별하더라도 받아서 심어놓은 버들가지가 잘 자라면 그것을 준 이를 떠올리게 될 것이다. 그래서 버들가지는 이별을 노래한 한시에도 자주 등장한다. 이 작품에서는 천 개 만 개 늘어져 있던 강가의 버들가지를 이별할 때마다 한 가지씩 꺾어 주었더니 이제는 모지라질 지경이 되어 그것을 슬퍼한다고 했다. 수많은 이별의 아픔을 버들가지 수로 노래한 시상이 흥미롭다.

지덕붕의 시조 13수는 모두 관유정에서 창작된 것으로 보인다. 첫째 수는 효성을 주제로 한 작품이고, 둘째 셋째 수에서는 면학에 힘쓸 것을 역설하고 있다. 넷째 수는 벗을 이별하는 내용이고, 다섯째 수에서 마지막까지는 상산商山에서의 강호 한정을 노래한 것이다.

지덕붕의 본관은 충주忠州, 초명은 상일祥馹, 자는 군거君擧, 호는 상산商山이다. 7대조 할아버지 지응원池應元 대에 영남으로 이주하였다. 고조할아버지는 지부담池富聃이며, 증조할아버지는 지봉채池鳳彩로서 1782~1783년에 곡식을 풀어 많은 이들을 구제하였다 한다. 아버지는 지계문池繼文, 어머니는 연주현씨延州玄氏이다.

11세 때 구와龜窩 김굉(1739~1816)의 문하에 들어가 수학했다. 평생을 벼슬하지 않고 학문에 진력했다. 학문과 행의로 명성이 높았기에 1857년(철종 8) 경상도 관찰사 조병준(趙秉駿, 1814~1858)의 초빙으로 대구 낙육재에서 강학하였다. 64세 때인 1867년(고종 4) 상산商山 아래 용성면 육동(六洞, 현 경산시 용성면 용천리)의 천석泉石 위에 관유정觀遊亭을 짓고 소요하며, 후학을 가르쳤다. 1827년(순조 27) 69세를 일기로 별세했다.

지덕붕의 문집으로 1937년 간행한 『상산집商山集』 5권 2책이 전한다. 김홍락金鴻洛의 서문과 권말에 한덕련韓德練의 발문이 있다. 지덕붕의 묘소는 하양현 고암산高巖山 서쪽 묘향에 있다.

III. 경북 고시조의 흐름과 맥락

성리학의 유입

고려조에 유입된 주자학은 조선 건국뿐 아니라 시조문학사와도 밀접한 관련이 있다. 우리나라에 주자학을 도입한 최초의 주자학자朱子學者로 일컬어지는 안향(安珦, 1243~1306)과 경북 시조문학과의 관련성을 우선 짚어볼 필요가 있다.

안향은 1286년(충렬왕 12) 정동행성征東行省의 좌우사 낭중左右司郎中과 고려 유학제거高麗儒學提擧 신분으로 왕을 따라 원元나라에 건너갔다. 연경에서 처음으로 『주자전서朱子全書』를 보고 기뻐하여 손수 그 책을 베껴 돌아와 주자학朱子學을 연구하였다. 그는 장학 기금을 조성하여 양현고養賢庫에 귀속시키고 그 이자로써 학교를 운영케 하여 유학 진흥을 도모하는 한편 박사 김문정金文鼎을 중국에 보내 공자와 그 제자들의 초상, 제기와 악기, 경서 등을 구해 오게 했다. 주자의 초상을 항상 벽에 걸어 두고, 주자의 호 회암晦庵의 회晦자를 가져와 회헌晦軒이라 자호하기도 했다.

안향의 주자학은 다양한 갈래로 시조문학에 영향을 끼쳤다. 여말에서 조선으로 넘어가는 왕조 교체기에 충절의 시조를 노래했던 인물들은 모두 주작학을 공부하던 학자들이었다. 그들이 읊은 절의의 노래가 안향이 도입한 주자학과 무관할 수가 없는 것이다. 또 그 충절과 의리 정신은 영남학파로 이어졌다. 당연히 영남학파의 여러 학자들이 지은 시조도 안향의 영향을 입었다고 해야 할 것이다. 주세붕의 〈오륜가〉는 매우 직접적인 영향의 결과물이다. 주세붕이 안향을 배향하고자 우리나라 최초의 서원인 백운동서원을 창건한 일이나 〈오륜가〉를 지은 일은 두말할 나위 없이 모두 안향과 관련된 일이다.

안향이 도입한 주자학을 탐구했던 우탁(禹倬, 1263~1342)은 그의 몰년沒年이 고려 멸망 반세기 전의 일이므로 여말 절의파들과는 사정이 다르지만, 지부상소持斧上疏의 기개는 후대 조선조의 선비들에게도 큰 감명을 불러일으켰을 것이다. 퇴계가 발의하여 유림들의 공의로 역동서원을 건립하게 된 것도 그의 정신과 학문을 계승하겠다는 조선조 유학자들 의지의 표명이었다.

자연의 섭리와 마주하는 우탁의 〈탄로가〉 2수는 다양한 시각에서 접근할 수 있다. 어김없이 찾아오는 늙음에 대한 안타까움을 크게 조명할 수도 있겠으나, 작품에 깔려 있는 번득이는 재치로 봐서 오히려 젊은 시절 치열하게 살았던 노년의 유학자가 보이는 애교 있는 엄살로 읽는 것도 가능하리라 본다.

우탁의 시조와 더불어 여말 충절의 시조는 성리학이 경북 시조문학사를 여는 데 밀접한 관련이 있음을 보여주고 있다. 여말 삼은三隱이라 불리는 이색·정몽주·길재 그리고 이조년 등은 모두 그 시대를 대표하는 지식인들이었다. 이들이 남긴 시조가 모두 초기 경북 시조문학사를 장식하고 있다. 이들의 시조가 크고 작건 간에 후인들에게 영향을 끼쳤던 것은 분명하다고 하겠다

충절의 노래

고려 말에는 영남의 유능한 신진 학자들이 대거 중앙 정계에 진출했다. 무신정권, 몽고 침입과 원 지배 등 내우외환의 소용돌이 속에서 지배층에 변화가 일었고, 변화는 새로운 인재를 요구했다. 이때 영남의 인재들이 대거 발탁되었다. 신천, 이제현, 박충좌, 이곡, 이색, 정몽주, 길재, 이조년, 김구용, 정도전, 권근 등의 소위 신진사류들은 모두 이 시기에 고려의 중앙정계에 진출한 인재들이다. 그들은 우왕·창왕·공양왕의 폐립廢立 과정을 거치는 한편으로 성균관의 학직을 맡아 선비들을 교육하면서 점차 사회개혁의 중추 세력으로 성장했다.

성리학의 학습과 실천 과정에 형성된 도덕적 순수성과 유학의 가치관에 대한 확고한 신념으로 무장한 이들은 사회를 개혁해야 한다는 사명감을 품게 된다. 문제는 이들이 사회개혁의 필요성을 함께 인식하면서도 방법론을 달리하게 되었다는 점이다. 결국 백이伯夷·숙제叔齊의 춘추의리를 중시하는 강상론자綱常論者와 무왕武王이 은殷나라를 무너뜨리고 주周나라를 세운 것과 같은 왕조 교체를 주장하는 변통론자變通論者가 각자의 주장을 고집하는 대립 구도가 만들어졌다. 양자의 대표적 인물은 물론 정몽주와 정도전이었다. 결국 변통론자들에 의해 조선이 건국되면서 의리와 명분을 중시했던 강상론자들은 목숨을 잃거나 은둔했다.

하지만 강상론자들의 충절은 새 왕조 조선에도 매우 필요한 것이었다. 역성혁명을 막아섰던 정몽주의 〈단심가〉가 조선에서 힘을 얻게 된 것도 그런 이유다. 특히 영남의 유학자들에게 끼친 정몽주의 영향은 드러난 것 이상일 수 있다. 정몽주를 조금 더 주목해 볼 필요가 있는 이유다.

영천 우항리(현 임고)에서 태어난 정몽주는 21세인 1357년(공민왕 6) 국자감시國子監試에 합격하고 3년 후 시행된 과시科試에 장원 급제한 이후 본격적인 벼슬길에 나서게 되었다. 여진과 왜구 정벌, 수차에 걸친 명나라와 일본 사행 등의 국가 중대사를 감당한 후 성균관 대사성을 거쳐 54세 때인 1390년(공양왕 2) 드디어 문하시중門下侍中의 자리에 오르게 된다. 그리고 1392년 4월 역성혁명 세력에 의해 피살되고 그해 7월 조선이 건국한다.

그가 고려조의 성균관에 재직할 때, 대사성이었던 이색은 정몽주를 두고 "동방 이학理學의 조祖라 할 만하다"고 칭찬했다. 조선을 창건한 이성계의 방해 세력이었던 정몽주에 대해 조선의 유학자들도 그를 '유종儒宗'으로 받들었다. 무엇이 그런 현상을 가능하게 한 것인가.

이방원의 〈하여가〉에 대해 정몽주가 〈단심가〉로 자신의 마음을 드러낸 것이 피살의 직접적인 이유가 되었다는 이야기의 진실 여부를 떠나 사태의 흐름이 그렇게 진척된 것은 분명하다. 그렇게 피살된 지 불과 9년 뒤인 1401년(태종 1년), 정몽주 살해를 주도했던 이방원이 조선 제3대 임금으로 등극하자 바로 정몽주에게 문충文忠이란 시호를 내렸다. 게다가 태종의 아들 세종 때 편찬된 『삼강행실도三綱行實圖』(1432)에는 '충신전忠臣傳'에 수록되어 만고충신의 자리매김을 굳건히 하게 되었다.

중종반정으로 조광조를 비롯한 사림들이 득세했을 때에는 정몽주를 무오·갑자 사화의 희생자들과 함께 문묘에 배향할 것을 추진했다. 중종 12년(1517년)에는 조선 건국의 반대 세력이었던 정몽주가 마침내 조선조의 문묘에 배향되는 놀라운 일이 일어났다. 문묘 배향 상소를 올린 당시 성균관 생원 권진은 상소문에서 "하늘이 도와 유종儒宗 정몽주가 태어나 성리학을 연구하여 그 깊은 의미를 체득하니 선유들의 가르침과 같았습니다. 또 충절과 대절大節이 당대를 뒤흔들었으며, 부모의 상을 입고 사당을 세우는 것을 『주례周禮가례家禮』로 하였으며, 문물과 의장儀章도 모두 그가 다시 정하였고, 학교를 세워서 유학을 크게 일으키고 사도斯道를 밝혀 후학들에게 나아갈 곳을 가르쳤습니다. 이러한 사람은 우리나라에 이 한 사람이 있을 뿐이며, 그 공은 주자朱子와 정자程子에 비하여도 거의 같습니다."라며 정몽주를 '유종儒宗'이라 높였다.

포은 정몽주는 16세기 명종대 이후 건립된 여러 서원에서 배향되었다. 포은이 출생하고 성장한 영천에는 임고서원이 세워졌다. 1554년(명종 9) 경상도관찰사 정언각鄭彦慤의 건의에 따라 임고면 고천동 부래산에 건립되었는데, 그 해에 사액서원이 되었다. 정몽주의 〈단심가〉가 한역(此身死了死了 一百番更死了 白骨爲塵土 魂魄有也無 向主一片丹心 寧有改理也歟)으로 『해동악부』와 『포은집』 등에 수록된 것도 조선조 사회 전반의 분위기를 말해주고 있다. 고려에 대한 충절을 노래한 〈단심가〉는 어느새 조선조 충절 시조의 대표작으로 자리 잡게 된 것이다.

정몽주의 〈단심가〉가 널리 알려지면서 시조문학이 하나의 갈래로 안착하고 성장하는 데에도 크게 기여했을 것이다. 아울러 이색·길재의 시조 역시 이후의 학자나 신하들에게 적잖은 영향을 끼쳤으리라 본다.

서원과 오륜가

조선 중종 때 풍기군수豊基郡守 주세붕周世鵬이 순흥 백운동에 안향의 사묘祠廟를 세우고 서원書院을 만들었다. 이것이 우리나라 서원의 시초가 된 백운동서원이다. 또 주세붕은 〈오륜가〉를 지었다. 이황은 백운동서원을 사액賜額 서원인 소수서원紹修書院으로 변모시켰고, 우탁을 배향할 역동서원 창건을 발의하는 한편 서원건립운동에 불을 지폈다. 모두가 일맥이 통하는 활동이다.

대구 지역 최초의 서원인 연경서원 건립도 주목할 만하다. 연경서원은 대구의 부로父老들이 찬동하고, 대구부사 박응천朴應川과 대구 유림들이 건축비를 출연하여 1563년 가을 착공하고 2년 후 완공하였는데, 대구의 명망 있는 성리학자 전경창의 도움을 받아 이 공사를 주도한 이는 안동 사람 이숙량(李叔樑, 1519~1592)이었다. 이숙량은 농암 이현보의 아들이고 퇴계 이황의 제자다. 그가 연경서원 건립에 힘쓰고, 〈분천강호가〉 6수를 짓고 임란을 맞아 창의에 힘썼던 일 역시 우연이 아니다.

주세붕과 이황과 이숙량이 서원 건립에 힘을 쏟고, 〈오륜가〉·〈도산십이곡〉·〈분천강호가〉와 같은 시조를 남기게 된 것은 그들 의식의 심연에 서로 통하는 가치관이 있기 때문이다. 모두 그들이 공유한 정신세계의 소산물이라고 하겠다. 특히 오륜가는 백성 교화의 중요한 수단의 하나가 되었다. 따라서 전국 여러 곳에서 오륜가 혹은 훈민가가 창작되었다.

백운동서원을 세운 주세붕은 1549년(명종 4) 그가 55세 되던 해 황해도관찰사로 부임했다. 그 지방의 민속이 참담하다고 여긴 그는 백성들을 교화하기 위해 6수의 연시조 〈오륜가〉를 지었다. 이와 거의 비슷한 시기에 송순도 선산부사에 재임하면서 오륜가를 지었다고 하는데, 실제 작품은 남아있지 않고 한역된 것이『면앙집俛仰集』에 실려 있다. 송강 정철도 강원도관찰사 재임 때(1580~1581) 백성들을 교화하기 위해 16수의 연시조 〈훈민가〉를 지은 것이『송강가사』에 수록되어 있다. 박선장은 1613년(광해군 5) 구만서원龜灣書院을 준공하면서 혼탁한 인심을 순화하기 위한 목적으로 8수의 연시조 〈오륜가〉를 지었다. 그의 문집『수서집』에 수록되어 있다. 김상용은 집안의 자제들을 가르칠 목적으로 5수의 연시조 〈오륜가〉를 지었다. 김상용은 〈훈계자손가訓戒子孫歌〉를 짓기도 했다.

물론 조선조에 다른 훈민의 노력이 없었던 것은 아니다.『삼강행실도』(1434년, 세종 16),『오륜록』(1465년, 세조 11),『삼강행실도 언해본』(1490년, 성종 21),『속삼강행실도』(1514년, 중종 9),『이륜행실도』(1518년, 중종 13) 등이 편찬되었다. 그럼에도 여러 훈민시조가 지어져 백성들 교화에 일조했다.

노계 박인로는 25수의 〈오륜가〉를 남겼다. 창작시기는 1634년 전후로 원래 부자유친, 군신유의, 부부유별, 형제우애, 붕우유신에 대해 각 5수 총론 3수를 창작하여 모두 28수인데, 붕우유신 3수가 일실되어 현재 25수만 전하고 있다. 정규양은 노계의 「행장」에서 "일찍이 말하기를 '시는 뜻을 말한 것이고, 노래는 말을 길게 하는 것이다. 사람의 착한 마음을 감발케 하는 노래가 으뜸이니 〈이남二南〉 또한 노래이다.' 하고 드디어 군신, 부자, 부부, 형제, 붕우의 다섯 조목 백여 편의 시를 짓고 시경을 모방하여 이름을 '정풍正風'이라 하였다. 세상 사람들이 모두 소중하게 여겨 외우고 이따금 관현에 얹어 불렀다."고 적었다. "백여 편"을 지었다는 정규양의 언급을 지금 확인하기는 어려우나, 오륜가가 박인로에 이르러 정점을 찍었다는 사실은 인정해도 좋으리라 본다.

오래 전부터 경상도는 사습士習과 풍속이 발라 충신·효자와 의열義烈로 뛰어난 사람이 많고, 예양을 존중하고 질박 검소한 성격과 습속을 가진 고장이라는 평판이 있었다. 이런 평가의 근저에는 오륜가가 널리 확산되었던 영향이 있었다고 해도 좋을 것이다.

〈도산십이곡〉의 영향력

이색으로부터 '동방 이학理學의 조祖라 할 만하다'는 칭찬을 듣고, 조선조 선비들이 '유종儒宗'이라 받들게 된 정몽주의 학맥은 길재를 거쳐 김숙자, 김종직에게로 이어졌다. 이 학맥이 영남 지방을 중심으로 크게 흥성하게 되면서 이들 일군의 학자들을 영남학파로 지칭하는데, 나중에는 조식과 이황, 장현광 등이 각각의 학파를 이루었다.

영남학파 중 퇴계학파는 주로 영남좌도嶺南左道에서 이황의 덕행을 숭모하고 그의 학문 사상을 추종하는 유파라고 할 수 있다. 이황의 문하에서 수학해 도학·문장·덕행 등으로 이름을 떨친 이들이 매우 많았다. 퇴계 문도라 할 조목趙穆·김성일金誠一·유성룡柳成龍·남치리南致利·이덕홍李德弘·황준량黃俊良·권호문權好文 등의 인물들 외에도 사숙私淑한 인물들이 많았다. 김우옹金宇顒이나 정구鄭逑처럼 퇴계와 남명 두 문하에 모두 출입한 경우도 있다.

영남학파의 대성자인 이황은 그때까지의 성리학 연구 성과를 집대성하는 업적으로 동방의 주자朱子라 불리기도 했는데, 그의 〈도산십이곡〉은 시조문학사에 또 하나의 이정표가 되었다. 온유돈후溫柔敦厚한 내실을 추구한 퇴계는 〈도산십이곡〉을 지은 뒤 이를 아이들에게 시켜 노래하고 춤추게 했다. 노래하는 아이들이나 듣는 자신 모두 서로 유익함을 주고받지 않을 수 없었고, 그 유익함의 핵심이 "탕척비린蕩滌鄙吝"과 "감발융통感發融通"이라고 퇴계 자신이 '도산십이곡발陶山十二曲跋'에서 말하고 있다.

사대부들이 아이들을 시켜 노래부르고 춤추게 한 것은 오랜 관습이었는데, 〈도산십이곡〉이 알려지면서 그 공연의 주요 목록으로 등장하게 되었다. 사대부들이 아이들에게 〈도산십이곡〉을 부르게 하고 춤추게 했다는 기록을 여러 군데에서 확인할 수 있다. 『병와선생언행록』을 통해서 그 광경의 일단을 짐작해 볼 수 있는데, 언행록에는 근래 전오익全五益 군이 지극히 존모하여 사람들에게 말하기를, "일찍이 선배들의 말을 들으니, 지산의 덕성은 충만하고 넓으며… (중략) … 달이 뜬 밤이면 심의深衣와 복건幅巾을 갖추고 도화담에 배를 띄우시고 동자를 시켜 도산십이곡을 부르게 하고, 술잔을 따르고 거문고를 타면서 유유자락하니, 참으로 도를 즐거워하고 자신의 운명을 받아들일 줄 알며, 은둔하여서도 근심하지 않는 군자였습니다." 하고 칭송하는 내용이 기록되어 있다. 여기서 동자에게 〈도산십이곡〉을 부르게 한 이는 퇴계의 문인이었던 지산芝山 조호익曺好益이다.

  많은 도학자들이 조호익과 같이 〈도산십이곡〉을 노래부르는 데 그치는 것이 아니라 〈도산십이곡〉을 본딴 시가작품을 창작하기도 했다. 퇴계 이후에 나온 이숙량의 〈분천강호가〉, 권구의 〈병산육곡〉, 신지의 〈영언십이장〉, 권호문의 〈한거십팔곡〉, 김우굉의 〈개암십이곡〉 등등의 작품이 하나의 흐름을 만들어냈다. 이런 흐름은 경북에만 한정된 것이 아니라 전국에 확산되어 장경세의 〈강호연군가〉와 같은 작품이 나오기도 했다.

  여기에 빠뜨릴 수 없는 것이 퇴계에게 〈도산십이곡〉 창작의 동기를 제공한 이별의 〈육가〉다. 〈장육당육가〉를 지은 이별은 이제현의 7대손이다. 8대손인 이정李淨이 〈풍계육가楓溪六歌〉를 짓고, 9대손 이득윤이 서계와 옥화대의 아름다운 풍경을 읊은 연시조 〈서계육가〉와 〈옥화육가〉를 지었다. 아쉽게도 이 두 편의 연시조는 전해지지 않고 있다. 이득윤의 아들 이홍유 또한 〈산민육가山民六歌〉를 지어 육가계 시조의 작자로 이름을 올렸다. 이제현 후손들은 경북 시조사에서 나름의 한 지류를 형성했다고 봐도 좋을 듯하다.

강호가도의 흥성

  조선조 시가에는 자연을 예찬하는 내용이 큰 흐름을 이루고 있다. 국문학자 조윤제는 이런 현상을 문학 사조로 파악해 '강호가도江湖歌道'라 부르고, '자연미의 발견'이라는 말로 그 성격을 규정했다. 인간들이 자연을 예찬한 역사야 오래지만, 조선 시대만의 특별한 정치·사회 환경에서 '명철보신明哲保身'을 꾀하거나 '치사객致仕客의 한적閑適'을 보여주는 시가에 나타나는 자연 예찬의 흐름을 그렇게 파악한 것이다.

자연을 예찬하는 시각도 매우 다양하다. 그 중에서 강호가도江湖歌道의 창시자라고도 평가되는 농암聾巖 이현보를 먼저 주목하는 것이 마땅할 것이다. 농암을 이야기하자면 〈도산십이곡〉에서 '천석고황泉石膏肓'을 고백하고 농암과 함께 임천지락林泉之樂을 구가했던 퇴계 이황도 언급하지 않을 수 없다.

농암 이현보는 네 차례의 사화士禍에다 중종반정中宗反正까지 일어난 정치적 격변기를 살았다. 그 격랑의 와중에서 44년의 관직 생활을 무사히 마쳤고, 치사致仕 후에는 고향에 돌아와 10여 년 자연 속에서 지극한 즐거움으로 89세의 수壽를 누렸다.

농암의 벼슬살이에도 시련은 있었다. 그가 사간원司諫院 정언正言으로 서연관書筵官의 비행을 논했을 때, 도리어 자신이 유배 처벌을 받게 된다. 안기역安奇驛으로 유배된 그는 불합리한 권력의 횡포를 뼈저리게 느꼈을 것이다. 유배 중에 지은 시 〈적중우한謫中憂旱〉에는 당시의 정치현실에 대한 그의 불편한 심경이 드러난다. 임금은 가뭄을 겪는 백성들의 고초를 알지 못하고, 권력만 좇는 악한 무리들이 목소리를 드높이고 있으니 운사雲師가 구름을 지으려 해도 풍백風伯이 노하여 이를 막는다는 내용이다. '인간들의 악행으로 하늘이 재앙을 내린다'는 메시지에서 정의롭지 못한 세상에 대한 그의 분노를 느낄 수 있다. 그는 중종반정으로 다시 관직생활을 이어가게 되지만 권력의 속성에 대한 경계심을 늦추지 않았다. 늘 외직을 희망한 것도 그런 의식과 무관하지 않은 것으로 보인다. 양친養親의 이유도 있었겠으나 진흙탕과 같은 중앙 정계와는 거리를 두겠다는 것이 그의 또 다른 뜻이었을 것이다.

『중종실록』권96에 "현보는 영달을 좋아하지 않고 매번 부모를 위해 외직을 구했고 급기야 부모가 돌아가시자, 직위가 2품에 이르렀고 연세에 비해 건강도 좋았지만 오히려 조정에 있기를 바라지 않고 누차

퇴귀하기를 간청하여 마침내 허락을 받았다. 식자들은 만족할 줄 아는 '지족지지知足之志'가 있다고 여겼다."고 적고 있다. 농암은 별호가 '소주도병燒酒陶瓶'이었다고 한다. 강직하고 외모가 검어서 단단한 도자기병 같으나 속은 아주 맑다는 의미이다.

퇴계 이황은 농암 이현보에 대해 "표리가 동일했다"고 말했다. 두 사람은 34년 나이 차이에도 서로 '지기知己'와 같은 교감을 나누었다. 그들의 관계를 보여주는 상징적인 자리가 있었다. 어느날 분강汾江 가에서 농암과 퇴계를 비롯한 여러 지인들이 술자리를 가졌을 때 귀먹바위[농암聾巖] 아래의 자리바위[점석簟石]에서 농암이 짐짓 퇴계에게 잔을 띄워보내는 유상流觴의 흥을 보이니 농암의 손서孫壻 황준량을 비롯한 주위의 모두가 부러워했다는 이야기가 전하고 있다. 퇴계는 농암의 〈어부가〉 뒤의 「서어부가후書漁父歌後」에서 다음과 같이 언급하고 있다.

> (선생께서는) 부귀를 뜬 구름과 같이 여기시고, 세상 밖에 우아한 회포를 부치시면서, 항상 조그마한 배에 짧은 노로 연파煙波 속에서 소오嘯傲하시면서 조석釣石 위를 배회하셨다. 갈매기를 잡으시면서 기미를 잊으시고, 물고기를 관찰하시면서 즐길 줄을 아셨으니, 곧 강호의 즐거움 가운데 진미眞味를 얻으셨다고 하겠다.

이 글은 당시 풍기군수였던 퇴계가 농암의 청으로 쓴 글이다. 농암은 〈어부가〉를 얻은 뒤로 이전에 즐겨 부르던 가사를 모두 버리고 오직 여기에 마음을 두었다고 했다. 그리고 손수 베껴서 화조월석에 술잔을 잡고 벗을 불러 분강汾江의 작은 배 위에서 읊게 하여 참된 흥미를 느끼면서 권태를 잊는다고 했다. 농암은 "사어가 한적하고 의미가 심원해서 읊조리는 사이에 사람들에게 공명을 벗어나서 표표히 멀리 세속을 벗어나는 뜻을 일으켰다."고 이 노래에 대한 감흥을 말하고 있다.

퇴계는 농암 「행장」에서도 "때때로 가벼운 배 짧은 노로 왕래 유상遊賞하면서 아이들로 하여금 〈어부사〉를 노래하게 하여 기흥표연寄興飄然하고 유세독립遺世獨立의 뜻을 나타내니, 그때의 사람들이 우러러보지 않는 이 없고, 지나는 이는 그 문門에 나아가 뵙기를 영광으로 여겼다."고 적었다.

농암의 자연에 대한 사랑과 자연으로부터 느끼는 즐거움에 대해 『대동야승大東野乘』에서는 농암이 '인간지락人間之樂과 임천지락林泉之樂을 오래도록 누리다가 89세에 세상을 떠났다'고 적고 있다.

조선조에서 도학자들은 "도의를 기뻐하고 심성을 기르는[悅道義頤心性] 즐거움이 자연으로부터 얻어진다"고 보았으므로 조금도 거부감 없이 자연을 동경했다. 당연히 강호를 노래하는 문학이 힘을 얻게 되었다. 작품에 따라 개별적으로 나타나는 현상을 '자연미'라는 보편적인 개념으로 파악할 수 있게 되었고, 작품에 드러난 자연미를 통해 당대인들의 미의식을 추출해 낼 수 있다는 것으로 강호가도의 의의를 말하기도 한다.

향유양상의 변화

조선 후기, 정치·경제·문화 등 사회 전반에 걸쳐 커다란 변화가 일어나면서 시조를 향유하는 양상도 달라진다. 17세기 말엽부터 조금씩 움직임이 있던 가객들의 활동이 18세기가 되면 적극적으로 펼쳐진다. 종실 서평군 문하에 가객 이세춘과 명창 송실솔 등의 유명 가인歌人들이 모여 연행을 벌인 것이나, 심용의 지원 아래 역시 가객 이세춘, 금객 김철석, 기녀 추월 등이 연행 활동을 한 것 등 후원자 아래에 마치 문객처럼 모여든 예인들에 의해 수준 높은 전문인들의 공연활동이 이뤄지는 것이다.

 이러한 시대 상황 속에서 어린 시절을 인평궁에서 보냈고 전문 음악인들과의 접촉도 많았던 옥소 권섭이 문경을 자주 출입하면서 경북의 연행 문화에 얼마간의 영향을 미쳤으리라 짐작된다.

 권섭은 외할머니인 정경부인 정씨의 동생이 효종의 딸 숙휘공주의 남편 인평위였으므로 그의 어린 시절 인평궁 생활이 가능했다. 16세에 백사 이항복의 증손자 이세필의 딸 이씨부인과 결혼했으나 그녀는 20대에 요절했다. 그는 27세 때 임천조씨林川趙氏를 재취로 맞이한다. 권섭은 44세 때 집안이 모여 살던 한성을 떠나 충북 청풍으로 이사하여 향촌생활을 시작했다. 청풍은 선대의 연고지다. 안주하지 못하고 몇 차례 이거하던 그는 54세 때 큰아버지 권상하가 거주하던 제천 황강리로 와서 안착을 하게 된다. 이때 그는 문경 화지동까지 70리 길을 자주 왕래하였는데, 화지동에는 부실副室 이씨부인이 살고 있었기 때문이다. 권섭은 청풍에서 화지동을 오가며 화지구곡花枝九曲을 경영했다. 문경인들에게 상당한 영향을 끼쳤을 것으로 보인다. 문경 산북면 이곡리에 석문정을 세우고 시단을 꾸려 친인척·동학과 더불어 시가를 창작하고 향유하면서 여생을 보냈던 채헌과 그의 아들 채시옥은 반세기 전에 있었던 권섭의 특별한 활동을 조금은 참고하였을 것으로 짐작된다. 채헌·채시옥 부자가 남긴 『석문정일록石門亭日錄』외 남긴 자료들을 충분히 검토해 볼 필요가 있다.

 권섭은 노론 계열의 경화사족이다. 그의 작품에는 영남학파 학자들의 작품들과는 다소의 다름이 분명히 있다. 그가 82세 때인 1752년에 지은 〈황강구곡가〉는 율곡 이이의 석담구곡과 송시열의 화양구곡을 잇는 것임을 천명하는 동시에 그 적통을 계승하는 이는 자신의 백부 권상하임을 부각시키기 위한 것이었다. 그런 점에서 그가 경상도와 맺은 인연은 경북 시조문학사의 큰 흐름에 모종의 이질성을 합류시켜 그 영역을 확대했다고 볼 수 있다.

삶이 평범하지는 않았던 권섭은 18세기 시가 향유의 양상에 대해서도 주목할 만한 단서를 제공하고 있다. 그는 전국을 다니면서 유산遊山을 즐겼는데, 자주 지방 관아의 소공簫工이나 적공笛工들을 대동했을 뿐 아니라 관아의 기악妓樂 풍류風流도 이용했다고 한다. 그는 금객琴客 김석겸金碩謙, 가객 박상건朴尙健 등 조선에서 최고로 손꼽히는 예인들의 연행을 즐겼다. 장악원 악사였던 김석겸으로부터는 거문고를 배우기도 했다. 권섭의 활동상으로 봐서 이런 경험이 문경의 화지구곡을 경영하던 시기에 주위 사람들에게 영향력으로 작동했을 가능성이 다분하다. 18세기 말에서 19세기 초까지 문경을 넘어 예천·선산·영주 등지에까지 예술·문화적 영향을 끼쳤던 채헌·채시옥 부자라면 분명히 옥소 권섭의 활동에 대한 정보가 있었을 것이다.

18세기 초 『해동가요 부 영언선』에 소개된 한양의 유명 가객 김유기가 대구를 방문하여 수년간 한유신과 그의 벗들에게 창법을 전수한 것도 그 시대 경북의 시조 향유 양상을 말해주고 있다. 김유기는 남원·대구·경산·하양·밀양 등지에서 활동했던 것으로 보이는데, 불행하게도 밀양에서 역병으로 객사하고 말았다. 한유신(1690경~1765)은 말년까지 대구와 인근 지역에서 계속 가악 활동을 한 것으로 보인다.

조선 후기, 세상도 변하고 연행 환경도 변하고 있었다. 이런 변화의 와중에서도 전통의 창작·향유 방식을 묵수하는 지덕붕과 같은 학자들도 있었다. 17세기 말엽부터 중인 중심의 여항인들이 시조 향유 대열에 참여하여 연행 양상에 상당한 변화가 있었던 것은 분명하지만, 19세기 말엽까지 양반 사대부들이 고시조의 주된 담당층이었던 것은 틀림없는 사실이다. 그런 전통이 지켜지는 가운데 오랫동안 경북인들이 소중히 여겨온 의리나 춘추대의 정신이 면면히 흘러 근대의 대구여사 〈혈죽가〉로까지 이어졌다.

참고문헌

01 대구문인협회, 『대구문학사 1920-2020』, 도서출판 그루, 2020.
02 김흥규·이형대·이상원·김용찬·권순회·신경숙·박규홍 편저, 『고시조 대전』, 고려대학교 민족문화연구원, 2012.
03 신경숙·이상원·권순회·김용찬·박규홍·이형대, 『고시조 문헌 해제』, 고려대학교 민족문화연구원, 2012.
04 박규홍, 『시조문학연구』, 형설출판사, 1996.
05 성호경, 『시조문학의 이해』, 북메이트, 2023.
06 김상진, 『16·17세기 시조의 동향과 경향』, 국학자료원, 2006.
07 『한국민족문화대백과사전』(https://encykorea.aks.ac.kr/)

현대시조

2

경북의 현대시조 전개 양상

문 무 학

차 례

Ⅰ. 서론
  1. 현대시조의 기점
  2. 경상북도 시조의 영역
  3. 시대 구분과 기술 내용
Ⅱ. 경북의 현대시조 전개 양상
  1. 20세기 전반기
  2. 20세기 후반기
  3. 21세기 전반기
Ⅲ. 결론
  참고문헌

Ⅰ. 서론

1. 현대시조의 기점

한국문학사는 1894년 갑오경장甲午更張을 기점으로 하여 그 이전의 문학을 고전문학, 그 이후의 문학을 현대문학으로 분류한다. 갑오경장이 고전문학과 현대문학을 나누는 기점이 될 수 있었던 것은 갑오경장의 개혁적 내용에 따른 것이다. 갑오경장은 조선조 26대 고종高宗 31(1894)년 조선정부가 군국기무처軍國機務處를 통해, 재래의 문물제

도를 버리고 근대적인 서양의 법식法式을 본받아 새 국가체제를 확립하려던 정책이었다. 반년 동안 208건에 달하는 개혁조치를 의결했다. 이 개혁은 구질서에 종지부를 찍고, 근대 국가의 모습을 갖추어보려는 노력의 발단으로서 정치, 경제, 사회 등 모든 제도에 대한 개혁이었다. 따라서 인간의 삶을 제재로 하는 문학이 시대를 구분해야 한다면 이 개혁을 따르는 것은 마땅한 일이다.

시조사에서는 현대시조의 기점을 1906년 7월 21일 「대한매일신보」 사동우대구여사寺洞寓大丘女史의 「혈죽가血竹歌」 발표로 잡는다. 이는 조선의 3대 가집인 『청구영언』(1728년), 『해동가요』(1763년)가 발간되고 1876년 박효관 안민영이 『가곡원류』를 편찬한 이후 창작된 작품이 발견되지 않다가 시조가 발표되었기 때문이다.

근대시의 출발로 잡는 최남선의 「해에게서 소년에게」가 1908년 11월에 발표되었는데, 시조 「혈죽가」는 이보다 2년 앞선다. 『가곡원류』가 편찬된 30여 년간 창작된 시조가 발견되지 않는 것은 시조의 역사에서 안타까운 일이 아닐 수 없다. 작품이 창작되었다는 설도 없지는 않지만 작품으로 드러나지 않았다. 현대시조의 효시 작품을 보자.

혈죽가血竹歌
사동우寺洞寓 대구여사大丘女史

협실의 소슨대는 충정공 혈적이라
우로를 불식하고 방중의 풀은 뜻은
지금의 위국충심을 진각세계

충정의 구든 절개 피를 맺아 다가도
누샹의 홀노 소사 만민을 경동키는

현대시조 149

인생이 비여 잡쵸키로 독야청청

충정공 곧은 절개 포은 선생 우희로다
석교에 소슨 대는 선죽이라 유전커든
하물며 방중에 난 대야 일어무삼
(대한매일신보 1906년 7. 21.)

1905년 을사늑약에 의해 외교권이 박탈되었고, 장지연이 황성신문에 「시일야방성대곡是日也放聲大哭」을 발표(1905년 11월 20일)했다. 시종무관장 민영환은 죽기로 상소해 포효했으나 돌이킬 수 없는 대세라는 것을 깨닫고 11월 30일 유서를 남기고 자살했다. 순국 후 피 묻은 옷과 칼을 상청마루방에 걸어두었는데 이듬해 5월 상청의 문을 열어보니 대나무 네 줄기가 마룻바닥과 피 묻은 옷을 뚫고 올라왔다. 사람들은 그의 충정이 '혈죽'으로 나타났다고 해서 이 나무를 절죽節竹이라 불렀다. 이 작품은 이 혈죽을 제재로 삼았다. 이른바 민족사의 아픔이 새겨진 작품이라 민족시의 흐름에 당당히 자리 잡을 수 있는 여건을 갖추었다.

2. 경상북도 시조의 영역

경상북도는 시대에 따라 행정구역에 많은 변화가 있었다. 경상도라는 명칭이 확정된 것은 1314년 (충숙왕 원년) 이었고, 조선시대에도 그 이름을 썼으나 1407년 (태종 7년) 군사상의 이유로 낙동강을 경계로 경상좌도, 경상우도로 나누었다. 1895년(고종 32년) 지방 관제를 23부로 나눌 때 경상도에 대구, 안동, 진주, 동래의 4관찰부를 두어 모든

군을 여기에 속하게 하였다. 그 가운데 현재의 경상북도는 대구부와 안동부에 속한 39군과 동래부의 일부지역을 포함했는데 1896년(고종 33년) 전국을 13도로 개편함에 따라 경상 좌, 우도를 경상남, 북도로 바꾸고, 경상북도는 대구에 관찰사를 두어 41군을 관할하게 되었다.

경상북도는 1981년 7월 대구시가 직할시로 승격하여 분리되는 큰 변화가 일어났고, 1995년 3월 대구직할시가 광역시가 되었다. 따라서 2019년 현재, 포항, 경주, 김천, 안동, 구미, 영주, 영천, 상주, 경산, 문경의 10개시 의성, 군위, 청송, 영양, 영덕, 고령, 성주, 칠곡, 예천, 봉화, 울진, 울릉의 12군으로 이루어져 있다.

경북의 현대시조 전개 양상을 살피는 본고에서는 세기의 전, 후반으로 시대를 구분한다. 20세기 전반기는 경북에 대구가 포함되어 있었고, 20세기 후반 1981년부터 대구가 제외되었다. 따라서 20세기 전반부터 후반의 1981년 6월까지 경상북도에서 태어나서 작품 활동을 한 사람, 1981년 7월 이후 경북 출신지가 대상이다. 타지 출신이나 경북에서 작품 활동을 한 사람도 포함된다. 그 범위를 최대한 넓게 잡아서 논의를 전개할 것이다.

3. 시대 구분과 내용

어느 분야이든 그 분야의 역사를 체계적으로 정리하려고 하면 시대 구분의 문제와 마주치게 된다. 시대구분을 하지 않고서는 서술의 순서를 정할 수 없고 역사의 전개를 설명할 길도 없기 때문이다. 또한 시대를 구분함으로써 구분된 시대의 두드러진 경향에 대한 이해가 쉬워지고 많은 문학적 사실들을 특성별로 개관해 볼 수 있다.

경북의 현대시조 전개 양상을 고찰하기 위한 시대 구분은 본고가 『경북 시조 1,000년사』로 기획되어, 국제화 시대, 문화 한류 자원으로 활용하고자 하는 편찬 의도에 따라 세계적 기준이 될 수 있는 세기별로 나누고자 한다.

    1. 20세기 전반기 (1900~1949)
    2. 20세기 후반기 (1950~1999)
    3. 21세기 전반기 (2000~2019년까지)

 현대시조 효시 작품이 20세기 초반에 발표되어서 현대시조의 기점을 크게 잡으면 20세기 전반기가 되고 1,000년의 역사를 살피는 과정에서 50년 단위의 구분은 적절한 범위가 될 수 있고, 현대시조 전개 양상에서도 뚜렷한 변별점들이 드러난다.
 본고의 서술 내용은 시대별로 시대 배경과 창작 환경을 살피고, 그 기간 동안 활동한 시조시인의 이력과 작품을 정리한다. 이력은 출생지, 출생연도, 한자명, 아호, 또는 본명 등과 문단 등단 상황, 작품집, 수상을 중심으로 기술한다. 작품은 사료적 가치가 높은 초기 작품은 가급적 많이 수록하고, 20세기 후반기부터는 1인 1편을 원칙으로 한다. 또한 가급적 단시조를 수록하고, 그것이 불가능한 경우만 연시조 혹은 극히 일부의 사설시조를 수록한다. 작품 내용은 경북 지역을 노래한 작품을 우선 순위에 두어, 시조의 역사를 살피면서 경북을 이해하여 애향심을 높이는 계기로 삼고자 한다.

II. 경북의 현대시조 전개 양상

1. 20세기 전반기

가. 시대 배경과 창작 환경

20세기 전반기는 1910년 국권을 상실, 36년이란 긴 세월을 피압박 민족으로 살았다. 일제가 미국과의 전쟁에서 패망하고, 우리 민족의 끈질긴 독립운동으로 해방을 맞이하게 되어 1948년 대한민국 정부가 수립된 기간이다. 반세기의 역사가 참혹함에 빠졌지만 새로운 국가 건설을 통한 희망이 싹트기도 했던 시기다.

시조사적으로는 1906년 현대시조 효시 작품이 발표된 것과 1926년 최남선의 최초의 시조집 『백팔번뇌』 발간, 시조부흥운동의 제창, 1932년 이병기의 「시조혁신론」, 1940년 안확의 『시조시학』 발간 등이 기록될 만 일이다. 「혈죽가」가 발표된 것을 계기로 하여 시조 창작이 활발해졌다. "〈대한매일신보〉가 총독부에 의해 매수될 때까지 385수의 시조가 발표되었으며, 〈대한유학생회보〉, 《소년》, 《청춘》, 《조선문단》 등에 발표되었다." 문무학, 『시조비평사』, 도서출판대일, 1997. P. 63.

시조부흥운동은 20년대 후반에 국민문학파가 민족주의 문학운동의 하나로 제시한 근대시조 창작 운동이었으며, 이병기의 「시조혁신론」은 연작을 쓰자는 주장을 비롯하여 6가지 혁신안을 발표한 것으로 현대시조에 지대한 영향을 미친 주장이었다. 안확의 『시조시학』 발간은 시조를 한 가지 독립된 학문으로서 독립성을 부여한 의미가 크다. 시조를 학문적으로 종합 분석, 평가한 저술은 시조부흥의 초석이 되었다.

이 시기 경북의 현대시조는 극소수의 시인들이 중앙의 시조부흥운동과 혁신론을 따르며 시조 장르의 독립성과 시조부흥을 위해 안간힘을 쓰던 시기였다. 시조부흥운동과 시조 혁신론에 적극 가담한 경우는 적지만 시조를 창작했다는 사실이 그런 운동에 참여한 것이다. 반세기에 이르는 동안 경북 출신으로 시조를 창작한 시인은 수명에 지나지 않는다. 이상정, 김영진, 이응창, 이상화, 조애영, 민동선, 임영창, 이호우 이영도를 들 수 있을 뿐이다.

이 시기에 경북시조에서 특기할 만한 사항은 전국 최초의 동인지《죽순》이 1946년 (단기4279년) 5월 1일, 창간된 것이다. 이 잡지를 통해 이호우 시인이 작품과 시조론을 발표했고, 이영도는 이 잡지를 통해 문단에 나왔으며, 이응창은 시로 데뷔하기도 했다.《죽순》은 발표 무대가 없는 경북의 문인들에게 커다란 자부심이었고 자랑이었다. 1949년 4월 1일《죽순》3·4월 합병호를 마지막으로 폐간 되었지만 경북에서 전국 최초의 동인지가 나왔고, 이 동인들이 대구 달성공원에 이상화 시비를 건립했는데 이 시비 건립도 처음 한 일이었다.

나. 활동 시인

이상정(李相定, 1896~1947)

대구 출생. 1912년 일본 도쿄 유학. 역사학, 미술, 상업, 군사학 등 공부. 귀국 후 1917년부터 1923년까지 평북 정주의 오산학교, 평양 광성고등보통학교, 서울경신학교, 대구계성학교, 신명여자고등보통학교에서 교사로 근무. 1925년 1월 대구의 사회주의 계열 조직인 용진당勇進團 위원장으로 활동, 4월 서울에서 용진당 관계자가 일제 경찰에게 체포되면서 수사망이 좁혀오자, 1925년 5월경 중국으로 망명하여 중국군 장성과 대한민국 임시정부의 임시의정원 의원으로 활동하며 독립운동을 전개하였다. 국민정부군 소장으로 근무 시 항공대에서 근무하던 한인 최초의 여류비행사 권기옥을 만나 1926년 10월에 결혼하였다.

1938년 중국 국민정부군의 육군참모학교 교관으로 활동, 중국의 항일전쟁을 지원하였다. 1942년부터 1945년 8월 광복 때까지 충칭에서 중국 육군 유격대훈련학교 교수로 군사인재 양성에 노력, 중국군 중장으로 진급하였다. 광복 후에는 중국 북부 지역 일본군의 무장해제를 도왔고 1946년 1월 상하이로 가서 한인들의 권익보호와 국내 귀환에도 적극 노력하였다. 1947년 10월 27일 뇌일혈로 사망하였다. 대한민국 정부는 1977년 이상정의 공적을 기려 건국훈장 독립장을 추서하였다. 저술로는 『산은유고汕隱遺稿』가 있고, 육필원고 『표박기漂迫記』가 1950년 『중국유기中國留記』로 출판되었다.

　이런 활동을 한 이상정이 시조를 창작했다. 그에게 경북 최초의 현대시조시인이라는 명예가 주어진다. 1920년 6월 3·1운동이 낳은 잡지 《개벽》이 창간되는데, 1922년 7월 제25호(임시호)에 詩調 2편과 같은 해 7월 26호에 時調 두 편이 발표 임선묵, 『근대시조대전』, 홍성사, 1981. PP. 105~106. 재인용. 이 작품 외에 1925년 중국으로 망명하면서 쓴 「남대문에서」 "이 속에 타는 불은 저 님은 모르시고/ 서운히 가는 뒷모습 애석히 눈에 박혀/ 이따금 샘솟는 눈물 걷잡을 줄 없애라." 라는 작품이 있다고 전하나 (정만진 블로그) 근대 문학 전문잡지에 발표된 작품은 위에 네 편만 확인된다. 되었다.

　이 작품들은 이상정이 1920년 후반부터 1923년 후반까지 평안도와 서울에서 교사로 재임할 때 쓴 작품이다. 25호와 26호에 詩調와 時調를 달리 표현하고 있지만 당시 이런 관례가 있었고 편집자의 주관에 따른 것으로 특별한 의미는 없다. 20년대 시조는 여러 변격 시조가 많이 나타나는데 이상정의 시조는 정격이며, 시조에서 중시하는 가락을 아주 잘 살려냈다. 내용은 '홍진에 저진 몸을'은 뱃놀이의 기쁨을, '미워도 내님이요'는 말을 타고 달리는 경박한 사람들에게 님의 마음을 알라는 당부를, '객창에 비친 달은'은 객지에서 님을 그리워하는 것이며,

'패강에 배를 띄워'는 평양의 경치가 관서에서 제일간다는 것으로 특별하지는 않다. 그러나 가락이 시조의 맛을 한껏 살려내어 예술성을 드러낸다. 이 정도의 가락을 유지한 작품이 경북 현대시조의 효시 작품이라는 것은 만족할 만한 일이 아닐 수 없다.

詩調

◇

紅塵에 저진몸을 綠波에 맑이씻고 一葉舟 벗을 삼아 五湖에 누엇스니 어저버
　三春行樂이 꿈이런가 하노라.

◇

미워도 내님이요 고워도 내님이라 馳馬郎 輕薄子야 제어찌 이를알리 밤거의
　鷄鳴晨할제 擁衾코 우는 줄을

時調

□

客窓에 비친달은 부지럽시 드락나락 綿綿한 春愁夢은 한이업시 오락가락 이中에
　못보는이는 님뿐인가 하노라.

□

浿江에 배를 띄워 淸流壁 올라갈제 牧丹峯 浮碧樓가 中流에 影娑婆라 아마도 關
　西勝地는 江上之平壤인저.

김영진(金永鎭, 1898.1.7.~?)

경북 군위 출생. 호는 나산羅山(赤羅山人). 일본 1925년 토오요오(東洋)대학 졸업. 1925년 《조선문단》 시조 당선으로 작품 활동 시작. 잡지 편집 및 대학교수, 신문사 논설위원 수필, 평론 등 집필. 1927년 《조선문단》에 평론 「국민문학론」 발표. 염상섭, 양주동, 김성근 등과 국민문학파의 입장에서 《신민》 지상에 많은 글을 썼다.

시조는 1925년 3월 《조선문단》 6호에 赤羅仙人「詩調一束(舊稿)」이 〈당선시〉란에 게재되어 등단했다. 이어 1926년 4월 《조선문단》 15호에 「春信(時調) −님께 올림−」이 赤羅山人으로 발표된다. 赤羅仙人, 赤羅山人의 표기가 있는데 仙人은 山人의 오류다. 이름과 호에 혼란이 있는데, 이름은 金永鎭이며, 호는 赤羅山人이다. 호 赤羅山人은 赤羅山에서 따온 것. 《신민》 4호(1925.8)에 발표한 '나의 고향', "赤羅山압해안고 馬井峯뒤에서서/ 屛川水구뷔구뷔 적은들 열엿으니 별달은 地靈은업슬망뎡 내故鄕여길러라."(세 수 중 첫째 수)에서 알 수 있다. 실제 군위군의 군위읍 무성리와 효령면 불로리 경계에 적라산이 있다. 지명은 군위의 이칭이기도 하다. 이름의 경우는 1939년 3월과 9월 《문장》에는 金永鎭으로 되어 있고 47년 《문화》에만 金永鎭으로 표기되어 있어, 金永鎭이 바른 이름이다. 《조선문단》, 《삼천리》에선 赤羅山人으로만 작품을 발표했고, 《문장》 1939년 4월호부터 金永鎭을 썼다.

개화기로부터 6·25 전쟁 직전까지 국내 또는 일본(유학생단체)에서 발행된 한국잡지 500종을 조사한 임선묵의 『근대시조대전』에 17편의 시조가 실려 있다. 『근대시조대전』과 『한국시조큰사전』에서 등단작품, 중기 작품, 말년의 작품을 찾을 수 있다. 등단작품은 「시조 일속」이라는 제목 아래 괄호를 하고 '구고舊稿'라고 표기한 것을 보면 써서 모아 두었던 작품을 《조선문단》에 투고한 것으로 보인다. 세상이 인간성을 잃어간다는 사실을 주제로 하여 그 안타까움을 표현한 작품이다. 중기 작품은 1947년 잡지 《문화》 창간호에 실린 '시조 무제삼수', 말기 작품으로는 1963년 10월 《시조문학》 제 8집에 실린 「고독」이 있다. 김영진의 시 세계는 "고전적인 균형의 세계를 추구한 것이 특색"이다.

고독

추풍에 삿갓 쓰고 길 떠나는 나그네여/ 천리 금강을 걸음으로 재이련가/ 백만군 호령함보다 기개 더욱 장하다.// 장안에 술이 놀아 단풍에 취하던가/ 몽롱히 취하여도 금강이 그리운가/ 허망한 세상살이야 일러 무엇 하리오.// 만호萬戶 장안 뒤에 두고 송파松波나루 건너서도/ 작별주 술맛밖에 못미더워 하리 없네/ 표연히 이제 떠나면 언제 돌아오려나.

조애영(趙愛泳, 1911.2.8.~2002)

경북 영양 출생. 시인 조지훈의 고모. 본명은 요희, 호는 은촌隱村. 배화여고보 졸업(1931). 이화여자전문학교 수학. 작품 활동은 배화여고보 재학(28~31) 시에 시작되었지만 잡지에 작품이 발표되지는 않았다. 1958년 출간된 『슬픈 동경』에 수록된 것에 따르면 '그리운 조국 · 1'이 "배화여고보 신입생으로 조선어 시간에 지어 당선된 것"이라고 표기하고 있다. 따라서 1928년 이 작품을 조애영의 초기 시조라고 보는 것이 현재로서는 가장 합리적이다.

이후 1929년 광주지역 학생이 주도하여 일으킨 '광주학생사건 때 검속되어'라고 작품 끝에 표기된 「그리운 조국 · 2」가 있는데 이 작품들의 발표지가 어딘지는 알 수가 없다. 『슬픈 동경』의 차례에 보면 그리운 조국(1) 에 '표식~마크' 와 「그리운 조국」이 있고, 「그리운 조국 (2)」에 '서곡'과 '단발령' 이 있다. 따라서 「그리운 조국」은 일종의 연작으로 네 편이 되는 셈이다. 근대 잡지에는 '일월산인'으로 발표된 작품이 보이지 않는다. 시조집으로는 『슬픈 동경』이 유일하고, 이 시집의 자서에서 "이 모두가 육친과 민족과 조국에 대한 사랑과 그리움의 노래이기 때문에 "슬픈 동경"이라 이름 지어 보았습니다." 라고 밝혔다. 규방가사집으로『은촌내방가사집』(한림문화사, 1971) 이 있고 내방가사의 기능, 창작보유자로 선정 그 조사 연구를 위해 문화재 관리국 전문위원으로 활동했다. 한국시조시인협회 이사, 1975년부터 성균관 여성유림회 초대 회장을 지냈다.

　　　　　그리운 조국 (1) −표식~마아크
 내 가슴에 붙인 표/태극 그린 / 마아크로다/ 청홍 색 아로새겨 /아릿다운 그 자태랑/ 흰 선이 섞여 있음은 / 평화를 / 찾음이라// 청색은 / 희망이요/ 홍색은 열정의 뜻/ 그 사이 그은 선은 우리 학교/ 표식이요/ 그 이름 부르노니 (높이 부르자) /태극 그린 / 교표야// 내 일생 /소원이 /태극 그림 보렸더니/ 내 학교 /표식은 태극 마크 /둥근 표식/ 둥글은/ 망월과 같이/ 온 천하를 비춰라// 인왕산 / 동쪽 기슭/ 꽃밭도 고웁지만/ 내 가슴에 / 붙인 표 태극 그린 / 우리 혼/ 그 표식 아시는 분은 / 나를 잡고 울더라. "배화여고보 신입생으로 조선어 시간에 지어 당선된 것"

이상화(李相和, 1901~1943)

대구 출생. 호는 무량無量, 상화尙火. 1922년 백조동인의 한 사람. 프랑스로 갈 목적으로 일본에 건너가(23) 아테네 프랑스에서 불어를 공부했으나 관동대지진의 참상을 보고 귀국. 의열단 사건으로 구검(27)되었다가 삼일운동 때는 대구에서 목우 백기만 등과 거사하려다 실패하고 중국을 방랑(35~36)하다가 귀국해서 교육 문화 사업에 종사했다. 「나의 침실로」(23), 「빼앗긴 들에도 봄은 오는가」(26) 의 작품을 남긴 민족 시인이다. 1948년 대구달성공원에 한국 최초의 시비가 세워졌다.

1998년 대구문인협회 간 『이상화전집』에 시조 두 편이 실려 있다. 그러나 시조를 이 두 편만 쓴 것으로 보기는 어렵다. 실제 《중앙》 4권 5호.(1936)에 「기미년」이란 작품이 실리게 된 계기는 - '나의 어머니'에 대한 설문답에 응한 것이었는데 이 작품을 싣는 이유가 밝혀져 있다. "몇 해 전 심각하게도 감명된 바 있어 지어 둔 삼행시(三行詩, 時調型) 가운데의 한 편을 내 생각에 적당하다고 하여 물으신 두 가지의 의미를 아울러 대답하나이다." 라고 썼다. 두 가지 사실이 분명히 드러나는데 시조 형식에서 "심각하게도 감명된 바가 있었다." 그리고 "지어 둔 삼행시 가운데의 한 편" 이라고 하였으니 다른 작품이 있다는 것이다.

　　　　풍랑에 밀리던 배
　풍랑에 밀리던 배 어디메로 가단 말고
　구름이 머흘거든 처음에 날 줄 어이
　허술한 배 두신 분네 모두 조심하소서
　(1929년 대구상고 졸업 앨범에 부친 시조)

　　　　기미년

이 몸이 제 아무리 부지런히 소원대로
어머님 못 모시니 죄스럽다 뵈올 적에
남야 허렁타 한들 내 아노라 우시던 일
「중앙」 4권 5호. 1936.5 *산문 〈나의 어머니 속에 있는 시조〉

민동선(閔東宣, 1902〜)

김천 출생. 호는 향은香隱. 혜화전문학교 졸업. 보인상고, 동성고등학교에 재직. 등단 연도는 미상이나 근대문학 잡지에 처음 보이는 작품이 1924년 2월에 창간된 《불교》 100호 (1932년 10월)의 「초민焦悶」이다. 이어 1932년 12월, 101~2호 합호에 「창경원에서」, 「추야단상」이, 1933년 1월 103호에 「한글경판 뵈옵고」가 발표되었다.

초민焦悶

이래야 조흐릿가 저래야 조흐릿가
악맛친 이세상을 엇ㅈ야 조흐리까
차라리 다 버려두고 무생곡無生曲을 부를까.

김동리(金東里, 1913〜1995)

경북 경주 출생. 본명 김시종金始鍾. 소설가, 평론가, 시인. 계성 중학, 경신고보 이수. 1934년 〈조선일보〉 신춘문예에 시 「백로」 입선, 1935년 〈중앙일보〉 신춘문예 소설 「화랑의 후예」 당선. 소설집 『무녀도』, 시집 『바위』 등. 언론사를 거쳐 문총구국대 부대장, 한국문학가협회 부회장, 중앙대학교 예술대학장, 《한국문학》 발행인 등 역임. 2008

년 경주시 불국로 406-3에 동리목월문학관이 건립되었다.

　　　　그림자
보던 책 덮어두고 술상도 밀쳐두고
문득 벽에 비친 그림자를 바라본다
그림자 네 그림자여, 너는 지금 누구뇨

● **임영창(林泳暢, 1917.7.23.~2001)**

경북 영덕 출생. 시조시인, 언론인 교육자로 활동. 호는 一黙, 한가람, 필명은 임삼林三. 마산을 중심으로 활동. 1931년 《종교시보》에 「일편단심」 발표. 시조집 『삼보각』, 『나(EGO)』, 시집 『얼굴』, 수필집 『문장산책』과 『현대인을 위한 불교입문』 등 종교서적과 여러 편저가 있다. 임영창의 작품은 불교적 선시의 영향이 두드러진다. 그의 작품 이미지에서 유머, 시니크 함이 형이상학적으로 표현되어서 모더니즘적이라는 해석도 있다.

　　　　신륵사부처님
신륵사 부처님은 물이 좋아 강에 산다
송뢰 울부짖는 아픔을 보기보다
잔물결 자비로운 가람 가에 미소 함께 드신 선종.

● **이육사(李陸史, 1904.4. 4.~1944. 1. 16.)**

경북 안동 출생. 항일운동가. 본명은 '원록源祿' 자는 태경, 다른 이름으로 원삼, 活이 있다. 이황의 14대 손으로 5형제 중 둘째 아들. 예안 보문의숙에서 신학문을 배웠고, 대구 교남학교에 잠시 다녔으며 1921년 안일양과 결혼했다. 1925년 항일독립운동단체인 의열단에 가입, 1926년 베이징사관학교에 입학해 군사훈련을 받으면서 본격적인 항일운동을 시작하게 된다.

　1927년 귀국, 조선은행 대구지점 폭파사건에 연루, 대구형무소에 수감된 이후 10여 차례 투옥되었다가 1929년 출옥하자마자 중국으로 건너가 베이징 대학 사회학과에 적을 두고 만주와 중국에서 독립투쟁을 벌이면서 항일운동을 지속했다. 이육사는 첫 번째 옥살이에서 받은 수인번호다. 1933년 귀국 언론기관에 근무하면서 '육사'라는 필명으로 시를 발표했으며, 1937년에는 신석초 윤곤강 김광균과 시 동인지「자오선」을 펴냈다. 1943년 4월 서울에서 검거되어 베이징으로 압송되었고, 이듬해 베이징 감옥에서 옥사했다.

　이육사는 생전에 시집을 출간하지 못했다. 순국 후 문학평론가 동생 이원조가 1946년 유고시집인 육사시집을 출간하였다. 이육사의 작품은 1930년 1월 3일 첫 시「말」이〈조선일보〉에 이활로 발표되었다. 이육사의 작품 중 1935년 6월《신조선》에 발표된「춘수삼제春愁三題」는 시조로 보는 것이 마땅할 것이며, 1942년 8월 4일 경주 옥룡암에서 신석초에게 보낸 엽서에 쓴 작품도 시조다. 육사문학관 작품 감상에「무제(시조)」라고 한 작품이다. 두 작품 다 엄격히 보면 정형에서 벗어난다고 볼 수 있지만 광의의 시조 속에 포함될 수 있는 작품들이다. 제목이 없는 고시조는 시조의 첫 구를 제목으로 삼는 관례에 따라「뵈올가 바란 마음」이 된다.

　　　춘수삼제春愁三題

1. 이른 아침 골목길을 미나리 장수가 기-ㄹ게 외고 갑니다 / 할머니의 흐린 瞳子는 蒼空에 무엇을 달라시는지/ 아마도 ×에 간 맏아들의 입맛(味覺)을 그러나 보나 봐요.
  2. 시내ㅅ가 버드나무 이ㅅ다금 흐느적거립니다/ 漂母의 방망이 소린 웨저리 모날가요
  쨍쨍한 이볏살에 누덱이만 빨기는 ㅅ자증이 난게죠.
  3. 빌딩의 避雷針에 아즈랑이 걸녀서 헐덕어립니다/ 도라온 제비떼 抛射線을 그리며 날너재재거리는 건/ 깃드린 옛집터를 차저못 찾는 괴롬 같구려.
《신조선》 1935년. 6

　　　　뵈올가 바란 마음
  뵈올가 바란 마음 그 마음 지난 바램/ 하로가 열흘같이 기약도 아득해라/ 바라다 지친 이 넋을 잠재울까 하노라// 잠조차 없는 밤에 燭태워 안젓으니/ 리별에 病든 몸이 나을길 없오매라/ 저달 상기 보고 가오니 때로 볼까 하노라. (8월 4일)

● **이호우(李鎬雨, 1912~1970)**

　경북 청도 출생. 시조시인, 언론인. 호는 이호우爾豪愚. 향리의 의명학당義明學堂을 거처 밀양공립보통학교 졸업. 1924년 경성제일고보에 입학. 1928년 신경쇠약증세로 낙향, 1929년 일본도쿄예술대학에 유학, 신경쇠약증세 재발과 위장병으로 귀국 34년 김순남金順南과 결혼. 1952년 〈대구일보〉 문화부장, 논설위원, 1956년 〈매일신문〉 편집국장 및 논설위원. 시작 활동은 1939년 〈동아일보〉 투고란에, 「낙엽」 발

표로 시작, 1940년 《문장》 6·7호 합병호에 시조 「달밤」 천료.

첫 시조집 『이호우시조집爾豪愚時調集』(영웅출판사 1955). 1968년 누이동생 영도와 함께 낸 시조집 『비가 오고 바람이 붑니다』 중의 1권인 『휴화산休火山』, 공저로 『고금명시조정해』(1954)가 있다. 이호우의 시조관은 한 민족 한 국가에는 반드시 민족의 호흡인 국민시가 있어야 하는데 그것을 시조에서 찾아야 한다고 밝혔다. 또한 국민시는 간결한 형과 서민적이고 주변적이며 평명한 내용을 갖추어야 한다고 첫 시조집 후기에 썼다. 『이호우시조집』으로 제1회 경북문화상을 수상. 1972년 대구 앞산공원에 시비가 세워졌다.

개화

꽃이 피네 한 잎 한 잎/ 한 하늘이 열리고 있네
마침내 남은 한 잎이/ 마지막 떨고 있는 고비
바람도 햇볕도 숨을 죽이네/ 나도 아려 눈을 감네

이영도(李永道, 1916~1976)

경북 청도 출생. 시조시인 이호우의 여동생. 호는 정운丁芸 또는 정향丁香. 밀양보통학교 졸업 후 대구여자고등보통학교 중퇴. 일찍 결혼했으나 남편과 사별하고, 1945년 초등교사 자격을 취득하여 대구서부초등학교 근무 중 중학교 역사 교사 자격 취득. 통영, 마산, 부산 등지의 학교에서 교사, 부산 여대, 중앙대학교 예술대학 문창과 강사 등 30여 년 교편생활을 했다. 1946년 《죽순》 창간호에 「제야」로 등단했다. 이영도의 등단을 《죽순》지 발표로 기록되고 있지만 이 잡지의 편집 후기에 "이영도 여류시인 이미 이 땅 시문학수준에 달했다고 보며 앞으로 여러분의 특별한 편달을 기두린다."라는 추천사에 해당하는 글이 있다. 따라서 작품 발표가 아니라 공식 등단으로 보아야 한다.

작품집으로『청저집』(문예사 1954),『비가 오고 바람이 붑니다』중『석류』(중앙출판공사 1968). 유고시집『언약』(중앙출판공사 1976)이 있다. 수필집으로『춘근집』(청구출판사 1958) 외 2권과 유고 수필집『나의 그리움은 오직 푸르고 깊은 것』(중앙출판공사 1971)이 있다.

　　　　보릿고개
사흘 안 끓여도/ 솥이 하마 녹슬었나
보리 누름 철은/ 해도 어이 이리 긴고
감꽃만 줍던 아이가/ 몰래 솥을 열어보네.

이응창(李應昌, 1906~1973)

대구 출생. 호는 창주滄州. 경성사범학교 졸업. 초등학교에 재직, 원화여자고등학교를 설립하여 교장으로 재직. 1929~37년 사이에 프린트판 동시집『석양잠자리』(29)등 네 권을 발간.《죽순》창간호에「실버들에 배를 매니」시 작품을 발표하면서 문단에 데뷔.(박을수,『한국시조문학전사』) 저서로 시집『길』(66), 동시집『고추잠자리』(68), 수필집『가꾸는 마음』(69),『기다리는 마음』(73) 등이 있다. 1971년 경북문화상을 수상하였으며 창주아동문학상을 제정하여 현재까지 아동문학 분야의 신인을 배출하고 있다. 시조와 관련해서 특별한 일은 1955년 4월 여학생 시조집『물오리』를 엮은 것이다. 고 1에서부터 고3의 여학생 작품을 모은 것으로 모두 127제 142수의 시조를 수록하고 있다.

            광한루
사랑도 원한도 지나고 보면 꿈인 것을
시조를 읊조리는 낭랑한 목소리에
이 날이 저물어가도 마음만은 푸근하오.

2. 20세기 후반기

가. 시대 배경 및 창작 환경

대한민국의 20세기 후반은 전쟁으로부터 출발되었다. 50년 6월부터 53년 7월 27일 휴전 협정까지 3년여의 전쟁으로 국민들의 삶은 그야말로 도탄에 빠졌다. 일제강점기를 벗어나 정부를 수립하고, 국가의 기틀을 잡아가던 중이었다. 국민들은 어려운 생활을 하면서 민주주의를 발전시키고 정착시켰으며, 원조를 받던 빈민국에서 원조를 하는 개발도상국을 거쳐 중진국으로 나아갈 수 있는 기반을 닦았으며 세계가 놀라는 한강의 기적을 이룬 시기다.

시조사적으로는 현대시조가 발전할 수 있는 여러 방안이 모색되고 활발한 활동을 보였다. 한국시조사에서 처음으로, 시조전문 잡지가 창간되었다. 1960년 6월 《시조문학》이다. 이 잡지 11집은 경북 특집을 싣고 있다. 이 특집에 여영택 외 14명의 작품과 황토동인 김정자 외 7명의 작품이 실려 있다. 《시조문학》, 11집, 1965. 5월. 74~93쪽. 이 잡지, '시조단 동정'에 1965년 2월말 현재 한국시조작가회의 회원은 40명이라고 밝히고 있다. 위의 책, 95쪽.

이어서 한국시조작가회의의 기관지 《정형시》가 발간되고, 1983년 여름 《현대시조》, 1989년 《시조생활》, 1992년 《겨레시조》, 1996년 《열린시조》, 등이 창간되어 시조시인들의 작품 발표무대가 되었으며, 시조인구의 저변을 확대할 수 있는 기반을 마련하였다. 1964년에는 「한국시조작가협회」가 창립 *1974년 시조시인협회로 명칭이 변경되었다. (한국시조시인협회 50년사. 참조)* 되어, 시조시인들의 친목을 도모하고 권익을 옹호해가기 시작했다.

경북에서는 잡지 발간은 어려웠지만, 여러 동인회가 출범되고, 동인지 발행이 잡지를 대신하는 역할을 했다. 제일 먼저 '영남시조문학회'가 창립됐다. 1965년 4월 25일 결성된 '경북시조문학동호회'가 모태다. 이호우, 배병창, 이우출, 정완영, 정재호, 김상훈, 정재익, 김정자, 류상덕, 김종윤이 참가했고, 이호우를 고문으로 이우출을 회장으로 뽑았다. 이 구성원들은 65년 이전 등단한 기성시인과 당시 등단하지 않은 20대의 '황토' 동인 김정자, 김종목, 김종윤 류상덕, 박택종, 오태순 등 일부가 참여하였다. 이 조직이 발전적으로 해체 '영남시조문학회'로 출범했다.

1966년에는 '나래시조문학회'가 결성되었다. 주로 예천군 풍양면에서 활동했다. "시조의 계승발전과 시조 인구 저변 확대 및 동인 간의 인적 유대 강화" 라는 목표를 가졌다. 정석주가 초대회장으로 1980년 동인지《나래》를 발간하면서 경북을 넘어 전국적인 동인으로서의 면모를 갖추어 나갔다.

1977년에는 '영가시조동인회'가 발족되었다. 김시백 시조시인이 주도, 1985년 '영가시조동인회'로 개칭하고, 1986년《영가시조문학》창간호를 발행했으며 무크지로 동인지를 발행했다. 1979년에는 경주시 안강에서 조주환 시인이 주도적인 역할을 한 '비화시조문학회'가 발족했다. 신라시대 안강읍이 '비화현' 이었던 것에서 동인의 이름을 지었다. 비화시조문학회는 경북 동해안 유일의 시조시인 모임이 되었다.

1980년부터 매년 동인지를 발간해오면서 끈끈한 결속력과 생명력을 유지하면서 시조의 발전을 꾀하고 있다.

1984년 경북의 노중석, 민병도 시인과 경북 출신으로 대구를 중심으로 활동하는 문무학, 박기섭, 이정환이 '오류' 동인을 결성하여 10년 동안 동인지 10권과 선집 1권을 발행했다. 1989년 시조동인 '오늘'이 결성되었다. 영남 북부 문화권인 안동, 영주를 중심으로 활동하고 있는 시인들의 모임이다. 오늘의 문학으로서 시조의 참모습을 구현하려는 뜻과 겸허하게 시를 향한 애정을 함께 추슬러 갈 의지로 결성된 동인이다. 1989년 동인지 『우리 살고 있는가?』 발행을 시작으로 매년 한 권씩의 동인지를 묶어내면서 내실을 다지고 있다.

1992년에는 이호우시조문학상 운영위원회가 《개화》를 창간하여 2019년 현재 28집을 발간했다. 이호우, 이영도 시인의 시 정신을 기리는 회원 중심으로 발표의 장이 되고 있다.

1997년 9월 시조동인 '한결'이 결성되었다. 대구 모산학술연구소에서 정경화 외 8인이 민병도 시인의 강의를 들으며 출발했다. 1999년 동인지 창간호 『시간의 이정표 너머』를 펴낸 후 매년 동인지를 펴내는 왕성한 활동을 보이고 있다.

나. 활동 시인

여영택(呂營澤, 1923~2012)

경북 성주 출생. 호 검솔, 고와古瓦. 대구사범, 영남대 대학원 졸업. 경북지역 교사. 1956년 〈동아일보〉 신춘문에 입선 등단. 시집 『담향』, 『입체해도』, 『기다리는 사람들』, 『발로 쓴 울릉도』, 『팔공산』, 『바람의 가시』 경북문화상 수상. 선주문학회장, 한국문협 대구지회장 역임.

백자

희다가 하도 희다가 옥빛이 감도는다?
해맑게 푸르다 보니 흰빛에 이르는다?
포릇이 희디흰 빛깔 둘은 없는 이 백자

박경용(朴敬用, 1940~)

경북 포항 출생. 호는 송라松羅. 1958년 서라벌예대문창과 입학, 같은 해 〈동아일보〉와 〈한국일보〉 신춘문예 시조 당선. 1960년 동국대 국문과로 편입 1962년 졸업. 아동문학에 관심을 기울여 많은 『어른에겐 어려운 시』, 『귤 한 개』 등 문제 작품과 아동문학 작법에 관한 책을 여러 권 출간. 시조는 1981년에 첫 시조집 『침류집枕流集』, 85년 『적寂』, 2001 『도약』 등을 발간, 1982년 『시조작법 – 우리 가락 시조』 출간. 1980년 연작 동시조집 『별 총총 초가집 총총』, 1987년 『우리만은』 발간. 동시조 동인 '쪽배' 동인을 이끌고 있다. 세종아동문학상, 대한민국문학상, 열린아동문학상, 한국동시조문학 대상 등 수상.

귀뚜라미

달 여울 흥건하여 흘러 이미 강인데/ 짝 불러 애가 잦는 네 울음도 강일러니/ 이 밤도 어이 건너랴, 밤길 물길 구만리!// 울음이 반짝이는 강나루에 시름 걸고/ 실실이 네 넋에 실어 나도 우느니, 귀뚜라미여/ 못 건널 강 하나 두고 짝을 우는 너와 나!

김상훈(金尙勳, 1936~2016)

경북 울릉생. 호는 난주蘭州. 고청古靑. 민립民笠. 대구사범학교, 동국대 국문과, 동국대 행정대학원 졸업. 전국백일장 1957년 입선, 1959년 당선 문단 데뷔. 1967년 〈매일신문〉 신춘문예 당선. 〈대구일보〉 논설위원 〈부산일보〉 논설위원, 사장 역임. 시조집으로『파종원』(1977), 『내 구름 되거든 자네 바람 되게』(1996), 『다시 송라에서』(1996), 『산거』(1996) 가 있다. 그 외 번역시집과 학술논문집 다수. '성파시조문학상'(1984), 부산시문화상(1987), 노산문학상(1989), 조연현문학상(1996) 수상.

행화촌杏花村
살구꽃 피는 마을 피는 날이 저리 곱다
피는 꽃 그 너머에 지는 꽃도 어여쁘다
목숨도 오가는 날이 저리 꽃길이고저.

성춘복(成春福, 1936~)

경북 상주 출생. 성균관대 국문과 졸업. 을유문화사, 삼성출판사 편집국장 지냄. 1959년《현대문학》등단. 시집『오지행』, 시화집『공원 파고다』, 『산조』, 『복사꽃제』, 『바깥 세상에 띄우나니』. 월탄문학상, 한국시인협회상, 국제펜문학상, 서울시문화상, 수상. 국제펜클럽한국본부, 문학의 집 서울 이사, 한국문인협회 이사장 역임.

고백하노니
너와 나 나뉘어서 멀리를 바라본들
다음의 돌보다야 더 잘게 쪼개어져

우리 둘 지쳐간 이승 강물로 합치려나

배병창(裵秉昌, 1927~1976)

경북 금릉 출생. 호는 수운秀耘. 대구 경북 중등교원양성소 수료. 김천중학 교사. 건국대학교 정치대학 경제과를 졸업. 김천고 교사로 재직. 영남대학교 대학원에서 국문학 전공. 김천간호전문학교 강사 역임. 작품 활동은 1947년경부터《오동梧桐》시지 활동으로 시작, 1960년〈동아일보〉신춘문예에 작품「기旗」당선. 시집으로『소나기와 종』, 『항아리』, 『이슬과 송학』.

종

무거운 침묵만을 한 아름 안은 채로
뇌성의 메아리는 차라리 울리지 마라
누리를 흔들어 놓으리 가슴 만져 보누나

이우출(李禹出, 1923~1985)

경북 문경 출생. 호는 초운樵雲. 초등학교 졸업후 김룡사에 입산. 영천 오산불교학교, 혜화전문학교, 동국대학교 졸업. 1951년 대구 능인중학교 교사, 효성여대 국문과 강사, 능인고등학교 교장 역임. 1961년〈조선일보〉신춘문예 당선. 시조 창작 활동 24년 동안 시조집『종루鐘樓』의 37편과 화갑기념문집에 14편의 작품을 남겼다. 1966년 영남시조문학회 회장, 1968년 경북문화상 수상. 1986년 고향 문경 제일관문 옆에「종루」를 새긴 시비가 섰다.

　　　　달밤
달이 쨰지도록 대낮같이 밝은 밤에
메밀꽃 하연 언덕 이슬 고운 꽃이파리
머언데 개 짖는 소리에 풀벌레는 잠이 들고

● 정완영(鄭椀永, 1919~2017)

　경북 금릉 출생. 호는 백수白水. 봉계공립보통학교에 입학했다가 가정 형편으로 마치지 못하고 일본으로 건너가 유랑하던 중 오사카 야간 부기학교를 2년간 다녔다. 1946년 향리에서 동인잡지 《오동梧桐》를 발간하며 문필 활동을 시작. 1960년 〈국제신문〉 신춘문예, 1962년 〈조선일보〉 신춘문예 「조국」 당선. 같은 해 《현대문학》 추천 완료. 첫 시조집 『채춘보』를 비롯해서 『묵로도』, 『실일의 명』, 『산이 나를 따라와서』, 『연과 나비』, 『난보다 푸른 돌』 등의 시조집과 『꽃가지를 흔들 듯이』, 『엄마의 목소리』 동시조집, 『차 한 잔의 갈증』 등 산문집을 펴냈으며, 『시조창작법』과 『고시조 감상』 등의 저서가 있다.

　중고등 교과서에 작품 「조국」이 실렸고, 초등학교 교과서에 동시조 「분이네 살구나무」가 실렸다. 한국문학상, 가람문학상, 중앙시조대상, 만해문학상 등을 수상했으며 영남시조문학회 회장, 한국문인협회 시조분과 위원장, 한국시조시인협회 회장 등 역임. 현대시조의 선구자로 시조의 중흥기를 열었던 생애와 업적을 기리기 위해 2008년 12월 10일. 김천시 대항면 직지사길 118-18 에 '백수문학관'이 건립되었다.

　　　　동화사에서
노스님 북채를 잡고 먼 구름을 두드린다

산 가득 앉는 어스름 떠오르는 연꽃 노을
두리둥! 두리둥, 두리둥 만산에 우레가 떨어진다.

　　　　분이네 살구나무 〈동시조〉
동네서/ 젤 작은 집/ 분이네 오막살이
동네서/ 젤 큰 나무/ 분이네 살구나무
밤사이/ 활짝 펴올라/ 대궐보다 덩그렇다.

● **지준모(池浚模, 1925~2007)**

　경북 영천 출생. 경산시에서 성장. 하양공립보통학교를 졸업. 불교전문강원 대교과에서 수학. 대구 중앙상고 교사 재직, 퇴임 후에는 대학에서 한문학 강의. 1962년 〈한국일보〉 신춘문예 한시 입선, 63년 《시조문학》 '조춘야화사' 발표, 1982년 작품집 『산맥』을 발간했다. 시인으로보다 저명한 한학자, 불교연구가로 경북 지역 학계에 널리 알려져 있다. 1993년에 간행된 『삼국유사의 어문학적 연구』는 30여 년간 연구 논문을 정리한 것이다.

　　　　　　겨울 바다에 서서
　겨울바다, 그건 황량한 폐허지만/ 백발로 서서 멀리 수평을 바라보면/ 여기는 퇴역한 노장군이 꿈을 지킨 싸움터// 쉿, 목소리 갈매기도 환영의 노래 부르고/ 주머니 속 조개껍질은 빛바랜 왕년의 훈장/ 어느 날 누가 또 다시 와서 동상처럼 서 보겠지. (1996년 겨울 화진포에서)

김월준(金月埈, 1937~)

경북 경주 출생. 서라벌 예대, 국제대학 졸업. 1963년 〈조선일보〉 신춘문예 당선. 시조집 『꽃과 바람과』, 『꽃도 말하네』, 『푸른 말 내 닫다』, 시집도 나왔다. 국제펜문학상, 현대불교문학상 수상. 한국시조시인협회 부회장과 고문, 자문위원 역임.

오월의 햇살

오월, 이름만 불러도 가슴이 벅차오르는/ 파랗게 물결치는 청보리 바다 위에/ 유채꽃 노란 향기가 은은하게 흐르네/ 가족이란 꽃으로, 핏줄이란 울타리로// 말없이 다가서는 오월의 햇살 아래/ 모처럼 마음을 열고 젖어보는 기쁨이여// 주고받는 칭찬 속에 정은 듬뿍 익어가고/ 미움도 서러움도 봄눈처럼 녹고 마는/ 사랑이 이런 것인 줄 난, 미처 몰랐었네!

정재호(鄭在琥 1929~)

경북 상주 출생. 호는 지산芝山. 국민대학, 영남대 대학원, 계명대 교육대학원 졸업. 1964년 〈동아일보〉 신춘문예 당선. 상주고교, 함창고교, 원화여고 교사 역임. 한국시조시인협회 회원, 영남시조시인협회 창립 회원. 수필가. 시조집으로 『제3악장』, 『바람 속에서 피는 꽃』, 시집 『마당』, 수필집 『문구멍으로 본 인생』.

그네

밀었다 또 밀리는 인생은 두 줄의 그네
저만치 솟았다가 돌아오면 제자린데

오늘도 안간힘 쓰며 굴러가는 삶이여

류상덕(柳相德, 1940~2017)

　일본에서 태어나 대구에서 성장. 호는 해안解顔. 대구사범학교, 계명대 교육대학원 졸업. 초등학교 교사, 경명여고 교사, 오성중 교장 역임. 1965년 공보부 주최 신인문학상 「백모란 곁에서」 당선, 1969년 〈매일신문〉 신춘문예 「아침 해안」, 1971년 〈서울신문〉 신춘문예 「황국」 당선. 영남시조문학회 회장 역임, 경북문학상, 한국시조협회상, 한국문학상, 이호우시조문학상, 대구시조문학상, 대구광역시문화상(문학부문) 수상. 시조집 『백모란 곁에서』, 『바라보는 사람을 위하여』, 『마지막이라는 말을 하기에는』 등. 2016년 청도시조공원에 「강둑에서」 시비가 세워졌으며, 2017년 유고시집 『그제사 알 수 있었네』.

　　　　　　백모란 곁에서
　그리도 연모하여 빈 뜨락의 고운 표백/ 바람은 꽃망울을 가만 지켜봄을 피우고/ 수유須臾로 달래는 영원 나도 이제 꽃이라네.// 사바의 속된 인업因業 눈이 외려 시리구나/ 현궁弦弓에 바람 떨 듯 울먹이는 나의 계면界面/ 달 뜨는 적막을 밟고 합장도 머언 열반이여.

김장수(金章洙, 1926~1977)

　경북 군위 출생. 대구대 법과 졸업. 능인 중 고등학교 교사. 서적상 경영. 58년 전국백일장에서 시조 「한산도」 입선, 1965년 《시조문학》 「맥령麥嶺」을 발표하면서 '낙강' 동인으로 활동.

　　　　　갈대

　뭍에도 못 오르고 강심에도 못잠기고/ 갯벌에 자리하여 진흙에나 박혔다가/ 가는 달 외밝은 밤에 그림자나 띄우자.// 물새도 숨어버린 해 저문 강나루에/ 어스름 타 흐르는 여울이나 지었다가/ 버들녘 쇠잔한 바람을 몸으로나 울리자.// 몰리고 비벼대고 살아가는 세상 밖에/ 티 없는 세월이야 강물로나 흘려두고/ 그 깊이 삿대를 찔러 뗏목이나 보내자.

　● **유안진(柳岸津, 1941~)**

　경북 안동 출생. 서울대, 미국 플로리다 대학교 박사. 1965년 《현대문학》 등단. 시집 『달하』, 『구름의 딸이요 바람의 연인이어라』, 『다보탑을 줍다』, 시선집 『세한도 가는 길』, 산문집 『지란지교를 꿈꾸며』, 한국시인협회상, 정지용문학상, 소월문학상특별상, 목월문학상, 윤동주문학상 수상. 서울대 명예 교수. 대한민국예술원 회원.

　　　　　구석자리
　아무 때나 와서 오래 머물수록 자랑된다고
　특별히 비워 둔 로얄석 VVIP 자리
　세상의 한복판자리 우주의 으뜸자리

　● **김종윤(金鐘潤, 1945~)**

　경북 의성 출생. 대구교육대학 수학, 교육대학 재학시절인 1963년 《시조문학》지에 「보릿고개」 추천, 1966년 〈중앙일보〉 신춘문예 시조

「여명」 당선. 대구일보와 대구경제신문 기자, 도서출판 '흐름사' 창업 경영. 영남시조문학회 창립 회원. 한국문협 경북지부 임원과 영남시조문학회 회장을 역임했다. 시조집으로 『되감기는 고요처럼』, 『가을강 아스라하니』. 금복문화상 수상.

지는 꽃

바람에 하르르 저도 아, 고운 너와 더불어/ 여지껏 내 가슴엔 웃는 듯 어리던 빛이/ 지금은 두 눈시울에 하나 가득 비치누나// 한 생애 무게만큼 애증도 불을 켜면/ 아, 낙화란 것도 그 떨어진 죄가 아니여/ 스스로 충만한 것을 뉘우치게 하는가// 먼 먼 외진 봄이 하염없이 내리는 뜰에/ 글썽한 눈물을 이고 고개 숙인 나의 숙아/ 어스름 노을이 진다 이제 우리 돌아가자

김시종(金市宗, 1942~)

경북 문경 출생. 호 영강穎江. 안동교육대학 졸업. 중등교사 자격 검정을 거쳐 초등학교와 중등학교 교사 교장 역임. 1967년 〈중앙일보〉 신춘문예 시조 '도약' 당선. 현대경제일보 기자, 한국문인협회 문경지부장 역임, 《백화문학》 창간 12집까지 간행, 도천문학상 제정. 경북문화상(문학부문), 문경문화상, 노산문학상 수상. 시집 『오뉘』, 『청시』, 『불가사리』, 『보랏빛 목련』, 『삶의 의미』.

도약

핼쑥한 반달에 살푸시 핏기 돌아/ 해으름 고가 지붕 박꽃 싱긋 벌면/ 두 눈 큰 개구리 한 마리 언덕 위에 도사린다// 물 아래 욕된 제 그림

자 산만한 짐승 부러워/ 몸부림 몸부림쳐도 부풀 수 없는 슬픈 꿈/ 내일의 승화를 위해 천 길 벼랑을 띈다.

김승규(金承奎, 1939~)

　대구 출생. 본명 김명길. 대구사범학교 졸업. 경북대 사대 국문과 수학. 동아출판사 등에서 30여 년간 근무. 1968년 〈중앙일보〉 신춘문예 시조「박」, 1970년 〈동아일보〉 시조「산조」와 동요「꽃씨」 당선. 시조집으로『흔적』,『이후의 흔적』, 동시조집『까치네 이층집』.

　　　　돌담
　발돋움하면 분이 얼굴 보조개도 보일 만큼
　분이 아버지 호랑이 얼굴 살금살금 가릴 만큼
　뻐꾸기 신호 소리는 무시로 넘나들 고만큼

김원각(金圓覺, 1941~2016)

　경북 칠곡 출생. 본명은 영율永律. 불교전문강원 대교과 졸업. 도피안사 주지, 동국대 역경원 위원을 지내고 환속 현대시학사, 금성출판사 근무. 1968년 〈대한불교신문〉 신춘문예, 1972년 〈동아일보〉 신춘문예 당선. 시조집으로『못 다 부른 정가』,『허공 그리기』,『어느 날의 여행에서』,『민박』,『달팽이의 생각』 등. 그 외 불교 관련 저서. 만해문학상, 정운시조문학상, 중앙시조대상, 고양시문화상 수상.

　　　　남해 보리암에서

소원 따위는 없고, 빈 하늘에 부끄럽다
이 세상 누구에게도 그리움 되지 못한 몸
여기와 무슨 기도냐 별 아래 그냥 취해 잤다.

장정문(張正文, 1936~2019)

경북 김천 출생. 호는 천곡泉谷. 동아대 국문과 졸업. 김천간호고등, 성의고등, 김천고등학교 등에서 교편을 잡았다. 1968년 〈신아일보〉 신춘문예 시조 「석굴암 대불」이, 〈매일신문〉 신춘문예 당선. 시조집 『두메꽃』, 『낙동강』.

낙동강

　내 고향 남쪽 하구 보라 물결 열려오면/ 온 하늘 바람타는 미루나무 까치집 하나/ 낙동강 노을 칠백리 등불되어 흔들린다.// 종다리 높이 오른 저 동녘 하늘가에/ 농부는 사래 긴 밭 새 아침을 씨 뿌리면/ 낙동강 봄빛을 싣고 돛배 하나 떠간다.//어릴 제 던진 탈매 세월 속에 잊고 살 듯/ 미움도 또 고움도 다 흐른 강변이라/ 낙동강 굽굽이 돌아가며 찔레꽃은 피는가.

류제하(柳齊夏, 1940~1991)

경북 안동 출생. 본명 중하重夏. 경희대학교 국문과, 홍익대학교 대학원 졸업. 도서출판 성문각, 민중서관, 금성출판사 등 근무. 1969년 《시조문학》 천료. 1973년 〈중앙일보〉 신춘문예 당선, 1986년 〈경향신문〉 신춘문예 평론 '어둠의 미학' 당선. 한국시조시협회상, 가람시조문학상 수상. 생전에 시조집을 내지 않았으나 1992년 1주기를 맞아 시조시인인 부인 진복희 시인에 의해 유고 시조집 『변조』 발간.

변조 48

한 여자가 손바닥에 묻은 어둠을 닦고 있다/ 귀밑머리 술렁이는 타인을 자르면서/ 묻어 둔 옛날 얘기를 눈썹에다 그린다// 무너지는 소리들이 밤마다 가슴 헐어/ 빈 들에 빈 하늘에 바람으로 섰다가/ 돌아와 옷을 벗으면 전신으로 돋는 날개

박시교(朴始敎, 1945~)

경북 봉화 출생. 독학으로 시작에 입문. 1970년 〈매일신문〉 신춘문예 시조 당선, 같은 해 《현대시학》 추천 완료. '현대율' 창간 동인 참여, 추계예술대학 문예창작과 출강. 《천재교육》 편집국장, 계간 《유심》 주간. 제1회 오늘의 시조문학상, 중앙일보 시조대상, 이호우시조문학상, 가람시조문학상, 고산문학대상, 유심작품상 수상. 시조집으로 『겨울강』, 『가슴으로 오는 새벽』, 『낙화』, 『독작』, 『아나키스트에게』, 『지상에서 가장 아름다운 이름』.

지상에서 가장 아름다운 이름

그리운 이름 하나 가슴에 묻고 산다
지워도 돋는 풀꽃 아련한 향기 같은
그 이름 눈물을 훔치면서 뇌어본다 어—머—니

황순구(黃淳九, 1934~)

경북 영주 출생. 동국대 국문과, 연세대 대학원 졸업. 1970년 〈한국일보〉 신춘문예 「꽃의 내용」 당선. 서라벌 예대, 중앙대, 경기대, 등 강사 서일전문대 교수 대전대 교수. 한문학과 시조에 관한 여러 편의 논문이 있다. 시조집으로『갈기에 꿈은 고여』, 시집『꽃이 피는 저녁』등이 있고, 제1회 현대시조문학상 수상.

꽃이 피는 저녁

꽃잎 그 가장자리에 열리는 하늘/ 빛이 고이면서 날개는 하늘을 덮네/ 차갑게 움츠리다가 문득 피는 그리움.// 산을 따라 가다 강에서 바람을 따네/ 층층히 솟아오르는 저 청선青線빛 기둥/ 내 안에 불씨를 챙겨 봄이 차게 춤추다.

석성우(釋性愚, 1943~)

경남 밀양 출생. 1963년 팔공산 파계사로 출가. 호 초설다인草雪茶人. 불교전문강원 졸업. 1970년《시조문학》추천. 1971년 〈중앙일보〉 신춘문예 당선. 승려 시인. 파계사 회주, 중앙승가학원 원장, 불교텔레비젼 방송국 회장. 무상사 회주, 조계종 전계대화상에 추존. 시조집『산란』,『연꽃 한 송이』,『선시』,『화엄의 바다』, 선집『석성우 시전집』. 외 수행과 포교를 위한 저서 다수. 정운시조문학상과 한국차문화학술상, 초의차문화상, 명원차문화상 등 수상.

선시 17

이 세상 오기 전에 나의 모습 어땠을까

사바를 여의고 그 어디로 갈거나
봄볕에 작설차 달여 돌미륵에 올리렴.

김시백(金時百, 1935~)

　경북 안동 출생. 호는 추강秋江. 총회신학교 본과, 총신대학교 신학부, 목회 신학원 졸업. 1968년 목사 안수, 초, 중 교사 신학교 교수 역임. 1971년 《시조문학》 천료. 영가시조문학회 회장, 한국문인협회 안동지부장, 한국크리스천문학가협회 시조분과위원장, 한국시조시인협회, 영남시조문학회 창립회원.

　　　　　모과
하나 둘 잎이 지듯 잃어가는 박정薄情 속에
옛 어른 어진 풍도 은혜인 양 배웠다가
덤덤히 저리 넉넉히 불 밝히는 정성이여

박상륜(朴相崙, 1940~2012)

　경북 월성 출생. 호 주운朱雲 또는 불구름. 경북대학교 사범대학 국어교육과, 계명대학교 교육대학원을 졸업. 하동종고, 울산공고, 거제종합고교, 대구입석여중 등에서 교사. 1971년 《시조문학》 천료. 시조집으로 『추국』, 『장자의 하늘』, 『박상륜시조전집』.

　　　　　추국
찬서리 된바람에 법열로 자란 목숨/ 긴 사연 싸늘히 띄워 안으로만

진통하다/ 도파온 의식의 층계 어머님의 그 묵시// 목마른 사랑의 영토 불야성의 십자간데/ 꽃시절 외면한 네 슬픈 발자욱들/ 불웃음 절절한 다정 만향 길을 트는가

김월한(金月漢, 1934~)

경북 문경 출생. 대구사범학교 졸업. 1971년 전국시조공모전 국회의장상 수상. 1972년 〈조선일보〉 신춘문예 당선. 시조집『솔바람소리』외 평설집『현대시조의 어제와 오늘』,『엠 아이 지』, 수필집『길을 가며 생각하며』출간. 제7회 현대시조문학상을 수상.

솔바람 소리

솔바람 소리는 푸른 등불 다는 소리/ 밤새도록 칭얼대는 바다 물결 재우다가/ 청솔밭 잔가지에 와선 머리 빗질하는 소리// 하늘 물빛 다 불러온 솔숲 바다 물결 위에/ 지금쯤 머얼리서 고운 노랠 싣고 오나/ 하나둘 금빛 나래를 퍼득이는 저 소리

김종(金鍾, 1938~)

일본 아이치현 출생 (경북 의성). 본명 김종목金鍾穆. 대구사범 본과 졸업. 초 중등 교직. 1964년 〈매일신문〉 신춘문예 동화, 1972년 〈중앙일보〉 신춘문예 시조, 1983년 《현대문학》 시 천료 등단. 시조집『무위 능력』외 동시집, 동화집, 시집 등.

석류 4

잘 익은 가을이 알알이 박혀 있다
바람이 지나는 아슬아슬한 길목에서
순식간 팍! 터져버린 저 핏빛 수류탄.

김남환(金南煥, 1933~2020)

경북 김천 출생. 김천여고, 이화여대 졸업. 1972년 《월간문학》 신인상 당선. 송강시조문학상, 동포문학상 우수상, 정운시조문학상, 이호우시조문학상 수상, 한국문인협회 시조분과 회장, 한국여류시조문학회 초대 회장, 한국시조시인협회 회장, 한국문인협회 부이사장 역임. 시조집 『시간에 기대어 흐르는 사랑을 듣네』, 『황진이와 달』, 『가을 바라춤』, 『이차돈의 강』.

이차돈의 강

이 저승 넘나드는 장군봉은 보았을까/ 죽어서 꽃을 피운 이차돈의 푸른 화두話頭/ 서라벌 장천長天을 누빈 새벽달은 보았을까.// 무시로 범람하는 강물을 이끄시며/ 무지개 둘러놓고 어루만진 빈 하늘을// 빛부신 연꽃을 들고 날마다 환생한다.

박옥금(朴玉金, 1927~2005)

경북 청도 출생. 대구대학 졸업. 밀양 산외초등학교, 안동여중 교사, 서울시 가정 상담원 근무 이후 개인 사업. 동향의 이영도 시인을 사사하여 1972년 『탑』을 발간하며 문단에 나왔다. 시조집으로 『한생 피는 뜻은』, 『생활의 서』, 『도농리 가는 길』, 『저 하늘 끝에 살아도』, 『은하의 가을 소식』, 『가지산을 넘으며』가 있으며, 에세이 집 『여자의 강』 등. 한국시조문학상, 정운시조문학상, 노산문학상, 가람시조문학상 등 수상.

            난
 칼처럼 곧은 잎이 생각다가 휘어졌나/ 한 생 피는 뜻은 하늘이 타는 빛깔/ 높아서 외로운 정이 내 강산을 물 들이네.// 돌 틈에 뿌리를 묻고 우러른 꿈이었나/ 숱한 비바람에 부시도록 닦은 몸매/ 만리 먼 노을에 띄운 너 슬기여 향훈이여.

이경안(李炅晏, 1943~)

 경북 김천 출생. 본명 이동현李東鉉. 1958년 내장산 입산, 범어사 대교과 졸업. 김천 관음사, 금릉 계림사 주지로 있다가 환속. 김천 성의여고, 김천 중고교에서 교사로 재직. 1972년 〈매일신문〉. 신춘문예 「산창조춘山窓早春」 당선, 같은 해 《시조문학》 천료. 저서로 『어떤 나무』, 『하산하는 언어들』, 『밤비 차라리 소나기 되어라』 등.

            9월의 나무들
 풀벌레 한 울음에 새벽 그도 눈 흘기고/ 그 모두 천심의 연유 섭리 따라 벗을 수밖에/ 한아름 정을 사루면 북천 저쪽 우는 후조.// 분수처럼 내뿜는 그 연연한 생명선도/ 육열肉裂의 아픔 속에 피멍든 계절이기/ 이제는 보관寶冠도 벗고 연륜밖에 서고 싶다.

이지형(李知炯, 1942~)

경북 상주 출생. 호는 동림東林. 월간《범성梵聲》,《여성불교》,《불교》 등의 편집 담당. 1973년《월간문학》신인상 시조부에 입상한 이후《소년중앙》동시 당선,「문화공보부」, 소설 당선.《시조문학》에「불길」천료 등으로 문단 활동 시작. 작품집으로 자유시, 동시, 시조가 함께 수록된 시집『비둘기 숲』, 동화. 우화집인『빛 밭에 마음 밭에』가 있다.

   민들레 꽃씨
하늘 훨훨 날아가는 사랑의 어린 날개
속속들이 쌓인 정은 영혼을 모두 채워
님의 곁 가까이 앉아 웃음을 엮고 싶다.

정표년(鄭杓年, 1946~)

경북 달성 출생. 1969년《여원》여류신인상 '너 앞에' 당선. 1973년《현대시학》시조「설일」이 천료. 제1회 민족시가대상, 제20회 대구시조문학상 수상. 시조집『말 없는 시인의 나라』,『산빛 물빛 다 흔들고』,『신의 섬으로 가서』,『수화로 속삭이다』, 산문집『작은 창으로 본 세상』.

   봄 오면
봄이 오면 고맙더라 눈물나게 고맙더라/ 천천히 몸 일으키는 앞산을 보는 것도/ 꽃보다 먼저 찾아와 햇살 푸는 새떼들도// 새 속잎 갈아입고 떡잎 슬쩍 밀어 내듯/ 하늘 아직 나직해도 맑은 소리 높이 뜨고/ 한때는 버리고 싶었던 세월까지 고맙더라

박정숙(朴正淑, 1941~)

일본 시즈오카 출생 경산에서 성장. 호는 지야芝野. 신명여고 졸업. 1974년 〈한국일보〉 신춘문예 「한지」 당선, 1982년 〈조선일보〉 신춘문예 동시, 1983년 〈경향신문〉 신춘문예 시 당선. 1984년 제3회 계몽사 어린이문학상을 수상. 남편인 시조시인 김종과 공동 시집으로 『당신을 풀꽃이라 이름했을 때』 발간.

개화 – 청매곁에서

벙그네, 아슴아슴 속살처럼 부끄럽네/ 살폿 치든 눈망울이 으늘으늘 눈부시네/ 가만히 봄 여는 소리에 온 우주가 귀를 쏟네/ 숨죽인 바람 위에 한 잎 한 잎 수를 뜨네/ 소리 없는 선율로 향롯불 사르듯이/ 몸과 맘 다 바치어 빚네 이 내 몸도 벙그네

정재익(鄭載益, 1930~2014)

경북 청송 출생. 호는 치운致雲. 안동사범 강습과 졸업 초등학교에 재직하다가 목재소를 경영함. 1974년 시조집 『무화과』 출간 문단에 나옴. 영남시조문학회 회장, 한국문협 대구지회장, 한국시조시인협회 부회장 역임. 시조집으로 『가지에 걸린 지등』, 『팔공산 가는 구름』, 시조선집으로 『산자수명』, 산문집으로 『치운산고』, 정운시조문학상, 대구광역시 문화상, 한국시조시인협회상, 한국문학상 등을 수상하였다. 2013년 고향 청송 약수공원에 「겨울바다」를 새긴 시비가 세워졌다.

산란

벼랑 끝 바람 자면 율 고르는 조선 선비

네 있어 환한 사창紗窓 생각은 백자로 앉고
신운神韻에 떨리는 잎새 향마저도 정일품.

권도중(權度重, 1950~)

경북 안동 출생. 대구상업고등학교, 서울문화예술대학교 한국언어문화학과 졸업. 중앙대 예술대학원 문학예술학과 수료. 경희사이버대학교 문화창조대학원 미디어문예창작전공 졸업. 무역회사 및 건설회사 근무. 이영도 시인을 사사하여 1974년 《현대시학》 천료. 시조집 『네 이름으로 흘러가는 강』, 『낮은 직선』, 『비어 하늘 가득하다』, 시조선집 『세상은 넓어 슬픔 갈 곳이 너무나 많다』. 자유시집 『혼자 가는 긴 강만으로는』. 2015년 '한국문학백년상' 수상.

         벚꽃과 목련 사이
그대 벚꽃으로 온다 나는 벌써 목련이다
벚꽃과 목련 사이 지나가는 우리 같아
아무 일 아니었는 듯 화안한 꽃 속이다.

김상형(金相亨, 1924~2003)

경북 청송 출생. 호 동산東山. 대한장로회 신학교 신학과 졸업. 초등교장 정년 퇴임. 1975년 《시조문학》 천료. 시조집 『십자가』, 『사모곡』, 『삼국기』, 『아침에』 외에, 에세이집 『밝아오는 내일』. 한국문인협회원. 영남시조문학회 제12대 회장 역임. 한국기독교문학상 수상.

추음秋吟
비바람 찬 서리도 두 손으로 받아 모아
나뭇잎 황홀한 계절의 시를 쓰면
가을은 휘파람 불며 뜰 앞에 다가서네.

김세환 (金世煥, 1946~)

경남 밀양 출생. 대구에서 활동. 영남대학교 졸업. 신라문화제 시조 장원. 1975년 〈매일신문〉 신춘문예 시조 당선. 1978년 《시조문학》 천료. 대구남산고등학교 시조 동아리 '한얼', '올제' 지도, 동인지 발간. 시조집 『가을은 가을이게 하라』, 『산이 내려와서』, 『어머니의 치매』, 『깨어 있는 사람에게』, 『돌꽃』, 『가을보법』. 한국시조문학상, 대구시조문학상, 한국시조시인협회상, 한국동서문학민족시 진흥상, 대구문학 작가상, 도동시비문학상 수상. 2019년 도동시비공원에 시비가 세워졌다.

들숨 날숨
한 번 들숨이면/ 풀꽃으로 술렁이다
편한 날숨 따라/ 그 바다에 젖던 휘파람
거친 숨/ 서툰 시 몇 구절/ 그마저도 소중한 날.

조영일(趙榮一, 1944~2023)

경북 안동 출생. 안동대 행정경영대학원 졸업. 1975년 《시조문학》 천료. 《월간문학》 신인상 입상. 한국시조시인협회 부이사장, 문인협회 안동지부장, 이육사문학관장 역임. 경북문학상, 한국문협작가상, 이호우시조문학상, 대구시조문학상 수상. 시조집『바람길』,『솔뫼리 사람들』,『마른 강』,『시간의 무늬』외 산문집『문학의 현장』.

　　　　감꽃
아무리 밤이 길어도 잠이 모자랐다
그런 밤 지새고 나면 뜰에 감꽃이 졌다
하얗게 내려 아프게 발에 밟혀 들었다.

박영교(朴永敎, 1943~)

경북 봉화 출생. 아호 와남. 안동교대, 중앙대 사범대학, 고려대학교 교육대학원 졸업. 1975년《현대시학》3회 천료. 중앙시조 대상 신인상, 경북문학상, 민족시가대상, 시조시학상, 한국문협작가상 수상. 경북문인협회장, 한국사설시조포럼회장 역임. 시조집『가을 우화』,『겨울 허수아비』,『숯을 굽는 마음』,『창』,『징』,『우리의 인연들이 잠들고 있을 즈음』, 시집『사랑이 슬픔에게』, 평론집『문학과 양심의 소리』,『시와 독자 사이』.

　　　　울릉도 8
그대 사랑을 모르거든 가슴을 앓아 보아라
그대 눈물을 모르거든 외로움을 알아 보아라
진실로 그리움 모르거든 절도絶島 멀리 앉아 보아라.

이상롱 (李相龍, 1934~ 2019)

경북 청송 출생. 호는 솔뫼. 한사대, 영남대 경영대학원 졸업. 가람출판사, 가람사진연구소 운영. 1975년《시문학》시조 천료, 〈경향신문〉신춘문예 동시 당선. 크낙새 시조동인 회장 역임. 저서로 동시조집『소나무골 아이들』, 관광 안내집『주왕산과 약수탕』등.

단풍
그 정열 고이 심어 봄 여름을 가꿔놓고
늦가을 서리발에 붉다 못해 피로 맺혀
끝내는 10월 산천에 토해 놓은 이 각혈

민병도(閔炳道, 1953~)

경북 청도 출생. 호 목언(木言, 木隱). 영남대학교, 동 대학원 졸업. 1976년〈한국일보〉신춘문예 시조 당선. 이호우 이영도 기념사업회 운영, 계간《시조21》발행. 국제시조 이사장. 한국문인협회 시조분과 회장, 대구시조시인협회장, 청도문인협회장, 한국시조시인협회 이사장, 청도예총회장, 대구문협 경북문협 부회장 역임. 정운시조문학상, 대구시조문학상, 중앙시조대상, 가람시조문학상, 한국문학상, 금복문화상, 김상옥시조문학상, 외솔시조문학상, 유심작품상 등 수상. 시조집『설잠의 바들피리』,『숨겨둔 나라』(자유시),『청동의 배를 타고』,『원효』,『들풀』,『장국밥』,『노을이 긴 팔을 뻗어』(동시조집),『부록의 시간』외 2023년 스무 번째 시조집『고요의 헛간』. 번역시조집『청동물고기』(일역),『들풀』(중역) 평론집『형식의 해방 공간』,『닦을수록 눈부신 3장의 미학』,『비정형의 정형화』, 수필집『고독에의 초대』,『꽃은 꽃을 버려서 열매를 얻는다』, 2022년『민병도 문학앨범』이 나왔다.

삶이란

풀꽃에게 삶을 물었다/ 흔들리는 일이라 했다
물에게 삶을 물었다/ 흐르는 일이라 했다
산에게 삶을 물었다/ 견디는 일이라 했다

이기라(李起羅, 1946~)

　경북 상주 출생. 본명 동수東洙. 영남대 졸업. 1975년《월간문학》신인상 입선. 1976년《시문학》천료. 삼장시 동인. 중앙시조대상 신인상, 현대시조문학상, 중랑문화예술인상, 중랑문학인 대상, 서울시문학상 대상을 수상했으며, 중랑문인협회장 역임. 시조집『꿈에 꾼 꿈』,『지푸라기 한 줌』,『그래 봤자』.

접시

몸을 낮추니 마음이 넓어지고
마음이 넓어지니 품을 게 많아진다
품어서 넉넉한 둘레 누릴수록 여유롭다.

김이주(金理柱, 1941~1978)

　경북 달성 출생. 영남대학 문과대학 졸업. 1977년〈매일신문〉신춘문예 시조「적寂」이 당선되어 문단에 나옴. '낙강' 동인으로 활동하다 일찍 세상을 등졌다.

적寂

인경소리 이우는 날은 옷자락에 이는 물소리/ 부챗살로 번진 가락 나뭇등걸 속살에 묻혀/ 그토록 접어둔 날에 실려 오는 하이얀 빛.// 감은 눈언저리에 연잎으로 돋는 꽃등/ 적적히 고개 돌려 돌아앉은 영嶺 너머에/ 연초록 꿈을 풀면서 흘러가는 여울소리.// 청잣빛 일렁이는 내안內岸의 유역 위에/ 낱낱이 빛 물결로 돌아드는 어린 나날/ 바람도 세월에 닿아 풀잎으로 돋는다.

김몽선(金夢船, 1940~2014)

경북 울릉 출생. 대구사범학교, 한국방송통신대학 초등교육과 졸업. 초등교육에 일생을 바쳤다. 1977년《월간문학》신인작품상에「가을 오후」가 당선되어 문단에 나왔다. 아동문학에 관심을 가져 동시조를 많이 창작했으며 대구아동문예연구회 회장 역임. 윤동주문학상, 한국시조문학상, 대구시조문학상 수상. 시조집『한지. 냉이꽃 하얀 이마』,『쓸쓸해지는 연습』,『덧칠』, 시조평론집『여백과 공감의 시학』, 유고시집『먼 소식』이 있다.

추일
꽃잠자리 날개 새로 하늘이 와 머무는 곳
강물은 하이얀 꼬리 산그늘을 치다가는
빛바랜 연륜의 늪에 갈대숲이 타오른다.

박희성(朴喜盛, 1943~)

경북 상주 출생. 농림수산부 등 공직생활 정년 퇴직. 1963년〈충청일보〉 신춘문예 시, 1977년《시조문학》천료. 시조집 『달을 쳐다 본 죄』.

정情

바람이 돌아서며 봄볕을 건네준다
꽃 볼 생각 말라 하고 도랑에 손 씻는다
만남 뒤 가슴앓이도 정이란 걸 알란다.

황명륜(黃明輪, 1948~)

충남 논산 출생. 본명 의동義東. 동국대 행정대학원 졸업. 불가에 귀의했다가 환속. 1977년《시문학》시조「백자만창白瓷卍窓」천료. 한국예총 김천지부장, 한국문협 김천지부장 역임. 김천시문화상, 한국예총예술문화상 수상. 한국화가. 대한민국 정수대전 초대작가. 작품집, 설화집 『신앙문』, 시집 『공지에 서서』, 시화집 『백지 위에 꽃눈을 놓고』, 시조시화집 『추풍령을 넘으며』, 수필집 『목어의 울음』, 『길을 묻는 사람』이 있다.

청산별곡

반쯤 지운 낮달 하나 그 나마도 꺾인 하루/ 한 번 쯤 가슴을 풀고 산천이나 보아라/ 수선한 마음이걸랑 접동이나 울려라.// 반 누운 소나무와 휘어진 단풍 가지/ 깊은 골 들어 앉아 영주領主되어 사는 모습/ 한 세상 눈 딱 감아선 바위틈을 보아라.

조주환(曺柱煥, 1946~)

경북 영천 출생. 호는 백악白岳. 1976년 《월간문학》신인상 가작, 1977년 《시조문학》에 「대왕암」 천료. 비화문학회 창립, 한국문인협회 경북지회장, 영남시조문학회장, 맥시조문학회장 역임. 중앙시조대상 신인상, 한국시조시인협회장상, 시조시학상, 경상북도문화상 수상. 공저로 『경북문학 100년사』, 시조집 『길목』, 『사할린의 민들레』, 『독도』, 『소금』.

소금 1

살아 푸르게 끓던 피와 살은 다 빠지고
깨진 유리조각 같은 저 투명한 물의 뼈가
마지막 지상에 남아 혼의 불로 타고 있다.

신현필(申賢畢, 1955~)

경북 문경 출생. 안동교육대학 졸업. 1978년 《시조문학》 천료. 동시조 창작과 보급에 큰 관심을 기울였다.

강

 나는 지금 여기 있고 너는 지금 거기 있고/ 가난한 마음이면 같은 소리 들릴테고/ 두 마음 같잖을 때는 슬픔으로 나리라.// 돌아보는 눈빛 타고 미움조차 곱게 흘러/ 세월처럼 외곬으로 역류할 수 없는 이 삶/ 가슴과 가슴을 비면 너 나 없는 강이어라.

김양수(金良洙, 1938~)

경북 금릉 출생. 호 운강云崗, 목원牧園. 고려대학교 영문과, 경북대 교육대학원, 건국대학교 대학원 졸업. 안동대학교 사범대학 교수 역임. 1978년 〈조선일보〉 신춘문예 당선. 영남시조문학회장 역임. 시조집 『메아리』, 『석등』.

매화사梅花詞

삼동三冬이 매서워도 말이 없던 저 기품氣稟/ 휘어진 등줄기에 인고의 업보를 지고/ 저만치 안개 낀 산하를 미소로 돌아보나.// 노도怒濤같은 한 세월을 꺾어 넘긴 그 의지로/ 한사寒士의 고절孤節마저 눈 속에 삭혀 내어/ 기어이 옹이진 마디에 흰 등불을 달았구나.

조동화(曺東和, 1948~)

경북 구미 출생. 영남대학교 졸업. 킹제임스성경신학대학 졸업. 목회자로 경북성경침례교회 담임목사. 1978년 〈중앙일보〉 신춘문예 당선. 〈조선일보〉, 〈부산일보〉 신춘문예 동시, 시 당선. 중앙시조대상신인상, 경북문화상, 이호우시조문학상, 유심작품상, 김상옥시조문학상 수상. 한국문협 경주지부장 역임. 계간 《시조 21》 편집위원. 시조집 『낙화암』, 『산성리에서』, 『처용 형님과 더불어』, 『강은 그림자 없다』, 『낮은 물소리』, 『눈내리는 밤』, 『고삐에 관한 명상』, 『쥐똥나무 열매만한 시들』. 시집 『나 하나 꽃 피어』 등.

뻐꾹뻐꾹

사월 아침 어디선가 쑥꾹새 문득 울면/ 열려오는 눈물 바다 산이 들이 다 잠기고/ 한나절 나도 잠기는 뻐꾹뻐꾹 그 깊이// 회상의 두레박은 설운 것만 길어 올려/ 잊어온 그 중에도 소중했던 사랑 하나/ 아리히 가슴에 쏟는 뻐꾹뻐꾹 그 아픔

최기호(崔基灝, 1918 ~2012)

경북 경산 출생. 호는 휴산休山. 경희대학교 4년 중퇴. 〈매일신문〉 지방부장, 불교신문 논설위원, 새마을금고 경북 사무국장, 흥사단 경산 분회장 역임. 1978년 《현대시학》 천료. 시집 『지명을 보며』, 『불타여 남은 날들을』, 『광화문 거리에 서서』, 『내 아들 딸들이 눈물 속에』, 『님은 사랑인가 당신이여 조국이여』, 『단사斷辭』 등 모두 26권의 시조집을 남겼다.

광화문 거리에 서서

일찍이 내 조국은 풀뿌리도 못 자랐네/ 뺏겨서 굶어 죽고 끌려가 맞아 죽고/ 봄마저 씀바귀 같은 〈조선독립선언문〉.// 음 이월 봄기운조차 다 앗아간 왜인倭人이기/ 뉘우침 한 번 없이 새로 맞은 삼십 육년/ 툭하면 독도獨島를 물고 그 심보를 앓는다.

김석근(金石根, 1949~)

경남 거창 출생. 호는 찬솔. 대구교육대학과 영남대 국문과 졸업. 하양여고 교장으로 정년. 1975년 《소년》 지에 동시조 3회 천료. 1977년 전국시조백일장 입상 후 영남시조문학회 회원으로 문단 활동 시작. 서예가. 하양여고 '달메' 시조 동인 지도. 《시하늘》 발행인. 육필 시집 『솔

가지에 걸린 달』.

　　　　살아가며 더러는
　약간은 남겨놓고 채울 줄을 알아야지
　살아가며 더러는 비울 줄도 알아야지
　채운 것 다 비워 주고 웃을 줄도 알아야지.

김용태(金龍泰, 1946~)

　경북 영덕 출생. 부산대학교 교육대학원, 부산대학교 대학원 수료. 1979년《현대시학》천료. 부산시조문학회 회장, 한국시조시인협회 회원, 한국문인협회회원. 시조집『한가람 물빛 여백이』,『거품에 대한 명상』,『경계를 거닐다』, 성파시조문학상 수상.

　　　　소나기
　허공을 휘익 가르며 번갯불이 스쳐간 후
　하늘이 빗장을 열고 주장자를 내려치더니
　한여름 자연 법석法席에 물 법문法門을 쏟아 부었다.

제갈태일(諸葛泰一, 1942~2020)

　대구 출생. 대구교육대학, 경북대학교 졸업. 포항제철중학교 교장, 포스코 교육재단 이사,〈경북일보〉편집위원 역임. 1979년《시조문학》천료. 최초의 사설동인지『간이역에서』발간. '한' 문화 연구회 창립 회장 역임. 경상북도 문화상 수상. 시조집『노을에 관한 기억』,『항아의 마당놀이』, 그 밖에 『영일만의 철인들』, 『만들어가고 있는 나라』, 『깨어있는 민족』 등.

　　　　　왕피천을 지나며
 뜨거운 입술로 부서지는 바다 눈빛이여//왕피천 은어떼들이 푸른 깃발로 몰려와 공룡이 되어 공룡의 몸짓이 되어 꿈틀거리다 휘청거리다 바위가 부서지고 달빛이 난도질당하다가 마지막 너의 눈빛까지 앗아간 파도여, 당혹함이여// 오늘도 한 점 야윈 바람 바람 같은 넋이어라.

권오신(權五信, 1946~)
 경북 안동 출생. 안동교육대학교 졸업. 초, 중등학교 교사 재직. 1979년 《시조문학》 천료. 민족시 백일장, 《샘터》 시조상 수상. 경북문협 이사, 안동문인협회 회장, 시조집 『네 생각』.

　　　　　4월의 꽃밭에서
 활활 타오르거라 이글이글 불길이거라/ 봉오린 채 지고만 그 젊은 넋들이/ 돌아와 한 송이 꽃 부활하는 이 4월// 그날 하늘을 울리고 지축을 흔들던 함성/ 끝내 먼 봄볕을 불러 뜨겁게 산하를 데운/ 그 선혈 낭자한 자리 꽃이여, 활활 타 올라라.

이영지(李英芝, 1941~)
 경북 영주 출생. 본명 이영자. 명지대학교 대학원 박사과정 이수. 서울 기독대 철학 박사 졸업 후, 목회자 1979년 《시조문학》 천료 등단.

시조집 『행복의 순위』, 『하오의 벨소리』, 등. 저서 『이상시 연구』, 『한국시조문학론』, 전자수필집 『행복에 대하여』.

   첫사랑 강
 첫 사랑 그를 보려 사랑 배 돛을 달면
 나무는 절을 하고 햇님은 빨간 깃대
 뱃사공 힘이 솟아라 첫사랑 표 신난다

전태규(錢泰圭, 1942~)

경북 문경 출생. 호는 월천月泉. 춘천교대, 원주대학 졸업. 1979년 《시문학》 천료, 1980년 《시조문학》 천료. 시집 『달빛에 누워』, 『유치한 사랑법』, 『서랍을 정리하며』, 시조집 『바람앞에서』. 강원시조문학상, 한국불교문학 작가상, 강원아동문학상, 강원문학상 수상.

   고향 바다
 채울 듯 허허함을 등대불과 지새운다/ 모래의 촉감만이 생생하게 저려오고/ 기우는 은하 저 편에 어머님은 계시는가.// 월광에 머리칼이 윤이 나게 젖던 소녀/ 지금은 이 물소리로 그 음성이 들려오고/ 돌처럼 의연한 듯이 깎여 나는 밤 가슴.

정해원(丁海元, 1947~)

경북 청도 출생. 호는 눌하訥河. 한국방송통신대학 졸업. 부산 일신, 동진제강 근무. 1979년 《시문학》 천료. 시조집 『이 찬란한 아침에』,

『산길을 걸으며』, 『소실점』, 『빙하기』, 『시냇물과 종이배』(동시조집), 『겨울 밤』(시조와 하이쿠 시집) 등. 성파시조문학상. 낙동강문학상 수상.

가을밤

가을밤 그 적막을 바람이 휘젓는다
고독은 베갯잇에 눈물로 떨어지고
냉기는 뼈에 사무치는데 유리창도 따라 운다.

● **하영필(河榮弼, 1926~2023)**

경남 거창 출생. 호 월주月州 또는 원정園丁. 경북 지역 초등학교 교장 역임. 1979년《시조문학》천료. 한국시조시인협회 공로상 수상. 영남시조문학회 회장 역임. 시조집『아사달의 빛살』, 『조선솔의 바람소리』, 『삼보송』등.

끈

그리워서 서러워서 감기며 풀어지며/ 아무도 못 벗어나는 한울안 두른 금줄/ 줄줄이 목숨 매달고 억겁으로 이었다.// 잿빛으로 초록으로 무상한 변신이여/ 불기는 멀리하고 촉촉이 물기에 젖어/ 청홍사 고운 올 날이 꽃수로나 놓이라.

● **박기섭 (朴基燮, 1954~)**

달성 출생. 1980년〈한국일보〉신춘문예 당선. 시조집『묵언집』, 『하늘에 밑줄이나 긋고』,『엮음수심가』,『달의 문하』,『각북』외. 중앙시조대상, 이호우시조문학상, 고산문학대상, 백수문학상, 외솔시조문학상, 발견문학상 수상. 오류동인, 오늘의시조시인회의 의장, 현대사설시조포럼회장 역임.

각북角北 －봄비

하늘 어느 한갓진데 국수틀을 걸어놓고
봄비는 가지런히 면발들을 뽑고 있다
산동네 늦잔치집에 안남安南* 색시 오던 날 (*안남 : 베트남)

장식환 (蔣湜煥, 1939~2023)

경북 경주 출생. 대구교육대학, 영남대학교 국문과, 경북대학교 교육대학원 졸업. 대구시의회 의원, 대구시의회 교육상임위원 역임. 1979년 〈매일신문〉, 1980년 〈중앙일보〉 신춘문예 당선. 대구시조시인협회장 역임. 시조집『연등 들고 서는 바다』,『그리움의 역설』. 대구시조문학상 수상.

고향가을

석류알 틈서리로 주홍빛 배어들어/ 차라리 푸른 자락 외로 앉은 가을 하늘/ 기러기 울음소리도 된서리에 떨어진다.// 굽으로 돌아가는 이어지는 강물소리/ 하얀 뿌리 내리다가 꽃대궁만 섰는 노래/ 들창문 고운 살결에 빛이 되어 반짝인다.// 아직도 두고 보면 고향 산 먼 나루터/ 노 저을 외진 길이 가슴에 와 놓이는데/ 억새풀 바람에 날려 늦가을을 흩는다.

김대현(金旲鉉, 1953~)

경북 안동 출생. 1980년 〈충청일보〉 신춘문예 당선. 1991년 《시세계》 신인상. 시집 『허리춤에 세월 차고』, 『하늘빛 소묘』, 『뜨락의 아침 햇살』.

          노점상
아픔을 도려내는 데는 긴 시간이 필요했다
다시 꿈을 꾸는 데는 더 긴 시간이 필요했다
자리를 꿰차고 앉은 하늘 돌부처를 닮아가고

김일연(金一燕, 1955~)

대구 출생. 경북대학교 사범대학 졸업. 중등학교 교사와 〈매일신문〉 기자를 지냄. 1980년 《시조문학》 천료. 시조집 『빈들의 집』, 『서역가는 길』, 『달집태우기』, 『명창』, 외 시선집 『저 혼자 꽃필 때에』, 『아프지 않다, 외롭지 않다』, 일역시집 『꽃벼랑』. 한국시조작품상, 이영도시조문학상, 유심작품상, 오늘의시조시인상, 고산문학대상 수상.

          그리움
참았던 신음처럼 사립문이 닫히고
찬 이마 위에 치자꽃이 지는 밤
저만치, 그리고 귓가에 초침 소리 빗소리.

류준형(柳俊馨, 1941~)

경북 상주 출생. 호 류천柳泉. 도산塗山. 부산대학교 대학원 졸업. 성지공업전문대학 교수. 1980년 《시조문학》 등단. 시조집 『난이 가지고 온 봄』, 수상집 『세월의 오솔길』. 부산시조문학회 회장 역임.

대춘待春

설운 눈물도 없이 허리 접고 앉은 세월/ 상한傷寒을 다독이며 골을 우는 산 꿩인 양/ 치부책 갈피갈피에 도랑물이 녹는다// 어느 해바른 양지 내 꽃씨는 눈트고 있나/ 삼동들자 간질간질 온 삭신이 가렵더니/ 묻어논 감자씨 끝에 미리 봄이 눈 뜬다

정석주(鄭石柱, 1940~1987)

경북 예천 출생. 본명 정환. 대구 영신고 졸업 후 시작에 전념. 1979년에 《샘터》 시조상 입선. 1980년 《시조문학》 천료. 1981년 〈매일신문〉 신춘문예 당선. 1982년 《월간문학》 신인상 당선. 시집 『자유기고가』, 시조집 『산하』, 『새재』, 『설야』. 농민문학회 회장, 나래시조문학회 창립 초대 회장 역임. 시조 창작과 보급에 전력을 쏟았다.

새재

여명도 예서 트야 빛살마다 꽃이 피고
호박보다 더 큰 달이 새재 마루 앉는 밤엔
금도끼 방아타령이 골안 가득 흘러라

이승돈(李承墩, 1952~)

경북 청도 출생. 호, 청람靑嵐, 이산耳山. 영남대학교 국문과 졸업. 세종대 대학원 수료. 1980년《시조문학》천료. 시집『마음의 바닥집』, 『예고된 길 뜻밖의 예감』.

새벽

이윽히 밀리는 월행月行 만창卍窓살 그림자 밖/ 장명들 빛을 던져 구빗길 다 이른 후/ 새하얀 추녀들 틔어 억겁 품은 공적空寂인가// 생애 끝 되돌아설 먼 산사 언 물소리여/ 긴 독경 풀어내리는 폭포수 개는 나락/ 들러선 저켠 언저리로 한소절을 듣는다// 빨래터 아낙의 정결 그 마름 골라 궤고/ 섬섬한 말씀 열러 금수산 자락에 널면/ 이 무렵 삼라 벗어 놓고 앙금지는 빗방울

정대훈(鄭坮熏, 1941~)

경북 예천 출생. 호 장암長巖. 동국대 국문과 졸업. 1980년《시조문학》등단. 시조집『내 나라 내 노래여』. 성파문학상 수상. 부산시조문학회 초대회장 역임.

월곶 포구에서

낭만을 갈취당한 악취가 들썩이고
뭇 폐선들 널브러져 푹 썩은 바다와 흙
중생들 이기 욕망에 불치병 앓는 바다

조진우(趙眞愚, 1949~)

경북 청송 출생. 본명 조철규趙哲圭. 동국대학교 불교대학 (선학과) 졸업. 1980년 〈불교신문〉 신춘문예 시조 당선. 시조집『무미지담』, 동화집『어머니 태어나기 전의 난 누구여요』,『아빠손 엄마품』.

보현산

산이 바다 되어 파도가 일렁인다/ 가없는 푸른 바다 산이 되어 일어선다/ 바다로 지은 산이니 산이 또한 바다련가// 만산萬山 중中 딛고 서서 무엇으로 오셨기에/ 그 자리 천주天柱 어 동천東天으로 문을 열면/ 오늘도 바다 한 장이 산이 되어 떠납니다

이정환(李正煥, 1954~)

경북 군위 출생. 대구교대, 한국교원대학교 박사과정 졸업. 1978년《시조문학》천료. 1981년 〈중앙일보〉 신춘문예 당선. 시조집『아침 반감』,『서서 천년을 흐를지라도』,『분홍물갈퀴』,『오백년 입맞춤』,『코브라』. 동시조집『어쩌면 저기 저 나무에만 둥지를 틀었을까』, 시조비평집『중정의 생명시학』. 중앙시조대상, 이호우시조문학상, 가람시조문학상, 대구시문화상, 외솔시조문학상 수상. 대구시조시인협회 회장, 오늘의시조시인회의 의장, 한국시조시인협회 이사장 역임. 정음시조문학상 운영 위원장.

에워쌌으니

에워쌌으니 아아 그대 나를 에워쌌으니 향기로워라 온 세상
에워싸고 에워쌌으니 온 누리 향기로워라 나 그대 에워쌌으니

이진(李璡, 1956~)

대구 출생. 동국대 국문과 및 동국대 대학원 졸업 문학박사. 1981년 〈조선일보〉 신춘문예 당선. 대구예술인상 공로상 수상.

눈발

세상 버려 놓는구나 징그러운 눈발이여/ 함박눈 맞는다고 속죄가 되겠는가/ 그 눈에 파묻힌다고 뻔뻔함이 죽겠는가// 키 큰 놈 머리부터 꾹꾹 찍어주며/ 분분히 내려오는 저 알량한 면죄부 보라/ 그래도 은총이라며 줄을 서서 맞겠는가

하장수(河長秀, 1937~)

경북 군위 출생. 호는 백련. 경북대학교 국문과 졸업. 경북대 대학원, 계명대 교육대학원, 대구한의대대학원 수료. 대구에서 중등학교 교사로 재직. 1981년 《시조문학》 천료. 사진작가/ 저서 『명문가구 성어집 1.2』, 『추구집』, 『인성교육』 등. 국민훈장 모란장 수훈.

회룡포

단물 샘 솟는 고을 설렘으로 찾아드니/ 옛 현인 쏟은 솜씨 골골이 즐비하다/ 비룡산 명당자리엔 서방 정토 장안사// 뻐꾸기 가락 읊는 한적한 산골 정경/ 넓은 들 에워싸고 맑은 물 굽이 도는/ 낙동강 신비가 서린 숨결 트인 회룡포.

양원식(楊源植, 1937~)

경북 예천 출생. 동국대 국문과 졸업. 1981년《시조문학》등단. 시조집『관등부』,『대효강산』, 시선집『늘 고향으로 흐르는 강』, 제1회 부산문학상, 성파시조문학상, 실상문학상 본상, 보혜문학상 대상, 부산광역시 문화상(문학부문), 부산시조문학회장, 부산불교문인협회장 역임.

　　　사는 일
너와 나 나와 내가 신발끈을 죄는 뜰에
웃고 울 울고 웃을 사는 일 바로 꽃밭
호미를 잡고 설 자리 바람 나눌 소풍지

허민홍(許敏弘 1959~)

경북 포항 출생. 한사대학 도서관학과 중퇴. 1981년《시조문학》천료. 1983년《월간문학》신인상, 2002년《생각과 느낌》신인상 소설 당선. 소설집『길이 있어 거상이 간다. 상. 하』.

　　　산수도
그윽한 향 내음이 골골마다 퍼져있고
스치는 흰 바람이 언뜻 절(寺) 하나 키운다
퇴색된 진리의 명암 숨결 숨결 솜덩이다

문무학(文武鶴, 1951~)

경북 고령 출생. 한국방송통신대학, 대구대학교 대학원 졸업. 1981년《시조문학》천료. 1982년《월간문학》신인작품상 당선. 1988년

《시조문학》문학평론 천료. 시조집『낱말』,『홀』,『가나다라마바사』,『뜻밖의 낱말』등 10권,『시조비평사』, 칼럼집『예술이 약이다』외. 윤동주문학상, 이호우시조문학상, 유심작품상, 경북예술상(특별상) 수상. 오류동인, 대구시조시인협회장, 대구문인협회장, 대구예총 회장, 대구문화재단 대표이사 역임.

　　　　　낱말 새로 읽기 · 13 —바다
'바다'가 '바다'라는 이름을 갖게 된 것은
이것저것 가리지 않고 다 받아주기 때문이다.
괜찮다. 그 말 한 마디로 어머닌 바다가 되었다.

권형하(權亨河, 1953~)

경북 상주 출생. 단국대 졸. 1981년《시조문학》천료. 1984년〈매일신문〉, 1986년〈중앙일보〉신춘문예 당선. 시조집『새는 날면서도 노래한다』,『바다집』,『꿈꾸는 섬』,『꿈꾸는 산』.

　　　　　잔설
내 사랑 풀려나던 봄 볕살 가지 끝에/ 몸짓으로 울어 예다 이 골짝을 못 떠나고/ 안부로 날리울 가슴 핏기 비운 얼굴// 갈 곳도 잃어버리고 응어리로 잠 못 들어/ 내 가슴 솔깃에 묻어 휴지로나 흩어지면/ 헛디딘 발자국마다 눈물 녹아나누나

김경자(金京子, 1939~2012)

서울 출생. 함창고 졸업. 1982년 〈중앙일보〉 신춘문예 당선, 《월간문학》 신인상 당선, 《시조문학》 천료, 《샘터》 시조상 입상. 시조집 『지붕 위의 새들과』, 『생각 깊은 꽃』.

　　　새재
화강석 조각들은 새재 이쁜 발톱 같다/ 박달나무 끝가지에 입추도 걸어놓은/ 패인 골 요새에 목이 타는 맨드라미// 육신을 죄이던 사슬은 아팠거니/ 마음을 당기는 전설은 평화로워/ 산두릅 뿌리 씻어 내리는 할미새 노랫소리// 경상도 비도 맞다 충청도 비도 맞는/ 높은 산 깊은 마을 어둠의 숨찬 고개/ 지켜 온 충절의 넋이 성을 쌓아 푸르다

고난주(高蘭州, 1949~)

일본 출생. 본적 경북 문경. 효성여자대학교 국문과 졸업. 1982년 《시조문학》 천료. 시조집 『보문사에서』.

　　　연꽃
사랑도 번뇌러니 감탕으로 건져진 넋
애오라지 하늘 바라 세월 딛는 인욕이기
연분홍 이룬 꽃마을 그림자도 청초롭다

장병우(張炳愚, 1951~)

경북 김천 출생. 대구교육대학, 대구대 국문과, 영남대 대학원 수료. 1983년 〈중앙일보〉 시조백일장 장원. 1983년 〈매일신문〉 신춘문예

시조 당선. 김천 한일여고 교장 역임. 한국서예협회 경북 초대작가. 시조집 『사랑할 것만 사랑하며』.

산에서

아직은 엷은 봄빛 산색 풀려 내리는데/ 바람 빛 물빛까지 날개 묻혀 날아온 새/ 가나단 풀꽃향기에 온 골짝이 터진다// 마른 풀 이는 냄새 흥건하게 젖어들고/ 그 작은 몸짓으로 일어나는 어릴 적 꿈/ 언제쯤 장끼는 날아 고향산을 깨칠까

이병춘(李炳春, 1953~?)

경북 예천 출생. 호 천석川石. 풍산금속 근무, 1982년 《시조문학》 등단.

독락당 추상 獨樂堂 秋想

산 노을 감고 서서 어룽이는 어래산빛/ 하늘도 숨결 가득 골 깊이에 앉은 학당/ 사신 임 한생의 모습이 빈 뜨락을 서성인다// 수정빛 산 물소리 발길 따라 길을 열고/ 감돌아 자초는 음계 수풀 속의 뭇 새소리/ 소슬한 이조의 선비 숨소리도 들리더라

노중석(盧中錫, 1946~)

경남 창녕 출생. 경북 김천에서 활동. 호는 심연心研. 대구교육대학, 한사대, 계명대 대학원 졸업. 1977년 민족시백일장 장원, 1978년 〈동아일보〉 신춘문예 가작, 1983년 〈서울신문〉 신춘문예 당선. 시조

집『비사벌시초』,『하늘다람쥐』,『꿈틀대는 적막』, 노중석 예술가곡 CD
『그 사랑』, 서예작품집『맑은 여울 따라』등. 경북서예협회장, 한국서예
협회 부이사장 역임.

    청지기 −청도 운문사 처진 소나무
아무리 하늘이 높아도 고개 처들지 않고
아래로 아래로만 가지 벋은 소나무
한평생 청지기로 살며 천년 고찰 지킨다

리강룡(李康龍, 1945~)

경북 성주 출생. 대구교대, 한국교원대학교 졸업. 1983년 〈매일신문〉 신춘문예 당선. 《시조문학》 천료. 시조집『한지창에 고인 달빛』,『백합의 노래』, 평론집『생각의 텃밭에 핀 꽃을 찾아서』, 수필집『삶과의 악수』. 대구시조문학상, 현대시조문학상, 한국동서문학 작품상, 역동시조문학상 등 수상. 나래시조시인협회장, 대구시조시인협회장, 한국시조협회 부이사장 역임.

    삶 −김수환 추기경
"삶은 계란이라"/ 파안대소 하시던 이
이 하루 말−말−말−말……/ 무정한 말 듣고 또 듣고
문득 그 "삶은 계란" 속의/ 참 진리 한 줄 읽었네

신필영(申佖榮, 1944~)

경북 안동 출생. 안동사범학교, 고려대학교 졸업. 1983년 〈한국일보〉 신춘문예 등단. 시조집 『지귀의 낮잠』, 『누님 동행』, 『둥근 집』, 『달빛 출력』, 『우회도로입니다』, 이호우시조문학상, 오늘의시조문학상, 노산시조문학상 수상.

　　　꽃, 분신
지는 것 두려워서 피지 않는 꽃은 없다
촉수를 세워 타는 저 한 번의 완전연소
바친다 직설의 화법 제단 위에 환한 몸

남전희(南銓熙, 1956~)

경북 상주 출생. 고교시절 '솔밭동인회' 조직. 국풍시조 백일상 차상. 1983년 《시조문학》 천료. 시조집 『까치집』.

　　　석류
하늘 한 번 땅 한 번 외담길 키도 재며
그 여름 꿈을 꾸다 하늘 문을 열더니
저것 봐 여물은 얘기 깨알처럼 박혔네.

이일향(李一香, 1930~)

대구 출생. 대구가톨릭대학교 국문과 졸업. 1983년 《시조문학》 천료 등단. 시조집 『아가』, 『지환을 끼고』, 『기도의 섬』, 『기대어 사는 집』, 『이승 밖의 노래』, 『목숨의 무늬』, 『구름 동행』, 『별은 잠들지 않고 노래한다』,『밀물과 설물 사이』,『석일당 시초』,『세월의 숲속에 서서』등. 신사임당상, 가톨릭문학상, 펜문학상, 정운문학상, 한국시조시인협회상 수상.

아내
촛농이 타 흐릅니다 내 눈물이 흐릅니다
새하얀 모시 적삼 풀이 서고 싶었는데
아내란 참 고운 그이름 아 허공의 메아리여

김혜배(金蕙培, 1925~1997)

대구 출생. 호 우란于蘭. 경북대학교 사범대학 수학과, 홍익대 대학원 미술학과. 1983년 시조집『우란일기』국전 입선 5회 특선 초대작가 작품 출품. 신사임당상 수상. 대한적십자사 서울지사 자문위원장 역임.

소망
빛과 그늘 속에서 슬픔과 기쁨 속에서
어둠만 비껴갈 순 없었던 것일까
한 줄기 타는 목숨이 마냥 밝게 살고파라.

권혁모(權赫模, 1952~)

경북 안동 출생. 공주사범대학 졸업. 1984년 〈동아일보〉 신춘문예 당선, 안동문협 회장 역임. 시집『오늘은 비요일』,『가을 아침과 나팔꽃』, 중앙시조대상 신인상, 한국시조시인협회 작품상, 한국꽃문학상 특별상, 월간문학상 등 수상.

자작나무에게

나 한때 신촌에서 자취하고 있었을 때/ 그대 가을 편지가 창을 넘어 들어와/ 밤새껏 잠 못 들었던 그 날이 생각나는가// 나 깊은 잠결이었을 때 초병으로 지켜서서/ 손바닥 흔들며 흔들며 별을 불러 모았던/ 그날 밤 이니스프리를 아직도 기억하는가.

김송배(金松培, 1921~2009)

대구 출생. 영남대 대학원 행정학과 연구과정 수료. 대한부인회 경북지부 문화부장, 한국 걸스카우트 경북연맹장 역임. 1984년《시조문학》천료. 시조집 『회상의 우물가에서』, 『돋보기 넘어로 본 삶 알듯알듯 몰라라』.

회상

어머니 꿈을 기운 꽃 댕기 색동옷에/ 왁자히 웃음 피운 흘러간 꽃이파리/ 너 가면 봄이 올 땅에 한마당 심술인가// 털신 신고 아장거린 그런 날도 있었거늘/ 꽃신 신고 뛰놀던 세월 따라 바뀐 신발/ 그 숱한 고개 넘으니 허허히 뜬 흰구름아

이태룡(李泰龍, 1929~1994)

경남 거창 출생. 일본 관서공업학교와 관서대학 전문부 졸업. 시조집 『소요』를 간행하고, 1984년《시조문학》천료. 1998년 5년간 봉직했던

칠곡 약목중학교 교정에 시비가 세워졌다.

꽃샘
눈속에 몰래 온 봄 매화 먼저 반겨 피니
피다 만 진달래도 부푼 정 애 타는데
시냇가 버들강아지 풋정 씹어 보라네

정위진(鄭渭진, 1924~1921)

경북 상주 출생. 경북여고 졸업. 1984년《시조문학》천료. 시조집 『하늘 문』,『소호리 소견』,『수화하는 가을바람』,『후박잎에 듣는 비』. 낙강 부회장 역임. 황산문학상 본상 수상.

큰며느리
큰 바다에 얼비치는 한 아름 숨결이듯
파초의 푸른 꿈이 마당 가득 덮는구나
서늘한 아미에 고인 큰 며느리 다순 정.

강인순(姜仁淳, 1954~)

경북 안동 출생. 안동교대, 영남대 교육대학원 졸업. 1985년《시조문학》천료. 시조집『서동 이후』,『초록시편』,『생수에 관한 명상』,『사진 한 장』. 경북 문인협회 회장 역임. 안동예술인 대상, 경상북도 문화상 (문학부문) 수상.

　　　　소풍
비 갠 아침 꽃샘바람 그도 사랑인 것을
뉘집 방금 산 김밥 햇살 속 길을 나서고
봄날은 초록색 줄무늬 새로 산 티셔츠

이주남(李周南, 1946~)

대구 출생. 홍익대 박사 졸업. Portland State University 수학. 1986년 〈동아일보〉 신춘문예 당선. 시조집 『햇빛에 말 걸기』, 동시집 『뭐라구요, 오늘이 토요일이라구요?』, 역서 장편서사시 『오메르스』. 한국시문학상, 월간문학동리상, 소월문학상, 한국현대시인상, 이대동창문인회장, 강남대 영문과 교수 역임.

　　　　그런 세상 아세요? 1
작은 고긴 아주아주 쬐그만 고길 먹고
큰 고긴 작은 고길 또 다시 먹고 먹고
그래서 아주 큰 고기만 뚱뚱고기, 그런 세상 아세요?

박두익(朴斗益, 1925~2011)

경북 군위 출생. 대구사범, 영남대학교 졸업. 1986년 봄 《시조문학》 천료. 작품집 『당신의 달빛』, 『문안드는 꽃등 행렬』, 『물기 마른 옹달샘』, 『모정의 언덕』, 『가을산이 던지는 화두』.

　　　　희방사의 메아리

청정한 솔바람을 배음으로 깔아 놓고/ 물소리 매미소리 교향악을 엮는 골은/ 기쁨을 골 가득 흩는 희방사의 메아리.// 고달픈 삶의 길목 갈증을 달랜 발길/ 번뇌는 구름 끝에 바람따라 흩날리고/ 물길은 잔디를 업고 폭포수로 지고 있다.// 참매미 앳된 목청 재롱으로 다스리면/ 맴맴 맴돌다 떠날 황혼길 미로에서/ 보람찬 청정의 세계 예 있노라 귀띔이다.

민병찬(閔丙贊, 1943~)

경북 문경 출생. 연세대 경영대학원 졸업. 1986년《시조문학》천료. 시조집 『가을비 그 뒤』, 『산 좋고 물빛 고와서』, 『백자리의 푸른 일기』, 나래시조문학상, 호남시조문예상 수상.

    산중문답
올랐다 내려올 산 기 쓰고 왜 오르랴
살다가 죽을 목숨 왜 사냐고 되물으니
엿듣던 양지꽃 하나 노오랗게 웃고 있네

신후식(申厚湜, 1946~)

경북 문경 출생. 경북대학교 대학원 박사과정 수료. 1986년《시조문학》천료. 나래시조문학회장, 대구시조시인협회 부회장, 국학연구원장, 국학연구회 이사 등 역임. 저서 『집주 문경사』 등으로 문경향토문화상과, 경상북도 문화상(학술부문) 수상. 시조집 『빈 마음』, 『두 사람』, 『밤하늘 별빛 하나』, 『산울림에 지는 송화』, 『대발내린 마음의 창가』,『운평선 물이 들면』,『이 한 몸 태우고 남을』,『흙처럼』. 금오대상, 나래시조문학상 수상.

     선
수평선/ 점점이 뜬 무인도가 느는데
지평선/ 버티고 선 인간 욕망 유인도라
운평선/ 희망을 걸자 너도나도 미래를

김전(金銓, 1949~)

경북 의성 출생. 공주사대 교육대학원 졸업. 중등학교 교장 정년. 1986년《현대시조》,《시세계》,《문학세계》에 시조, 시, 평론이 당선. 시조집『겨울분재』, 시집『사랑초』,『허공을 휘젓는 사랑이여』, 평설집『영혼을 울리는 잔잔한 목소리를 찾아서』. 현대시조문학상, 문학세계 문학상 대상, 낙강문학상, 추강시조문학상 수상.

     고향
무너진 토담 위로 담쟁이 기어가고
무시로 돋아나는 가슴 속 잡초들은
메마른 허욕의 강물을 말없이 건너가나

정종수(鄭鍾秀, 1936~)

경북 상주 출생. 경북대사범대학 졸업. 1987년《시조문학》천료. 시조집『순정에 살고 지고』,『파도처럼 구름처럼』,『내 가슴 흰 구름 따라』,『그 한 마음 찾으려고』,『내 가슴 맑히려고』. 새싹시조문학상, 부산문학상 수상.

　　　　낮달
아파트 건물 사이로 은은히 낮달이 떴다
구순 넘은 비구니의 새하얘진 기도인가?
바라밀 두 손 모은 채 서천으로 가는 임.

변영교(卞永敎, 1953~)

경북 의성 출생. 영남대학교 졸업. 1989년 〈조선일보〉 신춘문예 당선. 시집『꽃을 위한 명상』,『조선 왕릉에서』,『대화』,『살아 천년 죽어 천년』, 역사소설『삼맥종』, 바움작품상 수상.

　　　　백목련 4
세상이 그리워서 사람 내가 그리워서
아무 생각 없이 뛰어나온 젊은 비구니
그리곤 갈 데를 몰라 봄 햇살 바라섰다.

손수성(孫洙星, 1952~)

경북 영주 출생. 경북대 사범대학 국어교육과 고려대 교육대학원 졸업. 1987년《시조문학》천료. 1994년 〈경향신문〉, 〈매일신문〉 신춘문예 당선. 시조집『청동의 바람』, 제14회 한국시조문학상, 1999년 제1회 올해의 시조문학 작품상 수상.

갈대에게

천둥이 친다고 해서 네 몸 너무 떨지는 마라/ 바람이 세차다 해서 네 몸 너무 꺾지 마라/ 삶이란 울음을 키워 빈들을 지켜내는 것// 네 한 몸 꿋꿋이 세워, 온 세월을 고누고 서면/ 네 꿈의 푸름으로, 온 언덕을 뒤덮고 나면/ 결국은 너도 갖게 될 꽃보다 더 빛나는 칼날

황무굉(黃武宏, 1943~)

경북 울진 출생. 1987년 《시조문학》 천료. 중등교사, 교장 역임. 시집 『겨울 울릉도』, 회고록 『새 변화의 원동력』. 울진문학회 초대회장 역임. 산해문학상 수상.

겨울 울릉도

태고의 몸짓으로 뒤척이는 먼 동녘에/ 굳은 용암을 뚫고 싹이 튼 세월의 잎들/ 하늘 땅 행간에 서서 시린 내력 쓸고 있다.// 어화등 불씨를 물고 부침해온 나날들/ 겨울 빈 가지는 물소리도 아득한데/ 산보다 무거운 목숨에 흰 눈발이 감기느니// 전설 속 옛 이야기 눈길 더욱 깊은 밤은/ 홀로 선 등댓불이 먼 바다로 길을 열고/ 아픔은 설원을 뚫고 동백 붉게 터뜨린다.

이익주(李益株, 1949~)

경북 칠곡 출생. 대구교육대학, 대구대학교, 대구가톨릭대학 교육대학원을 졸업. 1988년 〈매일신문〉 신춘문예 당선 및 《시조문학》 천료. 대구시조시인협회장 역임. 시조집 『달빛환상』, 『금강송을 읽다』, 시선

집 『향목의 노래』. 경북문학상, 대구시조문학상, 경상북도문화상(문학부문) 수상.

　　　　일몰, 그 파노라마
　성근 시침질 새로 학이 뜨는 스란치마/ 은막 뒤 황홀한 무대 일렁이는 엘레지/ 불가마 끓는 외로움 곱게 저어 띄운 게다// 영원 속 고요를 깨워 환한 봄빛 걸어두고/ 한동안 풍진 세상 질펀한 한판 굿을/ 호수 속 말갛게 뿌려 채로 걸러 펼친 게다

이동백(李東栢, 1954~)

　경북 안동 출생. 경북대학교 사법대학 졸업. 1989년 〈동아일보〉 신춘문예 당선. 시집 『수몰지의 낮달』, 『동행』, 『노을물레』. 경상북도 문학상, 경상북도 문화상 수상.

　　　　찰나
　풀벌레 땅을 짚고 하늘로 뛰어 오른다
　우주가 잠시 들썩이다 주저앉는다
　사람은 눈을 한 번만 감았다 떴을 뿐이다.

이지연(李知娟, ?~)

　포항 출생. 본명 이복희李福姬 아메리칸 캠퍼스 일붕선교 대학원 졸업. 수덕사 입산 법명 일련一蓮. 아호 서운당瑞雲堂. 1989년 〈서울신문〉 신춘문예 당선. 시집 『별 밭에 앉아서』, 『무상초 스치는 바람』, 『죽비소

리』, 선집 『나무의 노래』. 한국시조시인협회, 한국여성문학회, 한국문인협회원, 한국시조시인협회 공로상, 한국문학 백년상 수상.

      별똥별
찬란한 밤하늘에 수를 놓는 불꽃놀이
백억 광년 그 너머의 던져버린 화두건만
한 찰나 교신한 메시지 너와 나 한 점 빛이여.

배종교(裵鐘校, 1943~)

부산 출생. 서울대학교 농대 졸업. 1989년 《시조문학》 천료. 강서문학회 고문, 맥시조문학회 회장 역임.

      고향초
늦가을 억새꽃이 생각마저 젖게 하는
산모롱이 오솔길이 낯익은 고향 같아
저 멀리 지평 너머로 얼비치는 그날들…

정광영(鄭光永, 1946~)

경북 예천 출생. 1990년 《시조문학》 천료. 시조집 『흰 열꽃』. 나래시조문학상, 경상북도 문학상 수상.

      도라지꽃
무슨 꽃 될래 물으면 심신산골 도라지꽃

뻐꾸기 울음 심지 손끝에 불 밝히고
마시면 천년을 자는 약술이나 달인다

권갑하(權甲河, 1958~)

경북 문경 출생. 고려대학교, 한양대 문화콘텐츠학 박사. 1991년《시조문학》, 1992년〈조선일보〉,〈경향신문〉, 신춘문예 당선. 시조집『세한의 저녁』,『외등의 시간』,『겨울 발해』,『아름다운 공존』,『오곡밥』, 평론집『현대시조와 모더니즘』, 한국문인협회 부이사장 역임. 나래시조문학상, 한국시조작품상, 중앙시조대상 수상.

담쟁이
삶은 가파른 벽을 온몸으로 오르는 것
무성한 잎을 드리워 속내는 숨기는 것
비워도 돋는 슬픔은 벽화로 그려낼 뿐

이문균(李文均, 1961~)

경북 포항 출생. Art & Comunication 대표, Atti Case 대표. 1991년〈매일신문〉신춘문예 당선,《현대시조》신인문학상,《문예한국》시 당선. 맥시조문학회 회장 역임. 한국사진작가협회 이사.

꽃솎기
산비탈 가파른 곳 오르고 또 오르며/ 선혈처럼 쏟아지는 가난을 뒤척인다/ 죽어도 일어서야 하는 시간들을 위하여// 주름진 이맛살에 세월을 동여맨 채/ 마음의 빈 뜰 위에 오월 한낮 햇살 쏟으면/ 엉켜진 뻐꾹새 소리 이 산 저 산 넘나들고// 마른 대궁 야윈 가슴골을 따라 흘러가면/ 본디 내 모습은 산비탈에 홀로 앉아/ 허기진 거친 손으로 숨을 쉬는 저녁 강

이정자(李靜子, 1941~)

대구 출생. 이화여대, 동 교육대학원, 건국대대학원 석,박사. 1991년《시조문학》등단. 한영시조집『빗방울』, 시조집『기차여행』,『아버지의 산』, 열세 번째 시조집『뿌리를 찾아서』등 학술서적『시조문학연구론』,『현대시조문학사』외. 시조문학 작품상, 고산윤선도문학상, 역동문학상, 이화문학상, UPLI KC 번역상 수상. 건국대교수 역임, 시조문학 발행인.

내안의 섬

내 안에 섬 하나쯤 무인도로 품어보자
바다가 그리울 땐 파도소리 꺼내놓고
갈매기 벗을 삼아서 수평선도 달려보자

임병기(林炳基, 1947~)

경북 문경 출생. 영남대학교 졸업. 1991년『문학세계』신인상 수상. 작품집『맑은 물소리 누굴 찾아 떠나는고』,『낮게 흐르는 강』,『평천리 가는 길』,『귀향』,『산하는 날마다 기쁨』,『난을 닮은 여자』.

　　　　문경에서

　주흘산 여궁에서 흘러나온 영강물에/ 비온 뒤에 곱게 차린 녹음 짙은 고향산이/ 강물에 비친 그 모습 새악시보다 고웁다.// 하이얀 비단구름 제 옷인양 휘휘 둘러/ 수줍은 듯 얼굴 가린 운달산이 눈짓하고/ 취연炊煙에 취한 고향이여 너를 보러 왔느니.

채천수(蔡千洙, 1957~)

　대구 출생. 한국교원대 교육대학원 석사. 1991년 〈조선일보〉 신춘문예 당선. 시조집 『상다리 세발에 얹힌 저녁밥』, 『발품』, 『연탄불 연가』, 『통점』, 선집 『체 눈보다 굵은 모래』, 한국시조작품상, 대구시조문학상.

　　　　곤줄박이 사랑

　어린 나뭇가지 하나만 있어도 된다
　너와 그 가지에 곤줄박이로 나란히 앉아
　보랏빛 등꽃을 보며 지저귈 수 있다면

박기하(朴機夏, 1955~)

　경북 김천 출생. 동아대 국문과, 영남대 교육대학원 졸업. 1991년 《월간문학》 신인작품상 당선. 시조집 『비탈에 선 가을』, 한국문협 김천지부장. 초대 백수문학제 운영위원장, 한일여고 교장 역임. 경북문학상. 김천시문화상 수상.

　　　　겨울나무

살다보니 가진 것 죄다 버려야 살 수 있대요/ 또 적당히 손 비비며 엄살도 떨어야만/ 한겨울 넘길 수 있고 새봄에 꽃을 피우겠데요.// 세상사 부질없는 것 살아서 남는 것이/ 더러는 죽어 묻히는 슬픔보다 욕되던가/ 한 번쯤 이렇게 한 번쯤 훌훌털고 서보아라.

오민필(吳珉弼, 1935~)

경북 경주 출생. 경남대 교육대학원 졸업. 1992년 《현대시조》등단. 시조집 『포구에서』, 『네게로 가는 마음』, 『선도산 대숲 소리』, 저서 『충의사지』, 『울산의 독립운동사』, 울산시조문학회 회장, 경북문인협회장 역임. 현대시조 좋은 작품상, 상록시조상, 세계시연구회금관상 수상.

독도는 외롭지 않다

대한의 혈맥 느끼며 겨레의 듯 숨 쉬는 섬/ 누구가 이름 바꾸며 업신여겨 뺏으려더냐/ 독도는 맑은 얼굴로 웃음 짓는 형제여라.// 독도는 외롭지 않다 두 형제 의리 좋으며/ 물고기 노닐으며 뭇 새들 둥지 틀고/ 세상의 탐욕을 버린 아름다운 혈맥이라.// 독도는 한국 막내 섬 외롭게 멀리 있어도/ 천 년 전 대한 섬을 누구가 섧게 하더냐/ 영원한 우리 대한 땅 뉘가 혈맥 끊더냐.

김왕노(金王盧, 1957~)

경북 영일 출생. 공주교육대학교, 아주대학교 대학원 졸업. 1992년 〈매일신문〉 신춘문예 당선. 시집 『슬픔도 진화한다』, 『말 달리자 아버지』, 『그리운 파란만장』, 해양문학대상, 박인환문학상, 한성기문학상,

시작문학상, 풀꽃문학상 수상. 현대시학회장, 《시와경계주간》, 한국시인협회 부회장 역임.

   부석사 목어
천년 세월 바람에도 소리 없는 울음 공양
쇠북소리 때 맞추어 저녁 공양 틈이 들면
구천을 떠도는 영혼들, 제 살을 발라준다

서숙희(徐淑熙, 1959~)

경북 포항 출생. 한국방송통신대학 국문과, 숭실사이버대학교 문창과 졸업. 1992년 〈매일신문〉, 〈부산일보〉 신춘문예 당선. 1996년 《월간문학》 신인상 소설 당선. 시조집 『아득한 중심』, 『손이 작은 그 여자』, 『그대 아니라도 꽃은 피어』, 시조선집 『물의 이빨』. 한국시조작품상, 이영도시조문학상, 김상옥시조문학상, 백수문학상, 중앙시조대상 수상.

   멀어서 아름다운
밤하늘의 별빛이 저리 아름다운 건
멀리 있기 때문이라 누군가 말했지요
얼마나 더 아름다우랴고 당신, 그리 먼가요

김은남(金殷男, 1943~)

경북 포항 출생. 1992년 《시세계》 등단. 시집 『산음가』, 『산음가 2』, 『산음가 3』, 『일천산의 시탑』, 『일천산의 시탑 2』. 서울문예상 수상.

산길을 가며
계곡 흐른 고운 옥수 엎드려 산 마시고
솔바람 머금은 정기 가슴 펴 산 숨 쉬면
산 향기 온몸에 가득 나 어느덧 청산되고

안중식(安仲植, 1942~)

경북 예천 출생. 아호 월봉月峯. 1992년 《시세계》 등단. 저서, 『팔순 기념 한시집』, 나래시조 수석부회장, 문협 예천지회장, 경북문협 이사, 예천한시회 부회장, 국학연구회 감사 역임.

독도
억겁을 버티어온 동해안 수석 고도孤島/ 우리 당 경계되어 묵묵히 앉았지만/ 억만년 돌기둥 표석 바다지켜 옴이여// 또 무엇 부족하여 호시탐탐 노리는고/ 잊을려면 자는 코를 찌르고 갈그면서/ 그 근성 아직도 남아 야욕인가 망언인가// 천년 세월 영원으로 선열의 넋이 있어/ 하찮은 발상일랑 동해물에 헹구고서/ 불보살 반야심경을 천만번 참회려네

황능곤(黃能坤, 1930~2019)

경북 울진 출생. 호 인정, 강릉사범학교 졸업. 경주군 교육청 장학사 서라벌, 신라초등학교 교장 역임, 1992년 《시조문학》 천료. 시조집 『조약밭』, 『밤 지샌 새벽별 따라』, 『쑥부쟁이의 노래』 외. 1999년부터 6년간 향암미술관장 역임. 경주시문화상 수상.

기러기 울음

선도산 높은 이마/ 떠가는 구름 곁에/ 강마을 꿈을 낚는 기러기 기인 행렬/ 아득히 트인 하늘을/ 가로 질러 가누나.// 태초의 능선 위로/ 붉은 해 떨어지고/ 세상 하나 지우면서/ 땅 거미 짙어 올 때/ 이따금 별이 되어서 떠오르는 울음 몇 점.

박명숙(朴明淑, 1956~)

대구 출생. 영남대학교, 중앙대 예술대학원, 수학. 1993년 〈중앙일보〉 신춘문예 시조 당선, 1999년 〈문화일보〉 신춘문예 시 당선. 시집 『은빛 소나기』, 『어머니와 어머니가』, 『그늘의 문장』, 열린시학상, 중앙시조대상, 이호우, 이영도시조문학상. 김상옥시조문학상 수상.

초저녁

풋잠과 풋잠 사이 핀을 뽑듯, 달이 졌다
치마고리 펄럭, 엄마도 지워졌다
지워져, 아무 일 없는 천지 같은 초저녁

이종문(李鍾文, 1955~)

경북 영천 출생. 계명대학교, 고려대 대학원 졸업. 계명대학 한문교육과 교수 역임. 1993년 〈경향신문〉 신춘문예 당선으로 등단. 대구시조시인협회장 역임. 시조집 『봄날도 환한 봄날』, 『저녁밥 찾는 소리』, 『정말 꿈틀하지 뭐니』, 『묵 값은 내가 낼게』, 『아버지가 서 계시네』, 『그때 생각나서 웃네』, 『내 마음 좀 알아도고』. 시조선집 『웃지 말라니까 글쎄』, 산문집 『나무의 주인』 등이 있고 한문학 관련 논저가 다수 있다. 한국시조작품상, 중앙시조대상, 이호우·이영도시조문학상, 유심작품상, 김상옥백자예술상 수상.

수박

속살이/ 붉어지면/ 칼날이 들어올 줄
수박은 알고 있다. 그런데도 붉어진다
서늘한 옥쇄玉碎의 쾌감!/ 칼은 모를/ 것이다.

장용복(張龍福, 1951~)

경북 문경 출생. 한국방송통신대학, 계명대학교 정책대학원 졸업. 1993년《문예사조》신인상 등단. 경북문인협회 문경시 지부 사무국장을 역임. 백화문학상 수상.

하늘재

에밀레종 소리가 애달프게 들려오는/ 서라벌 옛 등걸에 첨성대 가을정취/ 기러기 하늘다리로 그믐달에 길 나서며, // 통일의 한반도에 목련화 합장하여/ 춘풍에 돛대 되어 잔인한 4월에사/ 동토의 금수강산에 닻을 올린 하늘재.

조명선(曺明仙, 1966~)

경북 영천 출생. 한국방송통신대학 국문과 졸업. 1993년《월간문학》신인작품상 당선으로 데뷔. 교육공무원 대구광역시 교육청 등 근무.

시조집『하얀 몸살』,『3×4』, 대구시조시인협회 부회장, 대구문인협회 시조분과위원장 역임, 대구시조문학상 수상.

　　　　풀꽃반지
벌거벗은 그 친구 냇가로 들판으로
짓궂게 달려와서 모른 척 툭 던지던
시방, 나 그 풀꽃 반지 뜬금없이 끼고 싶다

권애숙(權愛淑, 1954~)

경북 선산 출생. 계명대학교 대학원 석사. 1994년 〈부산일보〉 신춘문예 당선. 시집『차가운 등뼈 하나로』,『카툰세상』,『맞장 뜨는 오후』,『흔적극장』.

　　　　겨울이끼
작정했다 푸른 침묵 몸 자꾸 늘려간다
적막도 자라게 되면 못 말리는 입이 되어
바위산 다 삼키고도 그물눈이 촘촘하다

김우연(金佑淵, 1955~)

대구 출생. 영남대학교 대학원 졸업. 1994년《시조문학》천료.《월간문학》신인상. 2020년《문학공간》평론 천료. 맥시조, 영남시조문학회 회장 역임.

말〔言〕 무덤

예천 지보 한대 마을에 꽃향기 가득하다/ 한때는 말이 많아 억새풀 넘치던 곳/ 약한 말 사발에 담아 함께 묻은 말무덤.// 햇살 같은 한마디 말 꽃송이를 피우지만/ 화살 같은 한 마디 말 불길을 일으킨다/ 모난 말 사발에 담아 내 가슴에 묻었다.

조순호(曺順鎬, 1943~)

경북 영천 출생. 안동교육대, 영남대, 영남대 대학원 석사졸업. 1994년 《시조문학》 등단. 맥시조문학회 회장, 영남시조문학회 부회장, 경북문협 부지회장, 경주문협 회장, 동리목월기념사업회 이사 역임. 시조집 『천년의 숨결』, 경주문인협회상, 경주시문화상 (문학부문) 수상.

불국사에서

대통령의 큰 등부터 빈자의 일 등까지
각기 다른 소원 담아 불국경내 다툴 때
삼위불 회초리 들어 사바세계 깨운다.

노종래(盧鐘來, 1937~)

경북 영천 출생. 청구대, 동국대 대학원 졸업. 1950년 《새벗》, 1995년 《창조문학》, 1977 《월간문학》 등단. 시조집 『꽃빛깔로 흔들린다』, 『일어서는 풀잎무늬』, 『꿈꾸는 돌』. 경주시예술상, 경북예술상, 문화관광부장관상, 한국예총예술상, 경주시문화상 등 수상. 경주문인협회장 역임.

폭포

뜻 하나 지니고서 낮게만 내려오다
천 길 벼랑 뛰어내린 저게 어디 물이든가
장부가 울분을 쏟아 걸어놓은 대절이지

김봉근(金奉根, 1956~)

경북 김천 출생. 영남대학교 교육대학원 졸업. 중등학교 교사로 재임. 대구남산고등학교 교장 역임. 1995년 《시조문학》 천료. 시조집 『시간의 흔적』. 대구시조문학상 수상.

겨울 욱수지

얼음 밑 숨막질 깨어날 때가 됐는데/ 휑하니 떠 올린다 용궁 속 푸른 정적/ 지지난 던진 돌멩이 구슬이라도 됐을까// 오만과 편견들 가차 없는 유혹에도/ 침묵으로 지켜 온 앙양한 몸피만큼/ 쉽사리 뚫리지 않을 저 당찬 투합 보소

박찬구(朴燦久, 1937~)

경북 영양 출생. 호 소석素石. 서울대학교 사범대학 국어과 졸업. 1995년 《시조생활》 신인문학상 등단. 시조집 『귀거래사』, 『해송의 꿈』, 『아름다운 귀거래사』. 난대시조공로상, 사천시조문학상, 시조공로대상, 국제펜 송운현원영시조문학상 수상.

까치집

맑은 빛 고운 햇살 소복소복 담아두고
별들과 나눈 얘기 강물 되어 흐르는데
비어서 풍요롭구나 나목위의 까치집

이경옥(李京玉, 1959~)

경북 김천 출생. 동국대학교 석사. 1995년《현대시조》등단. 시집 『막사발의 노래』, 『무의탁 못』, 한국시조시인협회, 현대시조 올해의 좋은 작품상, 공무원문예대전 우수상 수상.

　　　　익을 무렵
열흘 붉은 꽃이라지만 수사는 더 짧아도 좋다
양귀비, 붉은 꽃잎 떨치고 수천의 씨앗 품듯
지금은 현란한 말을 버리고 정심正心을 쟁일 때

천숙녀(千淑女, 1955~)

경북 문경 출생. 1995년《문학공간》등단. 시집『들풀향기』, 『맨땅위의 파도』, 『내 길로 가던 날』, 시화집『독도시 200선』, 순수문학상 우수상, 국회독도특위 독도수호유공자 공로패, 천지사회인상 수상. 한민족 독도사관 관장.

　　　　독도 - 혼
그립다 짓무른 눈 퍼렇게 멍들었다
해지는 저녁이나 낮달 든 아침이나

생억지 가위 눌려도 단심증언 내 혼이다

김순자(金順子, 1945~)

경북 영양 출생. 대구교육대학 졸업. 1996년 《문예사조》 등단. 시조집 『약사암 가는 길』, 『내 마음의 조율사』.

꿈

숨겨둔 너럭바위 소나무 밑에 누워
열쇠를 쥐어주며 환히 웃던 밀짚모자
늦가을 솔방울 대신 연두칩을 끼우라네.

노윤지(盧玧志, 1945~)

경북 구미 출생. 한국방송통신대학 초등교육과 졸업. 1996년 《한국시조》 신인상 등단. 시조집 『별 뜨면 머릴 맞대고』, 『송천골 별바라기』.

자귀나무

솔바람 소릴 듣고 이른 새벽 눈을 뜨고
자하동 물을 떠다 맷돌에 콩을 간다
별뜨면 머릴 맞대고 실뜨기를 하고파

원정호(元正湖, 1955~)

경북 영천 출생. 대구교육대학교, 대구대 사범대학 국어교육과, 한국교원대 대학원 졸업. 1996년《현대시조》신인상. 시집『노을 편지』, 저서『김득연 시조연구』, 공저『한국시조작가론』, 2003년 현대시조 좋은 작품상 수상.

　　　폭포 소리
고단한 삶에 쫓겨 막다른 협곡에 닿은
투명한 영혼의 웃음소리가 저럴까?
이 세상 모든 어둠이 빛으로 쏟아진다

조영두(曺永斗, 1955~)

경북 영천 출생. 대구교육대학, 한국방송통신대학, 한국교원대학교 대학원 석사과정 졸업. 1996년《시조문학》천료, 1998년 ,〈매일신문〉신춘문예 당선. 시조집『떠나보면 안다』.

　　　소금밭
작열하는 태양 아래 삭신을 녹여가며
출렁이는 갯내음과 심해의 정념들을
하얗게 떨쳐낸 사리로 피워내는 삶의 결정

채홍정(蔡鴻政, 1940~)

경북 문경 출생. 호, 대원大元. 1996년《한맥문학》등단. 시조집『한여름밤 그리움』, 편저『새 속담사전』등. 대전펜문학상 수상.

　　　　겨울 바다
갈가리 너울 파도 쉼 없는 하얀 눈물
목매인 하소연에 얼마를 더 울어야
임 가슴 마중물 될까 시름겨운 저 안달

최순향(崔順香, 1946~)

경북 포항 출생. 숙명여대 약학과 졸업. 1997년《시조생활》등단. 시조집『옷이 자랐다』외, 문집『아직도 설레는』, 영문번역시집『행복한 저녁』시천시조문학상, 난대시조공로상, 세계전통시인협회한국본부 공로대상, 한국문인협회 작가상. 송운현원영시조문학상,《시조생활》주간.

　　　　옷이 자랐다
구순의 오라버니 옷이 자꾸 자랐다
기장도 길어지고 품도 점점 헐렁하고
마침내 옷 속에 숨으셨다 살구꽃이 곱던 날에

김세진(金世鎭, 1962~)

대구 출생. 대구교육대학, 경북대학교 교육대학원 졸업. 초등학교 교사 재직. 1998년〈중앙일보〉시조백일장 장원으로 등단. 시조집『메타세콰이아에게』,『점자블럭』,『빗방울 강론』, 중앙시조대상 신인상 수상.

　　　　가을 제비꽃
제비도 떠난 들판 늦가을 볕뉘 아래/ 한 송이 꽃도 없는 붙박이 앉은 뱅이/ 따습던 봄날 아지랑이 마냥 꿈을 꾸는 너// 수줍고 볼품없는 꽃줄기 겨우 달고/ 된서리 내리기 전 씨방을 터뜨리는/ 폐경이 이내 찾아 올 늙은 산모 같은 너

박광훈(朴光勳, 1955~)

경남 거제 출생. 부경대학교 졸업. 1998년《시조문학》천료. 맥시조문학회장 역임.

　　　　해안선 2
끝인 줄 알았는데 시작의 출발선
모래 자갈 바위들이 선을 위한 점이 될 때
종종종 물떼새들이 하나둘씩 모였다.

이향미(李香美, 1957~)

경북 청송 출생. 한국방송통신대학 중퇴, 1998년《시조비평》신인상 등단. 시조집 공저『들꽃처럼 살다』, 강원시조 부회장, 화천문협 지부장 역임.

　　　　아아 들풀
낫에 목이 베이고도 너는 한도 없다더냐
흩어진 살점에도 향기만 진동하니
죽으며 거듭나는 거 너는 이미 알았네

최상호(崔相浩, 1952~)

경북 영주 출생. 호 어안. 안동교육대학 졸업. 1998년《월간문학》신인상 등단. 시조집『영혼의 바다를 떠돌며』외 6권. 공저 6인 창작동화집『미꾸라지의 꿈』. 1979년 세계아동의해 경북교사문예 동화 금상, 공무원 문예대전 시조부문 우수상, 경북문학상 수상.

무섬에서 길을 묻다

눈을 감고 길을 간다 눈을 뜨고 길에 묻다/ 눈 밖에 길이 있고 눈 안에도 길은 있다/ 지금껏 딛고 산 시간 내 길인가 묻는다// 맨 처음 내 딛은 길 앞서간 이 많았구나/ 가다가 돌아보니 뒤쫓는 이도 많다/ 저물녘 주위를 보며 내 길인가 묻는다

공영해(孔榮海, 1948~)

경북 영천 출생. 영남대학교 국문과 졸업. 1999년《시조문학》신인상 당선. 시조집『모과향에 대한 그리움』,『낮은 기침』,『천주산 내 사랑』,『아카시아 꽃숲에서』, 창원문협 회장 역임. 가락문학상, 경남예술인상, 한국동서문학작품상, 경남시조문학상 수상.

귀울음

시한부 목숨과 바꾼 금방 녹을 시간 앞에
노래로 숲을 태우는 저 불청객 누구인가
귓속을 풀무질하는 대장간의 저 사내

● **임성화(林成花, 1961~)**

경북 청도 출생. 중부대학교 국문과 졸업. 1999년 〈매일신문〉 신춘문예 당선. 시조집 『아버지의 바다』, 『겨울 염전』, 울산시조시인협회 회장 역임. 성파시조문학상 수상.

방음리

청도 땅 운문댐을 가만가만 들여다보면/ 구름 한단 졸고 있는 들머리 감나무집/ 오늘은 손님 오려나 까치 깍깍 울어댄다/ 참숯 태워 끓인 쇳물 조선솥 굽던 방음리/ 불매불매 불러가며 접일로 정을 쌓던/ 그 시절 동네 사람들 하나 둘씩 다가온다/ 새벽길 종종대며 장에 간 어머니는/ 해 떨어져 못 오시나 물안개만 피는 언덕/ 호야등 들고 나온 달 묵화 속에 잠긴다

● **김제흥(金濟興, 1961~)**

경북 봉화 출생. 영주공고 졸업. 현대종합특수강(주) 포항 공장 근무. 1999년 《현대시조》 신인상 등단.

진달래

주근깨 박혀오는 한 점 빛에 뿌리내려/ 겨우내 뽑아 올린 지열을 나누고파/ 이른 봄잠을 깨우려 손나발을 모은다// 음표를 걸어놓고 지휘 본능 올려들어/ 쏠리는 눈망울들 아낌없이 주고 나면/ 이 땅 위 어디라 없이 푸른 선율 떨린다

● **이준문(李準文, 1945~)**

경북 안동 출생. 호 지산芝山. 중앙대 대학원 석사 졸업. 1999년《한맥문학》등단. 시집『새벽강을 바라보며』, 외. 한맥문학상 수상.

      하루방
꽉 다문 입술에는 의기가 넘쳐나고
왕방울 눈 위에는 벙거지 얹어쓰고
두 주먹 불끈 쥐고서 탐라도를 지킨다

3. 21세기 전반기

가. 시대 배경 및 창작 환경

새 세기를 맞은 대한민국은 비약적인 경제 발전을 이룩하여 선진국 대열에 합류했으며, 세계 경제 규모 10위 전후를 자랑하게 되었다. 국가 발전에 따라 드라마, K-팝, 영화를 비롯한 한류문화가 국위를 선양하면서 급속하게 확산되어 후진국과 개발도상국에서는 한국이 꿈의 나라가 되었다. 문학 분야에서도 세계적인 맨 부커상 수상을 비롯한 성과도 있지만, 노벨문학상 수상자를 배출하지 못한 안타까움을 벗지 못하고 있다.

한국시조시단은 한국문인협회와 국제펜한국본부의 시조분과, 한국시조시인협회를 비롯하여 '오늘의 시조시인회의', '한국시조협회', 등이 시조의 발전을 꾀하고 회원 상호간의 친목을 도모하며 선의의 경쟁을 펼치고 있다. 시조전문잡지도 한국시조시인협회의 반연간지《시조미학》(2012)이 창간되었고, 20C 전반기에 창간된 잡지 외에《시조세계》,《시조시학》,《정형시조》 등이 창간되고,《나래시조》는 동인지 개념을 벗고 시조전문지로 탈바꿈했다. 시조전문잡지는 작품 발표 무대가 되고 있고, 시조에 관한 관심을 극대화시키려고 노력하고 있다. 20세기 후반의 발전 탄력을 이어가며 특기할만한 사항으로 지방자치단체가 지역 문인 현창 사업을 벌이며 문학상을 제정하여 시행하는 곳이 늘어났다는 것이다. 경북에서는 이호우. 이영도 문학상, 백수문학상이 대표적이다.

경북시조단은 경상북도 문인협회 시조분과를 비롯한 여러 동인이 활동을 펼쳤다. 꾸준한 활동으로 연간집 발간과 문학상을 시상하는 '영남시조문학회', '영가시조문학회', '오늘' 동인도 꾸준한 활동을 보이고 있다. 새 세기에 들어서면서 '비화시조문학회'는 '맥시조문학회'로 개칭하고 활동 범위를 넓히고 있으며, '한결'은 '가족시조낭송대회'를 개최하는 등 새로운 콘텐츠 개발에 힘쓰면서 발전을 모색하고 있다.《나래시조》는 동인지를 벗어난 잡지화를 모색하여 활로를 개척하고 있다. '오류' 동인은 활동을 그만두었다.

경북시조단은 이 시기 비약적인 발전을 보여, 시조의 중심이 경북이라는 사실을 확실하게 굳혀가고 있다. 2001년 가을《시조21》의 창간이 그 시발점이 되었다. 1집부터 23집까지 반년간지로 발행하다가 2013년 24집부터 계간으로 발행되고 있다. 2008년 12월 10일에는 경상북도 김천시 대항면 직지사길 118-18에 백수문학관이 건립 개관했다. 전시실, 세미나실, 자료실, 사무실, 집필실, 기타편의시설, 수장고를 갖추었다.

2016년에는 경북 청도군 청도읍 유호리에 청도시조공원이 조성 되었다. 청도시조공원의 표지석에는 "자랑스러운 시조의 우수성을 높이 기리고 국민과 함께 하기 위하여 청도군에서는 이호우. 이영도 남매 시인의 고향인 이곳에 청도시비공원을 조성"한다고 밝혔다. 현대시조 초창기부터 왕성한 활동을 하신 시조시인의 시비 스물여섯기가 섰다. 경북 출신의 시인은 이호우, 이영도를 비롯하여, 김남환, 김상훈, 류상덕, 민병도, 박시교, 정완영의 여덟 기가 있다. 또한 경상북도 청도에 본부를 둔 (사)국제시조협회가 창립되었다. 이 협회는 한국 고유의 정형시 '시조'의 발전과 국제화를 실천하고 회원의 권익옹호에 기여함을 목적으로 한다. 이 목적을 달성하기 위하여 시조창작분과, 시조평론/번역 분과, 시조낭송분과, 시조예술분과를 두고 있다. 구체적으로 ① 시조의 질적 향상을 도모하기 위한 사업, ② 회원의 권익 옹호와 복지를 위한 사업 ③ 이호우, 이영도 시조문학상 시상 및 시 정신 선양 사업 ④ 문예지 발행 및 출판사업 ⑤ 시조의 국제적 보급과 교육사업 ⑥ 연구발표, 시조강연회 등 시조의 대중화를 위한 사업 ⑦ 시조의 국제화를 위한 정책 개발에 관한 사업 ⑧ 시조문학상 및 시조백일장 운영 사업 ⑨ 시조낭송회, 시조음악회, 등 타 장르 예술과의 통섭 프로그램 운영 사업 ⑩ 기타 이 회의 목적을 실현하기 위한 여러 사업을 한다.

　2016년 제1회 청도국제시조대회를 개최, 중국 절강대 도연 교수, 중국 오명현 교수, 일본 후지모토 교수 초청, 문학 강연을 듣는 것으로 시작하여, 2018년 미국 마크 피터슨 교수, 대만 간금송 교수 초청 강연, 2022년 일본 후지모토 하나 선생을 단장으로 한 정형시 대표단을 초청했다. 2019년에는 국제시조협회 회원들이 일본 국제하이쿠교류협회 초청을 받아 도쿄 한국대사관에서 심포지엄을 갖는 등 그야말로 국제적인 행사를 기획 추진하고 있다.

　시조의 세계화에 가장 중요하고 우선적으로 해야 할 일이 시조를 번역 소개하는 일인데 이 일에 국제시조협회가 심혈을 기울여왔고 성과가 컸다. 매년 발간되는 기관지도 중국어, 일본어, 영어로 번역하기도

하지만, 고시조 100선 『동짓달 기나긴 밤을』의 일역과 중역, 시조와 하이쿠 공동시집 『들풀의 아침』 발행 등은 시조가 세계를 향하여 내딛고 있는 힘찬 발걸음이다. 2017년부터 매년 기관지 《국제시조》를 발행하여 시조의 국제화 양상을 잘 보여주고 있다.

나. 활동 시인

송정란(宋貞蘭, 1958~)

경북 영주 출생. 경기대(국문과) 박사. 건양대학교 교수. 1990년 《월간문학》 시 당선. 2000년 〈조선일보〉 신춘문예 당선. 시집 『허튼 층 쌓기』, 기타 저서 『스토리텔링의 이해와 실제』 동국문학상 수상. 《시조시학》 편집장 역임.

나무, 나무, 나무

저 굵은 나이테 뱃심 두둑한 사내 같아/ 불거진 힘줄의 가지 두 팔 벌려 달려들 듯/ 여름숲 녹녹한 잎새들 간드러지게 몸 뒤채네// 저 나무 암컷이 되어 으스러지게 안기고 싶은 /마음의 이파리들 하염없이 뒤채이네/ 사나운 짐승같은 가지들 나를 채갈 듯, 채갈 듯

오정방(吳正芳, 1941~)

경북 울진 출생. 서경대학교 졸업. 2000년 《세기문학》 신인상 시, 〈미주 중앙일보〉 신춘문예 시조 당선. 2005년 《문학과육필》 수필 등단. 시문선 『다시 태어나도 나는 그대를 선택하리』, 시집 『그리운 독도』, 사화집 『영혼까지 독도에 산골하고』, 편저 『오레곤한인회 50년사』.

입동지절立冬之節

먼 산의 눈 소식이 바람결에 전해지고
수목들 옷을 벗고 겨울 채비 서두는데
아직도 가을을 바로 놓지 않는 심사여!

구귀분(具貴粉, 1949~)

경북 의성 출생. 2000년 《현대시조》 등단. 시집 『텃밭의 작은 기적』. 영남시조문학회 회원.

황혼

구름처럼 하얗게 핀 목련꽃 공원 벤치
구릿빛 삶의 흔적 무쇠보다 무거워
말 잃은 침묵의 표정들 꽃그늘에 쉬고 있네

한상철(韓相哲, 1947~)

경북 고령 출생. 2000년 《해동문학》 등단. 산악시조집 『산중문답』, 『산창』, 『산정만리』, 한시집 『북창』, 제10회 도봉문학상 수상.

희망 한단 값

장바닥 귀퉁이에 엉성히 묶인 대파
선상님 열정이면 절망도 바꿔줄 걸
아지매 희망 한 단에 얼마씩을 받나요

곽홍란(郭紅蘭, 1960~)

경북 고령 출생. 영남대 대학원 졸업. 1997년 〈매일신문〉 신춘 동시, 2001년 〈조선일보〉 신춘 당선. 동시집 『글세, 그게 뭘까』, 시조집 『직선을 버리다』, 『환승역, 고흐』, 소리시집 『내 영혼의 보석상자』, 『행복한 동행』, 해남사랑문학상, 방정환문화예술문화상, 눈솔상 수상.

    가야금관
쇠라고 눈물이 없으랴 운다고 다 울 수 있으랴
살 삭고 뼈 허물어진 그 더께 위 홀로 남아
햇살도 비껴간 이름 목이 메어 호명한다

김조수(金調秀, 1959~)

경북 고령 출생. 현대중공업 근무. 2000년 〈중앙일보〉 신인문학상 수상 등단.

    가을편지
짱아는 빈 하늘에 동그라미 그려보고
한가위 보름달은 나를 보고 웃는 시간
폭염에 시달린 호박 속살 가득 지고 있다

송진환(宋鎭桓, 1948~)

경북 고령 출생. 영남대학교 국어국문과 졸업. 1978년 《현대시학》 천료. 2001년 〈매일신문〉 신춘문예 시조 당선. 시집 『바람의 행방』,

『잡풀의 노래』,『조롱당하다』,『누드 시집』,『못갖춘 마디』,『사소한 것도 사소하지 않다』, 수주문학상, 대구시협상, 대구시조문학상 수상.

누드 65
세상 것 두루 채워서 얻을 요량인데
너는 한 겹 한 겹 벗겨내 찾는구나
그렇다, 이제 알겠다 꿈을 여는 보법을

정경화(鄭敬花, 1962~)

대구 출생. 2001년 〈동아일보〉,〈농민신문〉 신춘문예 당선. 중앙시조대상 신인상, 이영도시조문학상 신인상, 대구시조문학상. 시조집『풀잎』,『시간 연못』,『편백나무 침대』, 선집『무무무 걸어 나오고』. 계간 《시조21》 편집주간.

담금질
내 안에 내가 많아 가시 같은 내가 많아
뜨거운 그대 노래 뜨거워서 식을까봐
차라리 칼보다 푸른 찬물 속에 가둔다.

이솔희(李率熙, 1960~)

경북 성주 출생. 본명 이순희. 영남대학교 국문과, 경북대학교 대학원 졸업. 2001년 대구시조전국공모전 장원, 2002년 〈경향신문〉 신춘문예 당선. 시조집『겨울 청령포』, 이론서『한국 근대시조에 나타난 이미지』. 한국시조시인협회 신인상 수상.

    밤길
좋은 게 좋은 것이라 스스로를 달래며
어둠과 몸을 섞는 쥐똥나무 사이로
하나 둘 도리질하며 불 밝히는 가로등

박순화(朴順華, 1952~)

경북 예천 출생. 2001년 《시조문학》 신인상 등단. 시조집 『안동간고등어』, 『창밖의 풍경』, 『취원창 가는 길』. 사람과 환경 작가상, 안동예총공로상.

    취원창 가는 길
얼어서 죽을 각오 맞아서 죽을 각오로/ 독립의 길 가물가물한 황무지 소풍 길엔/ 석주의 비장한 총대 옥수수로 서 있다// 굶어서 죽을 각오로 압록강을 건너서며/ 일백 번 흔들려도 흔들려선 안된다던/ 석주는 큰 뜻 품고서 취원창에 누웠다// 아리랑 아라리요 목이 메어 부르며/ 태극기 흔들었던 서슬 퍼런 돌개바람/ 석주는 망부석 되어 안동가를 부른다

이용우(李龍雨, 1942~2019)

경북 경주 출생. 2001년 《월간문학》 신인상 등단. 시조집 『형산강』, 『어머니의 창』. 경주시 문화상 문학 부문 수상.

　　　　산다는 것
찬연한 일출로 장밋빛 꿈을 꾸고
활화산 불꽃으로 누리에 들부딪다
회색빛 가슴을 씻어 황혼 볕에 내 건다.

박희정(朴姬貞, 1963~)

경북 문경 출생. 영남대학교, 고려대 인문정보대학원(문화예술학과) 졸업. 2002년 〈서울신문〉 신춘문예 등단. 시조집 『길은 다시 반전이다』, 『들꽃사전』, 선집 『마냥붉다』, 에세이 『우리 시대 시인을 찾아서』, 오늘의 시조시인상, 중앙시조대상 신인상, 청마문학 신인상, 고대문우상 수상.

　　　　몽당연필
내 살이 다 닳아서 없어질 그 때까지
시간이 문드러져 여백을 채울 때까지
뻥 뚫린 심장의 말을 전할 수만 있다면

김복희(金福姬, 1959~)

경북 영주 출생. 소백 인삼 대표. 2002년《문학세계》등단. 시집 『섬돌을 밟고 서면』, 『장미빛인생』, 『사랑을 위하여』, 『풍기인삼』. 크리스찬문학상, 경북여성문학상, 세계문학상대상, 현대시조 좋은작품상 수상.

봄비

아직도 이마에 얹힌 하늘빛은 시리다/ 봄비는 비단솔로 추위를 닦아낸다/ 산수유 묵은 등걸에도 눈을 또록 틔운다.// 사람들 마음밭은 상기 눈을 못떴는데/ 가로수 어린 가지 벌써 흠뻑 젖어있고/ 누군가 화필을 들고 연두빛을 치고 있다.

손증호(孫潧鎬, 1956~)

경북 청송 출생. 계명대 국문과 졸업. 2002년《시조문학》등단. 시조집『침 발라 쓰는 시』,『불쑥』, 선집『달빛의자』. 부산문학상 우수상, 이호우시조문학상 신인상. 부산시조작품상. 전영택문학상, 나래시조문학상.

공존

걷는 모양 다 같다면 무슨 재미 있을까
또박또박 걷는 사람 건들건들 걷는 사람
걸음새 서로 달라서 어울려 살 만하다

이근덕(李根德, 1957~)

경북 고령 출생. 대구미래대 졸업. 2002년《문학세계》, 시조《시세계》시 등단. 시집『잎새의 노래』,『꽃피고 새우는 날에』,『만남이 축복인 것을』,『새벽녘 길을 가다가』,『고운 만남』, 공무원 문예대전 입상, 문학세계 공로상 수상.

청정심

한평생 팔십 생애 속 끓일 일 뭐 있으랴/ 까짓 것 고까짓 것 그리 한 번 해 버리니/ 청아한 곧은 마음이 새록새록 돋는다// 가련한 애옥살이 덤도 없는 삶이거늘/ 뭐 그리 애면글면 바둥바둥 살을랑가/ 첩첩이 쌓인 구름도 순식간에 벗긴다

황정희(黃貞姬, 1961~)

경북 영주 출생. 경희사이버대학 졸업. 2002년《월간문학》신인상 당선. 시집『꽃잎이 진 자리에』영주문협 부회장 역임. 경북여성문학상, 나래시조문학상 수상.

목련 16

고요한 빛을 띠워 봄밤을 베어 문 달
'툭' 하고 고름 속이 풀어지는 찰나에
첫날밤 수줍음 뒤로 불 밝히는 백화등

이재곤(李在崑, 1939~)

경북 영덕 출생. 2003년《미래문학》, 2007년《문학사랑》신인상. 저서『조선해어화사』외 전문서적. 추강시조문학상 수상.

구름과 인생

한 조각 뜬 구름은 영원한 나그네
떠돌다 사라지는 사람 또한 그러하니

구름이 곧 인생 같고 인생도 구름 같은 것을.

윤채영(尹彩影, 1950~)

대구 달성 출생. 대구교육대학 졸업. 2003년《열린시학》등단. 시집 『걸음을 멈춘 지가 오래 되었다』, 『8살 첫 단추 끼우기』, 선집 『참 매는 자유다』. 열린시학상 수상.

　　　　분꽃
노을 안고 피어나 어스름에 드는 꽃
달 없어 별 없어 적막을 붙안아도
유채색 박명을 딛고 눈부시어 오는 너

이재호(李在浩, 1949~)

경북 영주 출생. 아호 소조小鳥. 2003년〈경남신문〉신춘문예 시조. 《문예비젼》신인상 시 당선. 시집 『두메의 아침』, 『커피가 있는 두메』.

　　　　채석강에서
갯바위 품에 안겨 하얀 섬 바라보다
달려온 파도 자락 시 한 수 하라기에
가슴에 접어둔 엽서 달빛처럼 뿌렸다.

김낙기(金洛琦, 1956~)

경북 의성 출생. 아호 산강山堈. 단국대학, 서울대 경영대학원, 서울과학기술대 문창과 문학석사. 2003년 《시조문학》 등단. 시조집 『삼라만상』, 『독수리는 큰 나래를 쉬이 펴지 않는다』 외. 한국시조문학진흥회장 역임, 《시조문학》 편집장 역임. 단대신문 학술. 문학상 (시조). 시조문학 창간 50주년 기념 작품상 수상.

　　　　물방울
처진 억새 줄기마다 웬 금낭화 피었는가
비 멎자 한 풍경씩 담고설랑 영롱터니
아뿔사! 낙화, 낙화라 기척이는 미풍에도

서석조(徐錫祚, 1953~)

경북 청도 출생. 농협대학, 한국방송통신대학 경제학과 졸업. 2004년 《시조세계》 등단. 시조집 『매화를 노래함』, 『바람의 기미를 캐다』, 『돈 받을 일 아닙니다』, 기행시집 『별처럼 멀리 와서』, 선집 『각연사 오디』, 경남문학 우수상, 한국해양문학상, 시조시학 젊은시인상, 서정주문학상 수상.

　　　　동백꽃
살포시 다가온 봄이 불씨가 되었습니다
확 하고 입을 벌려 귓볼을 물었습니다
지지직 가슴이 타며 다리가 풀렸습니다

문수영(文琇瑛, 1957~)

경북 김천 출생. 동덕여대 국문과, 고려대 인문정보대학원 문학예술학과 졸업. 2003년《시를 사랑하는 사람들》신인상, 2005년 중앙신인문학상 수상 등단. 시조집『푸른 그늘』,『먼지의 행로』,『화음』, 시선집『눈뜨는 봄』,『물으로 눕는 길』. 대구문학아카데미 회장 역임.

　　　　시집을 읽으며
　첫 장을 넘길 때 어깨에 날개 돋았다
　깊숙한 계곡에서 길을 잃기도 했다
　심마니… 나무 사이로 보이는 그를 불러본다

조금숙(趙錦淑, 1964~)

경북 군위 출생. 한국방송통신대학교 졸업. 2003년《월간문학》등단. 시조집『소수언어박물관』,『중인당 한의원』.

　　　　새와 감나무
　바람의 아우성에 주저 없이 흔들리다/ 다 자란 몸피만큼 붉어짐에 마주하고/ 부리로 탐해도 될까 숨 고르는 작은 몸짓// 몸이 휘도록 홍시를 품고 있다/ 싹 다 비워낸 굵은 가지 사이로/ 길 하나 열어 놓은 틈, 생이 꿈틀한다

김미정(金美貞, 1961~)

경북 영천 출생. 대구가톨릭대 국문과 졸업. 2004년〈동아일보〉신

춘문예 당선 등단. 시조집『고요한 둘레』,『더듬이를 세우다』,『곁』. 이영도문학상 신인상, 2017년 대구문학 올해의 작품상, 대구시조문학상.

　　　　곁
그에 닿으려면/ 내처 허물어야 하나요
꽃이 피고 지는 일/ 그대 오고 가는 길
그 어귀 지키고 서서/ 홀로 저물어야 하나요.

김광자(1944~)

경북 봉화 출생. 안동여고 졸업. 2004년《시조와비평》시조 등단. 시조집『봄이면 나비가 된다』. 동백문학상, 현대시조 좋은 작품상, 황산시조문학상 수상.

　　　　가끔은
멈춰 선 인연인데 돌이키는 미련인가
너의 곁 맴돌면서 수채화를 그리면서
나 또한 내 가슴 안에 파랑새로 날고 있다

김정(金楨, 1963~)

경북 안동 출생. 본명 김정자金貞子. 동의대 석사 졸업. 2004년《현대시조》등단. 시집『맨발로 온 여름』,『문자실루엣』, 을숙도문학상, 현대시조작품상 수상.

　　　　무릉리 돌담
유채꽃 흐드러져 무참한 봄은 또 오고
두 아들 빼앗긴 채 새까맣게 굳어버린
할머니 구명 난 가슴 식지 않는 불덩이

이교상(李敎相, 1963~)
　경북 금릉 출생. 고려대학교 대학원 졸업. 2004년 〈서울신문〉 신춘문예 당선. 시집 『긴 이별 짧은 편지』, 『시크릿 다이어리』, 『역설의 미학』, 『독경』, 천강문학상, 김만중문학상 수상. 〈창작21〉 편집위원.

　　　　죽녹원에서
겨울이 흘러갔다 아버지를 만난 동안
따뜻한 봄이 왔다 아버지를 읽는 동안
세상에, 아버지보다 더 푸른 시詩 없다

이가은(李佳恩, 1947~)
　경북 경주 출생. 본명 이복순李福順. 한국방송통신대학 국문과 졸업. 2004년 《월간문학》 등단. 시조집 『문자 메시지』, 『가을과 겨울 사이』, 경기시조신인상, 한국여성시조문학상 수상.

　　　　문자 메시지
　먼 안부 잊은 듯이 불현 듯 전해오는/ 꽃물 찍듯 짧은 호명 압축 풀어 해독하고/ 간간이 말줄임표로 징검다리 놓는 마음// 쌈박한 이모티콘

그 은유의 고운 꽃비/ 때로는 느낌표로 하르르 날고 싶어/ 추스른 만장 그리움 메아리로 앉힐래

정형석(鄭炯錫, 1960~)

경북 문경 출생. 상지대, 고려대대학원 문예창작전공. 2004년 《시조문학》 등단. 공무원문예대전 입상, 나래시조문학상, 충북시조협회장 역임.

마라톤 2

한 걸음 내 딛을 때 하늘의 소리 듣고/ 땅의 울림 받는다 또 한 걸음 내딛으며/ 태초의 심장 뛰는 소리 율려를 듣는다.// 온몸을 쥐어짜는 한 방울 땀 흘리고서/ 땅속에서 7년을 참는 매미의 기다림 안다/ 7일을 목 놓아 우는 찬란한 그 희열도// 흰 선 하나 누워있다. 백 오리 그 너머는/ 심장이 터질 듯한 아찔한 절벽 건너서야/ 온 세상 다 가진 듯한 만다라를 안는다.

권영오(權寧午, 1966~)

경북 봉화 출생. 성균관대학교 한문학과 졸업. 2005년 《열린시학》 등단. 시집 『귀향』, 『철학하는 개』. 산문집 『아빠의 독서 편지』, 자기계발서 『공자님께 배우는 네트워크 마케팅 성공 키워드 123』, 수필집 『그대 한입 나 한입』.

처서

배 지난 자리를/ 물이 다시 덮어주듯
그대 지난 자리에/ 여치가 와서 우네
울음은/ 저기 저 멀리/ 당신도 저 멀리

이경임(李敬任, 1966~)

대구 출생. 2005년 〈매일신문〉 신춘문예 등단. 시집 『프리지아 칸타타』 한국시조시인협회 신인상 수상.

　　　　섬휘파람새
　견디지 못하는 건 풍랑 가득한 저 바다/ 몇 번을 돌아눕는 불면의 새벽녘에/ 목 놓은 바람을 본다 그것은 환각이듯.// 돌아갈 길 찾지 못해 밤마다 우는 새 / 늑골을 죄는 어둠 우두커니 지켜서다/ 만지면 바스라지며 바다를 토해내는 화석

이태순(李泰順, 1960~)

경북 문경 출생. 한국방송통신대학 국문과 졸업. 2005년 〈농민신문〉 신춘문예 당선. 시집 『경건한 집』, 『따뜻한 혀』, 『한 끼의 시』, 선집 『북장을 지나며』. 오늘의시조시인상, 중앙시조대상 신인상 수상.

　　　　따뜻한 혀 2
　꿈을 꿨다. 풀 한 짐 지고 우두커니 서 있는/ 고요해서 슬펐다 풀 한 짐에 시들었다/ 천리 길 만 리 떠나는 워낭소리 들렸다// 핏물 밴 풀 뜯어먹다 배가 고파 울었다/ 붉은 흙을 뒤집어쓴 어미 소가 걸어왔다/

다 헐은 혓바닥으로 연시 핥아 주었다

이희숙(李熙淑, 1955~)

경북 청도 출생. 경북대학교 평생교육원(문예창작), 2005년 《시조세계》 신인상 등단. 시조집 『눈물이 향기였네』.

   센스등
잠결에도 황급히 반겨 맞아 주었지
직감으로 알아내는 그 환한 눈빛으로
안테나 세우고 살며 선잠 드신 어머니

정화섭(鄭花燮, 1960~)

경북 선산 출생. 한국방송통신대학 문화교양학과 졸업. 2005년 제1회 백수전국시조백일장 장원, 《나래시조》 신인상 등단. 시조집 『먼 날의 무늬』.

   야상곡을 그리다
영혼을 팔아먹은 사내를 만났었다
마른 나뭇가지로 굴렁쇠를 굴리며
그날 밤, 함께 울었다 그림자만 떨렸다

이화우(李和雨, 1965~)

경북 경주 출생. 영남대 국문과 졸업. 2006년 〈매일신문〉 신춘문예 등단. 시조집 『하닥』, 『동해남부선』. 아르코문학상, 이호우시조문학상 신인상 수상.

　　　　찌
세상을 훔치려고 이쪽이나 저쪽이나
놀라, 반들거리는 생쥐의 눈알이다
잠겨도 저항할 수 없는 숨 막히는 부력이다.

● **고동우(高董雨, 1961~)**

경북 봉화 출생. 한국방송통신대학 졸업. 2006년 《현대시조》 등단. 시조집 『끌림』. 《시조문학》 편집장 역임. 제4회 한국시조시인협회 신인상, 제35회 한국시조문학상 수상.

　　　　십일월
베인 가슴 틈 사이로 밀려나온 해진 날들
발 걸고 메어치는 시간의 돌부리에
뻰 곳을 다시 삐곤하는 허구한 날 여줄가리

● **김희동(金姬東, 1968~)**

대구 출생. 동국대학교 대학원 졸업. 경북도민일보 부국장. 2006년 《월간문학》 신인상 등단. 경주문학상 수상.

　　　　　창호지 바르는 날
새치름한 섣달이면 문을 새로 발랐다/ 때 묻고 찢긴 한 해 말끔히 뜯어내고/ 속살을 드러낸 기억도 말끔하게 지웠다// 풀 먹인 삼베 한 겹 문살 위에 먼저 펴고/ 창호지 곱게 얹어 머금은 물 뿜어두면/ 팽팽한 설원이 되어 당겨지던 창호지// 치자 잎 단풍잎을 환하게 들인 곁에/ 안방 문 한중간에 손바닥만한 유리 한 장/ 어머닌 달빛의 기척을 그곳으로 살피셨다

박두화(朴斗花, 1958~)

경북 경주 출생. 한국방송통신대학 국문과 졸업. 2006년《시조시학》신인상 등단. 시집『바람의 손』, 여강시가회 부회장. 여강시가회 작가상 수상.

　　　　　해송
징하게 밝은 달이 내 안까지 돋는 날은
굽은 등 곧추 세워 수평선 바라본다
그리움 연을 날리며 깨금발 딛는 어머니

윤경희(尹慶姬, 1964년~)

경북 경주 출생. 2006년《유심》신인문학상 등단. 시조집『비의 시간』,『붉은 편지』,『태양의 혀』, 시선집『도시 민들레』. 대구예술상, 이영도시조문학상 신인상 수상.

초승달
그 누가 웅크리나 도열逃熱의 얼굴빛
세한의 하루를 깁는 허전한 하늘 저쪽
빈 가지 난간을 타고 버선발로 걸어간다

이종갑(李鍾甲, 1948~)

경북 고령 출생. 아호 춘강春江. 2006년《문학세계》,《시세계》등단. 시집『회환의 거리에서』,『풀꽃 그리고 향기』, 문학세계 대상, 시세계 대상 수상.

농사꾼
그을린 농부 혼자서 거름을 싣고 있다/ 해마다 설친 농사가 쭉정이와 허탈뿐이지만/ 올해는 괜찮으리라 경운을 하고 있다// 예측 못할 일기예보 물길을 트고 있는/ 그을린 그의 생애가 땡볕에 타고 있다/ 걸쭉한 막걸리 사발에 가을 풍경 걸린다

예병태(芮秉泰, 1953~)

경북 청도 출생. 대구교육대학, 한국교원대 대학원 졸업. 2006년《문예춘추》신인상 당선. 시조집『비슬산』,『바람의 얼굴』,『곡예』, 맥시조, 여강시조문학상 수상.

벚꽃 만개
만개의 순간에는 오직 몰입하여

야성의 초인적인 모든 감각 일깨워
그 품에 안길 일이다 절창을 들을 일이다

김희선(金希善, 1953~)

대구 출생. 영남대학교 국문과 졸업. 2005년 《문학세계》 시, 2006년 《시조세계》 시조 등단. 한국문인협회 봉화지부장 역임.

산수유

사람이 가슴을 열면 그 깊이는 얼마일까
온 겨울 다져온 저 노란 생명의 두께
얼마나 더 깊어져야 저 향기로 다가갈까

김학준(金鶴濬, 1967~)

경북 영주 출생. 영남대학교 졸업. 2006년 《문학세계》, 《시조세계》 신인상 등단. 시조집 『바람의 주소』.

길 위의 나

애초에 고된 삶이 이렇게 아픈 거라
독항아리 깊은 곳 숯으로 눌러둔다
인고의 세월이 나면 삭혀지고 마는 걸

류인수(柳寅秀, 1951~)

대구 출생. 한국방송통신대학교 국문과 졸업. 2006년《시조세계》신인상 등단.

　　　　파도
오늘만 살 것 같은 울부짖음이다 몸부림이다
알고 보면 저 방황이 세상을 끌어안는 법
수유의 포말을 그리며 유명幽明도 넘나든다

최재남(崔在男, 1968~)

경북 안동 출생. 한국방송통신대학 국문과 졸업. 2007년 대구시조 전국 공모전 장원, 2008년《시조 21》신인상 등단. 시조집 『바람의 근성』, 『섬의 시간』. 한국시조시인협회 신인상 수상.

　　　　지평선
떠안은 기도 무거워 주저 앉은 하늘과
오르려 발버둥 쳐도 어림없던 땅이 만나
달동네 골목에 보낼 달 한 덩이 낳는다

최정옥(崔貞玉, 1956~)

경북 경주 출생. 부산교육대학교 졸업. 2007년《부산시조》신인상 등단. 시조집『나무의 자리』,『지붕 없는 미술관』.

　　　　충렬사 나무 벤치

목마른 풀잎들은 글을 읽듯 흔들리고
시의 음성 하얀 나비 색색으로 나래 펴는
그 자리 아담이 앉은 민들레 노란 꽃술

권영희(權英姬, 1964~)

경북 안동 출생. 경희사이버대학교 대학원문창과 석사 졸업. 2007년 《유심》 신인상 등단. 시집 『오독의 시간』, 시선집 『달팽이의 별』. 가람시조문학상 신인상 수상.

　　　　시를 사다
벼르고 별러 딸에게 고백했다
사실은 네 애기 시에 써먹었어
진짜야? 그럼 엄마, 엄마 시 하나 또 팔까?

김영애(金英愛, 1949~)

경북 봉화 출생. 동양대학교 교육행정학 석사. 2007년 《시조문학》 등단. 시조집 『별이 되는 꽃』, 『쪽빛 하늘 한 조각』, 『씀바귀가 여는 봄날』, 한국문인협회 영주지부 회장, 영주시조문학회장, 월하시조문학회 회장 역임. 시조문학 올해의 작품상, 한국시조문학상, 포은시조문학상 대상 수상.

　　　　산가
찔레꽃 하양 울음 방울져도 소리 없고

싸리 채반 성근 틈을 바람만 드나들고
햇살이 툇마루에서 앉은 자리 좁혀가네

김은희(金銀熙, 1961~)

경북 상주 출생. 호 윤서胤瑞. 원광대 석·박사 졸업. 2007년《시조세계》신인상.

꽃무릇

윤회다 해해연년 꽃과 잎 피고 지고
저토록 상사의 아픔 피를 토해 갈망하면
이 새봄 임으로 와서 찾고 찾다 또 가는

김경은(金庚垠, 1963~)

경북 안동 출생. 안동대학교 졸업. 2008년《문예사조》신인상 당선. 시집『선물』. 자랑스런수원문학인상, 경시시조문학작품상, 한국작가회 낭송문학 본상 수상.

고물상

무질서 속 천 길의 잠 묵언의 고행자다
산처럼 세상시름 오르고 도 쌓다가
만적萬積의 켜켜한 분노 다 내려놓고 누웠다

김보람(金보람, 1988~)

경북 김천 출생. 고려대학교 박사 졸업. 2008년 중앙신인문학상 수상 등단. 시집 『모든 날의 이튿날』, 『괜히 그린 얼굴』, 한국시조시인협회 신인상 수상.

                콤마,
 생각에 잠긴 척 아무렇지 않은 척
 끔찍하게 긴 고요가 숨구멍을 뚫는 중
 행간에 쪼그리고 앉아 빠져죽기 충분했다.

김동호(金東浩, 1958~)

경북 김천 출생. 경북대학교 사범대학 일반사회교육학과 졸업. 2008년 《유심》등단. 시집 『창 열어 산을 열고』.

              창 열어 산을 열고
 창 열어 산을 열고 구름 너머 그 너머 본다
 한 조각 마음 열면 사는 법 훤히 보일까
 늘 듣던 일체유심조 창 열어 마음 연다

김종화(金鍾和, 1942~)

경북 상주 출생. 영남대학교 졸업. 2008년 《시조생활》등단. 시조집 『해오름』, 『해바라기의 노래』, 『여울물』, 『살어리 살어리랏다』. 한국크리스천문학 신인작품상, 세계전통시인협회 작품상 수상.

　　　　　백자
뽀얀 살 흠이 질라 그늘에서 숨 고른 뒤
천이백도 잉걸불에 때를 벗는 아픔이여
청아한 너의 울림에 눈이 멀어 버려라

김효이(金效伊, 1968~)

경북 영양 출생. 울산전문대학, 경희사이버대학교, 경기대 한류문화대학원, 2008년《한맥문학》등단.《서정과현실》신인작품상, 울산시조 작품상 수상.

　　　　　대추나무
마당귀에 대추나무 한 그루 서 있다
가을이 노을처럼 잠시 머물다 갔다
눈 오고 바람이 불어 그림자만 남았다

박홍재(朴弘在, 1954~)

경북 포항 출생. 한국방송통신대학 국문과, 중문과 졸업. 2008년《나래시조》신인상 등단. 시조집『말랑한 고집』. 부산시조 작품상 수상.

　　　　　단풍 들 무렵
옻나무 가지 끝에 묻어있는 가을바람
산새가 꼬리에다 듬뿍 찍어 다니면서
여름내 마음 주었던 가지 끝에 매답니다

이상인(李相印, 1940~)

경북 경주 출생. 2008년《시조생활》등단. 시집『여울물의 노래』. 한국경찰문학회 고문.

    신라의 장인
불성 깊어 돌 속에 숨은 부처 보이고
정 쪼아 돌 밖에다 부처를 드러낸다
이윽고 현신한 부처 그 미소 위에 핀 오! 우담바라

이서원(李瑞源, 1969~)

경북 경주 출생. 2008년〈부산일보〉신춘문예 등단. 시집『달빛을 동이다』,『뙤창』, 선집『단풍왕조』. 이호우시조문학상 신인상, 한국시조시인협회 올해의 좋은 시조집상 수상.

    오후 한 시
물든 장화 속 잘 씻긴 발바닥이듯
하얀 고요가 도란도란 모여있다
꼭 여문 살구씨 같은 모가 닮은 댓돌 위

정진호(鄭震鎬, 1959~)

경북 성주 출생. 금오공과대학교 공학 석사. 2008년《나래시조》신인상 등단.

　　　　　몽돌
밤낮 푸른 물에 몸 씻고 마음 닦아
성깔도 다 버리고 제 모습도 성형하고
차르르 모로 굴러도 어울리며 사는 돌

최해진(崔海晉, 1947~)

　경북 경주 출생. 부산대학교 대학원 졸업. 2008년 《부산시조》 신인상 등단. 시조집 『까치집』, 저서 『인간행동론』, 『갈등의 구조와 전략』, 등. 부산시조협회 이사 역임. 동의대학교 상대 학장, 대한경영학회 회장 역임.

　　　　　세월
　바늘 귀 어디메냐 찾으시던 어머니/ 단번에 실끈 잡던 까까머리 그 아들도/ 어느새 육십 고개를 한참이나 지납니다// 머릿결 곱디고운 새 아기 당신 며느리/ 바늘귀 찾다말고 어머님 그립다고/ 눈시울 적시어가며 환갑이라 말합니다.

박미자(朴美子, 1965~)

　경북 영덕 출생. 한국방송통신대학교 유아교육과 졸업. 2009년 〈부산일보〉 신춘문예 당선. 시조집 『그해 겨울 강구항』, 『도시를 스캔하다』. 울산시조작품상, 울산문학작품상, 김상옥백자예술상 신인상, 성파시조문학상 수상.

낙과

예견된 이별처럼 너는 떠나가고
새가 쫀 부리 자국 햇살 아래 선명하다
툭, 떨군 마지막 인사 온 하늘이 텅 빈다

박방희(朴邦熙, 1946~2022)

경북 성주 출생. 영남대학교, 경북대 정책정보대학원 졸업. 2009년 《유심》 시조 등단. 시조집 『너무 큰 의자』, 『붉은 장미』, 『시옷씨 이야기』. 동시조집 『우리 속에 울이 있다』, 『나무가 의자로 앉아있다』가 있다. 새벗문학상, 불교아동문학작가상, 방정환 문학상, 한국아동문학문학상, 한국시조시인협회 신인상, 금복문화상 수상. 대구문인협회장 역임.

이사

이삿짐을 풀어놓고 벽에 못을 박으면
생활은 시작되고 타관도 고향 된다
그렇게 못 박힌 하루하루가 일생이 되는 거다.

정나영(1970~)

대구 출생. 대구가톨릭대 박사 졸업. 2009년 《시조21》 등단. 시조집 『별빛도 못갖춘마디』.

징검돌

막 구워낸 스테이크 소기름이 몽글하다
괜찮다며 먹는 남자 기어이 떼내는 여자
부시다, 따로 또 같이 어떤 봄날 건너는

황삼연(黃三淵, 1953~)

경북 김천 출생. 대구교대, 한국교원대학교 졸업. 2009년 《시조세계》 등단. 시집 『설일』.

　　　그랬다
바람이 그랬다 씨 하나 맺으라고
강물이 그랬다 돌 하나 다듬어라고
세월이 무장 그랬다 사람 하나 세우려고

권성훈(1970~)

경북 영덕 출생. 경기대 대학원 졸업. 국문학 박사, 고려대 연구교수 역임. 경기대학교 교수. 2010년 《시조시학》 신인상, 2013년 《작가세계》 문학평론 신인상 수상. 시집 『유씨 목공소』 외 2권. 열린시학상, 인산시조평론상 수상.

　　　캔
높은 곳 손톱만한 귀를 달아두었지
가깝지만 무겁고 멀어지면 가벼운
하늘을 따고는 하지 그 얼굴 환해지네

권영숙(權英淑, 1959~)

경북 의성 출생. 2010년 《문학도시》 신인상. 시조집 『향기를 품다』, 『눈물겹도록 푸르다』, 『자두나무 아래서』. 부산문학상, 가산문학상 수상.

미투, 심판

억울한 고백이 세상을 흔드는 중/ 올 것이 오고야 만 준엄한 심판대/ 제 발등 스스로 찍은 어리석은 이름들// 이런저런 권력으로 겁 없이 부린 죄/ 움트고 싹이 자라 세상을 덮었다/
함부로 휘둘렀던 힘 악취 나는 얼굴들

김병락(金炳洛, 1958~)

경북 구미 출생. 경북공전 졸업. 2010년 《시조시학》 등단. 수필집 『매호동 연가』.

독거

누구고, 인기척에 엄마는 내다본다
밤새 통증으로 잠도 못 이루신
아. 그건 마음 한 사발 엎어지는 소리였다

김분조(金紛祚, 1943~)

경북 청도 출생. 2010년 《스토리문학》 등단. 2013년 시조집 『새벽 길』 발간.

청량산 단풍

청량산 큰 화폭을 통째로 펼쳐놓고
빨강 노랑 물감 풀어 밤새도록 덧칠하다
새벽녘 범종 소리에 놀라 시침이 뚝 떼고 앉은 너

민분이(閔粉伊, 1938~)

경북 경주 출생. 2010년 한국시조시인협회 전국공모전 장원 등단.

거미의 시간

 제 살 깎은 실타래로 한 뜸 한 뜸 엮은 자리/ 인적 드문 가풀막에 덧줄을 놓고 앉아/ 기나 긴 잠복의 시간 날아들까? 물잠자리// 해거름 하늘가에 엄지발 오그린 채/ 먹잇감의 기척인가 숨을 멈춘 한 순간에/ 능소화 늙은 꽃술이 툭! 하고 떨어진다

예연옥(芮連玉, 1954~)

 경북 청도 출생. 경희대 교육대학원 수료. 2010년《나래시조》등단. 시집『사향먹』.

아날로그 감성

 깊어가는 가을날 우편함 편지 한 통
 그녀를 마주한 듯 울컥 가슴 저민다
 까마득 잊었던 손편지 행간 사이 환하다

장병선(張炳善, 1937~)

경북 영천 출생. 건국대 졸업. 서울대 최고경영자과정 수료. 2010년 《생활문학》 시조 등단. 시조집 『꿈나무의 향연』외 수필집 『오동나무 그 결처럼』외 6권. 시흥문학상, 생활문학 대상, 여강시가회 시조문학상 수상

분수

한여름 하늘 향해 널 뒤듯 솟구친다
탐욕을 솎아내고 앙금을 드러낸다
온 세상 시원하구나 얽힌 매듭 풀어내니

정희경(鄭熙暻, 1966~)

대구 출생. 경북대 졸업. 2010년 《서정과 현실》 등단. 시조집 『지슬리』, 『빛들의 저녁 시간』, 시조평론집 『시조, 소통과 공존을 위하여』, 《한국동서문학》 편집장 역임. 《어린이 시조나라》 편집장. 가람시조문학 신인상, 올해의시조집상, 오늘의시조시인상, 부산시조작품상 수상.

목련

우리 엄마 축 처진 젖무덤이 지고 있다
말라 버린 유선이 누렇게 지고 있다
빈 젖을 밤 새워 빨던 보릿고개 그 봄날

조정향(曺廷香, 1943~)

경북 칠곡 출생. 경북여고 졸업. 2010년 《한비문학》 등단. 시조집 『숨비소리』, 『저문 뜰에 서서』, 『끝』.

첫 삼월
물오른 생강나무 샛노란 가지 끝을
살포시 햇살 한줌 으밀아밀 멧새 한 쌍
어찔한 불 냄새 물씬 타오르는 온 누리.

● 고은희(高銀姬, 1961~)

경북 군위 출생. 경기대학교 박사과정 수료. 2011년 〈부산일보〉 신춘문예 당선. 시조집 『싱싱한 현재다』.

싱싱한 현재다
참새는 나비를 몰고 나비는 꽃들을 물고/ 고 작은 날갯짓 하늘도 흔들더니/ 내 몸 속 무수히 많은 길들마저 흔든다// 강가에 느티나무 푸르른 바람 한 자락/ 달빛을 부르고 소쩍새를 부르고/ 서로가 부르고 불리어서 저마다의 짐을 지는

● 김덕남(金德南, 1950~)

경북 경주 출생. 한국방송통신대학, 부산대 행정대학원 졸업. 2011년 〈국제신문〉 신춘문예 당선. 시조집 『젖꽃판』, 『변산바람꽃』, 『거울 속 남자』, 시선집 『봄 탓이로다』. 부산여류문학회장 역임. 한국시조시인협회 신인상, 이영도시조문학상 신인상 수상.

냉이

혀 같은 새순 나와 톱니가 되기까지
한 생을 엎드린 채 푸른 별을 동경했다
서릿발 밀어 올리는 조선의 저 무명치마

성국희(成菊姬, 1977~)

경북 김천 출생. 한국방송통신대학 국문과 졸업. 2010년 백수 정완영 전국시조백일장 장원, 2011년 〈서울신문〉, 〈농민신문〉 신춘문예 당선. 시조집 『꽃의 문장』, 『미쳐야 꽃이 핀다』. 천강문학상 우수상, 이영도시조문학상 신인상 수상.

긍정

공벌레가 기어가네 젖은 땅을 끌어안고
구둣발로 툭툭 차면 돌돌돌 굴러가네
둥글게 지구를 굴리네 착 감기는 그의 병법

최화수(崔花水, 1947~)

경북 청도 출생. 대구교육대학교 및 동 대학원 졸업. 초등 교장 정년. 2011년 《시조시학》 신인상 당선. 시조집 『풀빛 엽서』, 『미완의 언약』, 시조선집 『바람을 땋다』 동시조집 『파프리카사우스르』, 『내 발도 꽃이야』. 시조시학 젊은시인상, 제1회 시에그린한국동시조문학상 수상.

씀바귀

뭐 먹고 바로 섰을까 경흥사 돌담 사이
초파일 합장한 실오리 손이 기특하다
바람이 흔들어댈수록 환해지는 어린 등

정호완(1943~)

　강원 횡성 출생. 대구대학교 교수 역임. 2007년《문학세계》시 등단. 2011년《시조문학》작가상 수상 등단. 시조집『배달의 노래』,『올 날이 아름답다』,『백두산 아리랑』, 기타『우리말의 상상력』등. 대구대 사범대학장, 우리말글학회장, 한국어문학회장 역임.

　　　　　부름
　참으로 못할 일은 제 할아비 속이는 맘/ 까닭도 모르면서 힘센 이에 굽실댄다/ 사연을 세월에 묻는 신화 속의 사람들// 거룩한 부름 있어 동이 트는 하늘의 나라/ 한 아비 한 울타리 믿음의 땅 가꾸려고/ 손짓해 부르는 소리 더불어 살라시네

허남호(許南晧, 1959~)

　경북 선산 출생. 경북대학교 동 대학원 농화학과 졸업. 2011년《대구문학》등단.

　　　　　순교
　뭍을 떠나 뭍으로 가지의 맨 꼭대기
　연꽃이 발을 잇고 나무에 핀 목련은

달마가 동쪽으로 간 까닭쯤은 아니다

허명순(1957~)
경북 경산 출생. 오누이시조신인상, 2011년 《시조21》 신인문학상 등단.

부석사 돌배 꽃
 해거름이 되어서야 가까스로 찾은 부석사/ 길 잃은 바람처럼 무량수전 기웃대다/ 적막에 고개를 내민 돌배 꽃을 보았다// 천개의 촛불이면 근심 또한 천 개라며/ 마음 어진 별이 와서 어둠을 안아줄 때/ 하얗게 그리운 이름, 어머니를 보았다

강옥숙(姜玉淑, 1959~)
경북 청도 출생. 2009년 공무원 문예 대전 금상, 2012년 《월간문학》 등단. 2017년 경북지역 문화예술 육성 지원금으로 시조집 『봄을 부축하다』 발간.

봄을 부축하다
불그레 이 산 저 산/ 온 세상 꽃 사태다
생각에도 피가 돌아/ 꽃비에 흠뻑 젖고
너와 나 목발을 짚어/ 부축하는 봄 앓이

심인자(沈仁子, 1960~)

경남 진주 출생. 칠곡 거주. 2012년 오누이시조신인상 등단. 시조집 『거기, 너』, 『대신이라는 말』, 공저 『경상도 우리 탯말』.

　　　　어머니의 강
산 그림자 목말라 잠겨들어도 그래그래
황톳물 소용돌이치며 역류해도 그래그래
껴안고 받아들이고 온몸 열며 그래그래

● **조규연(1949~)**

경북 영주 출생. 2012년 《스토리문학》 등단. 오빌 귀금속 대표. 재림문학 우수상 입상.

　　　　퇴계와 매향
오백년 묵은 정이 어제 일만 같은 듯이/ 충주골 들어서니 매화 향기 가득하다/ 님 향한 도포자락에 몸과 마음 다 실었네// 남들이 다 한다고 사랑이라 말하겠나/ 견우와 직녀처럼 퇴계와 매향처럼/ 역사를 그리려거든 맑고 고운 향기로…

● **황외순(黃外順, 1968~)**

경북 영천 출생. 한국방송통신대학교 청소년교육과 졸업. 2012년 〈동아일보〉, 〈부산일보〉 신춘문예 등단. 시집 『단편같이 얇은 나는』.

　　　　눈

열한 계절을 지나 당도한 편지 한 장
지난 일은 모두 덮자, 에서 새로 출발하자
심장에 현을 켜는 말 시리도록 반짝인다

김석형(金錫亨, 1967~)

경북 상주 출생. 영국 Notingham 대학교 박사 졸업. 2012년《창작과의식》신인상 등단.

　　　　선풍기
바람이 부는 이유 그대는 아는가
내 몸은 뜨겁고 내 마음은 시리니
누가 와 내 가슴속의 스위치 좀 꺼 주소

김종두(金鍾杜, 1960~)

경북 청도 출생. 고등학교 국어 교사. 2011년 시조부문 신라문학대상. 2012년〈서울신문〉신춘문예 당선. 이호우시조문학상 신인상 수상.

　　　　연암 강 건너 길을 묻다
차마 떠나지 못하는 빈 배 돌려보내고/ 낯선 시간 마주보며 갓끈을 고치는 연암/ 은어 떼 고운 등빛에 야윈 땅을 맡긴다// 근심이 불을 켜는 낯선 세상 왼 무르팍/ 벌레처럼 달라붙은 때아닌 눈발 앞에/ 신고 온 꿈을 물리고 놓친 길을 묻는다// 내일로 가는 길은 갈수록 더 캄캄

해/ 속으로 끓는 불길 바람 불러 잠재우면/ 산과들, 열하를 향해 낮게 낮게 엎드린다

김경미(金敬美, 1966~)

  경북 의성 출생. 안동대학교 대학원 국문학과 박사과정 수료. 2012년《월간문학》신인상, 2014년《시와 소금》시 등단. 시조집『주말 오후 세 시』, 시집『모호한 앤딩』.

       질화로
또닥또닥 물고구마 엉덩이가 익어가고
타닥타닥 군밤이 생음生音으로 터질 때
이제 막 똬리를 틀어 버티는 옛 이야기

박종구(朴鍾求, 1955~)

  충북 청주 출생. 2012년《월간문학》신인상 당선 등단. 시조집『질경이의 노래』,『벙어리 새』. 이호우시조문학상 신인상 수상.

       질경이의 노래

  어금니 꽉 깨물어도 아픔은 되살아나/ 차라리 나를 속인 지난날에 꽃을 바친/ 노숙의 야윈 어깨에 젖은 손을 얹는다//아홉 번을 밟히면 백 번을 일어서야지/ 흔들리지 않으려고 뿌리 깊게 내려서서/ 햇살에 버려둔 악보, 파릇파릇 닦는다// 마음이 가난하기로 꿈조차 가난하랴/ 흩어진 시간들을 조각조각 궤매어서/ 아무도 가지 않는 길, 꽃대 하

나 바친다

백주하(白注夏, 1951~)

경북 김천 출생. 경북대 사범대학 졸업. 한국교원대 대학원 석사과정 수료. 2012년《시조문학》신인상 등단.

직지사 폐역
언어의 파도 소리 다 쓸고 간 역사에는
키 높은 외등 하나 하늘 받쳐 서서 있고
개찰구 녹슨 자물쇠 바람이 주인이다

성길란(成吉蘭, 1960~)

경북 상주 출생. 한국방송통신대학 국문학과 졸업. 2012년《시조시학》등단. 시조집 『눈부신 부등호』.

공
앞으로 나아가려는 본능으로 가득 찼다
뒤로도 옆으로도 사방을 탐하다가
제몸에 속도를 품고 명운 가늠 중이다

최형심(崔馨心, 1963~)

대구 출생. 대구교육대학 졸업. 계명대 석사 졸업. 2012년《시조시학》 등단. 시조집 『모서리 당신』.

        레드 카핏
 노을이 지고 있는 금호강 강변길
 하루살이 떼 지어 에스코트 현란하다
 한 생을 선뜻 잘라주다니 발걸음 붉어진다

안주봉(安周奉, 1956~)

 경북 청도 출생. 청도 전자고등학교 졸업. 대구시조전국공모전 장원, 2012년 《시조21》 신인상 등단. 공무원 문예대전 국무총리상 수상.

        미스김라일락
 세상에, 이런 환장할 꽃방귀 누가 뀌나/ 보랏빛 치마저고리 별밭에 걸쳐놓고/ 속앓이 꽃대를 밟고 저만치 멀어진 너// 그 씨앗, 누가 받아 먼 바다 건너 왔나/ 태생의 이름이야 몰라도 그만인데/ 눈웃음 짙은 화장에 감춘 입양, 그 뒤 아픔까지

권상원(權相源, 1956~)

 경북 영양 출생. 호 묵수黙水. 대구교육대학교, 동아대 법대, 동아대 교육대학원 졸업. 거창초등학교 교장 역임. 2013년 《부산시조》 신인상 등단. 시조집 『피라칸사스』, 『거학소나무』.

        감을 따며

떨어진 대봉감은 심각한 외상 환자
의식은 아물아물 속살은 산산조각
119 고추잠자리는 무전기도 없단다.

김여근(金汝根, 1964~)

경북 의성 출생. 대구예술대학교 졸업. 2013년 《시조생활》 등단. 시조집 『어화둥둥 내 사랑아』. 제2회 석기원상 수상.

소나기

흰 눈은 침묵으로 곱게 덮어 가리지만
소나기는 함성으로 두들겨서 씻어낸다
밤새워 쏟아지소서 세상 맑게 하소서

류현서(柳炫西, 1952~)

경북 경주 출생. 2012년 가람시조 입상, 〈부산일보〉 신춘문예 수필 당선, 2013년 《월간문학》 신인상 시조 당선. 시조집 『흘림체로 읽는 바다』가 있고, 수필집 『지워지지 않는 무늬』 등. 원종린 수필문학 작품상 수상.

망초꽃

아무도 관심 없는 지천에 홀로 피어
작은 하늘 한 자락도 소중히 품에 안은
어쩌면 너도 날 닮은 설움 묻은 비정규직

배영근(裵永根, 1949~)

대구 출생. 영남대학교 졸업. 2013년《시조시학》신인상. 시조집『석류꽃 환하다』.

　　　　수수밭 바람
그늘 속으로 숨는다 허리 휜 햇살 풍경
멍자국을 내고 간다 새들이 날아와서
수숫대 이파리들이 핏자국을 묻힌다

이승렬(李承烈, 1954~)

경북 포항 출생. 2013년《대구문학》등단. 시조집『방파제』.

　　　　자목련 백목련
피 흘려 목 떨구었던 앞서 간 세례요한
무구의 순교자 마지막 타는 혼불
백목련 저 백목련은 순백의 배경이다

임덕규(林德圭, 1955~)

대구출생. 영남대학교 기계공학과 졸업. 한동대 교육대학원 졸업. 2013년〈대구문학〉등단.

　　　　설날
앞으로 내 남은 날 설 날이 며칠인가

앉을 날 며칠이며 누울 날 며칠인가
오늘은 오직 그대만 그런대로 믿는다

정재선(鄭載仙, 1954~)

경북 청도 출생. 청도이서고 졸업. 2013년 《시조21》 등단. 시조집
『꽃과 그리움 사이』.

지심도 동백

선홍빛 속울음이 섬을 온통 물들인다
붉어진 내 설움도 슬며시 풀어놓고
동여맨 마음 한구석 툭, 떨군 그리움 하나

황성규(黃聖圭, 1938~)

경북 고령 출생. 경북대학교 영문학과 졸업. 2013년 《화백문학》 등
단. 시조집 『두만강에서 낙동강까지』, 제6회 전국어르신문학작품 우수
상 수상. 영어교사 역임.

고사목古死木

천왕봉 오름길목 불에 탄 세석평정
악마의 목구멍에 솟아있는 고사목들
하얀 살 말라비틀어진 괴목에 핀 천불화

홍수헌(洪守憲, 1959~)

경북 군위 출생. 2013년《시조문학》천료.

　　　　억새꽃
바람재에 흩날리는 잔털 빠진 늦가을
제 갈 곳 모르는 바람의 끝물처럼
바람 나 집 나갔다가 안 돌아온 옆집 누이

곽길선(郭吉先, 1959~)

경북 상주 출생. 한국방송통신대학교 국문과 졸업. 2014년〈경상일보〉신춘문예 당선. 2009년 신라문학 대상 수상.

　　　수수꽃다리 그 여자
사향 냄새 풍긴다고 눈 밖에 난 젊은 새댁
마당가 수수꽃다리 눈물 한 줌 훔쳐 먹고
사월을 다 집어삼킨 뜨락이 아찔하다

김석인(金碩仁, 1960~)

경남 합천 출신, 김천 거주. 2014년〈동아일보〉신춘문예 당선. 시조집『범종처럼』, 오늘의 시조시인상, 한국시조시인협회 신인상 수상.

　　　　삶 한 벌
보증서 한 장 없이 백 년을 빌렸건만

빗물에 젖은 소매, 바람이 할퀸 가슴
밤마다 다림질해도 잔주름만 하나, 둘

김정수(金貞秀, 1953~)

경북 포항 출생. 한국방송통신대학교 국문과 졸업. 2014년 〈국제신문〉 신춘문예 당선. 시조집 『서어나무 와불』, 『거미의 시간』, 화중련 신인상, 울산시조작품상, 제1회 외솔시조문학상 신인상 수상.

거미의 시간

허공에 걸어놓은 노스님의 은사 그물
바람 한 올 걸리지 않은 석양을 배경으로
기러기 푸른 울음만 시나브로 걸린다

류영자(柳英子, 1940~)

경북 안동 출생. 호, 옥당玉堂. 한국방송통신대학 졸업. 2014년 《시조생활》 신인상 등단. 시조집 『반지』, 초우문학회 회장 역임, 한글문학상 수상.

안경

제 눈에 맞을 안경 눈높이에 맞추려고/ 수십 번 도수 재어 맞춘 제 눈 안경/ 가끔씩 도수 안 맞아 흐려지는 불편함// 옛날엔 부모님이 시력도 재지 않고/ 어른들 눈높이로 맞추어진 안경 도수/ 부부로 인내한 안경 불평 없이 잘 보여

이남희(李男熙, 1963~)

경북 영천 출생. 영남대 국문과 졸업. 2014년 《시조시학》 등단.

      포도
튕기면 터져서 그에게로 가는 거다
속살을 헤치고 질주하는 애먼 사랑
물보다 진한 와인 향 나타샤를 부르네

이석수(李錫洙, 1958~)

경북 김천 출생. 경북대학교 석사 졸업. 2014년 《서정과현실》 등단. 시조집 『엄마의 서책』, 번역집 『엄마의 일기』, 시조시학 젊은시인상 수상.

      가을 남대천
바다로 떠나갔던 연어가 돌아온다
엄마가 그러했듯 몸피 한껏 부풀려
한 살이 푸른 물소리 은빛 기억 털면서

우정숙(禹貞淑, 1959~)

경북 의성 출생. 안계여고 졸업. 2013년 대구시조전국공모전 장원, 2014년 《시조21》 등단. 시조집 『너도 꽃』, 『문득,』. 오누이시조신인상 수상.

눈물
꾹꾹 눌러 써 내려간 내 안의 비밀문서
그믐달 몰래 오면 가끔씩 꺼내본다
눈으로 줄줄 읽다가 누가 볼까 얼른 덮는

권정희(1962~)

경북 영양 출생. 본명 권점희. 2014년 《광진문학》, 2015년 《시와 소금》 신인상 등단. 시집 『별은 눈물로 뜬다』. 천강문학상 시조 대상, 제9회 3.1절 만해백일장 대상 수상.

홀아비 바람꽃
바람의 이름으로 세상 밖에 홀로 섰다
그 누구도 놓지 못한 외로움이 키운 적막
여여한 달빛 아래서 태워볼까, 이 봄날

오은주(吳銀珠, 1967~)

경북 경주 출생. 2015년 〈국제신문〉, 〈경상일보〉 신춘문예 당선. 시조집 『달빛 길어 올리기』, 『고요의 초상』. 이영도시조문학상 신인상 수상.

또바기
개미를 주시한다, 산 하나를 업고 가는
꿈을 향해 걸어가면 벼랑도 사뿐할까

등짐에 고이 올려진 한결같은 저 행보

박화남(朴花南, 1967~)

경북 김천 출생. 계명대 대학원 문창과 졸업. 2015년 중앙신인문학상 등단. 2020년 우수출판콘텐츠지원 사업 선정, 시집『황제 펭귄』, 발간, 시조집『맨발에게』. 동서문학작품상 수상.

　　　순두부
물렁하게 살아왔다 순딩이란 소문까지
조금 더 단단하라고 누군가 말하지만
걱정 마, 속은 뜨겁다 그러면 된거라고

김만옥(金萬玉, 1955~)

경북 의성 출생. 한국방송통신대학교 전산학과 졸업. 2015년《국보문학》신인상 등단. 공무원문예대전(시조) 행정안전부 장관상 수상.

　　　삼일절
계곡마다 밀려오는 연둣빛 저 함성들
아우내 장터에서 크고 작은 마을까지
들린다 만세소리가 봄이 오는 소리가

조정희(趙貞熙, 1963~)

경북 문경 출생. 2011년 《아동문예》 등단. 2015년 동시조집 『발로 읽는 글씨』 발간. 청도문인협회 사무국장 역임.

      꽃밭
선생님 들고 오는 카메라 보았나봐
채송화 아장아장 앞줄에 파고들자
줄반장 봉선화 얼른 자리를 내어주네

김광희 (金光熙, 1957~)

경북 경주 출생. 2006년 〈전북도민일보〉 신춘문예 시 당선, 2015년 오누이시조신인상 수상. 2016년 〈농민신문〉 신춘문예 시조 당선으로 등단. 2021년 〈조선일보〉 신춘문예 동시 당선. 시집 『발뒤꿈치도 들어 올리면 날개가 된다』가 있고, 경주문학상 수상.

      노잣돈
아버지 관속에다 엄마 몰래 찔러준다
먼 길 가다보면 허기질 일 없을라고
지금쯤 어느 주막 앞에서 소매 속을 더듬을까

류금자(柳錦子, 1942~)

대구 출생. 2015년 《시조시학》 신인상 등단. 시조집 『텃밭』.

      소낙비

내 한 천 년 후에 구름으로 떠다니다
상사화 애통한 님 고비사막 걸을 적에
갑자기 소낙비 되어 그대 흠뻑 적시리

박경화(朴慶花, 1954~)

경북 월성 출생. 한국방송대학교 국문과 졸업. 2015년 백수문학 공모전 신인상,《시조21》등단. 시조집『채석강, 독법』.

   아침 안개
완벽한 작전이다 총도 칼도 없는 전장
지척까지 포위했다 손 쓸 수 없는 패전
사랑도 저 불가항력이면 나, 포로가 되겠네

장계원 (張桂媛, 1953~)

경남 진주 출생, 경북 칠곡 거주. 2013년《스토리문학》신인상, 2015년〈부산일보〉신춘문예 당선.《대구문학》올해의 작품상 수상. 시조집『벚꽃만장』.

   고등어
가두리 그물 속에서 펄떡이다 돌아온 밤
아버지, 휘인 등에 수평선이 넘실댄다
당신의 바다를 발라 입에 가득 넣어 주신

● 장태경(張泰敬, 1953~)

　대구 출생. 영남대 환경보건대학원 석사졸업. 2015년 《대구문학》 신인상 등단.

　　　　징검다리
　겨울과 봄 사잇길 하얗게 잇는 매화
　입술은 찼지만 말씀은 따뜻했다
　하얀 잎 풀잎에 누워 딛고 건너라시네

● 정황수(鄭晃洙, 1948~)

　경북 영주 출생. 성균관대 졸업. 2015년 〈경남신문〉 신춘 당선. 시집 『안개의 꿈』, 『기리에를 위한 변주』, 『바람만바람만』, 제1회 시니어문학상 우수상, 천강문학 시조 우수상 수상.

　　　　늙은 발레리노
　할딱이는 음표 딛고 바람칼 하늘 재다
　화장발이 감춘 세월 길 헤매는 발재간에
　기우뚱! 무너지는 무게 허덕이는 부나방

● 황만성(黃晩性, 1960~)

　경북 포항 출생. 대구공산초등교장 역임. 2015년 《시조시학》 등단. 2014년부터 가야산 기슭에 농촌·목공체험 농원 '시농' 운영.

　　　　　출사표
기세 등등 곧추선 빗장 문이 열리고
비좁은 세상에서 드넓은 세상으로
가을에 얼굴 들이댄 밤 한 톨의 출사표

김덕희(金德熙, 1960~)

　경북 김천 출생. 대구교대, 고려대 교육대학원, 경북대 대학원 교육학 박사. 문경교육지원청 교육장, 우송대학교 교수 역임. 2016년 《시조문학》 신인상 당선 등단. 시조집 『가마터에서』. 독도문예대전 시조 우수상, 남명문학상 시조부문 최우수상 입상.

　　　　　가마터에서
　한 줌의 흙빛도 유산으로 섬기면서/ 성황당 가마불을 세월로 다져두고/ 가난의 고개를 넘어 숨결로 이은 맥박// 때로는 그리움을 때로는 시린 삶을/ 물레살로 풀고 감아 생각을 일궈내면/ 비워둔 손금 하나로 내려앉는 학의 미소// 정화수로 몸을 가눈 간절한 소망으로/ 수만 번의 빗질 같은 수줍은 손마디에/ 여백의 텅빈 언어로 피어나는 고운 자태// 여운의 둥근 선율 해와 달도 들여놓고/ 산노을 그 바람도 비단으로 여울지면/ 옥빛의 맑은 살결로 피어나는 청자 하나

유설아(俞雪雅, 1966~)

　경북 월성 출생. 방송대 졸업. 2016년 《시조문학》 신인상 등단. 울산시조작품상 수상.

　　　　유월편지
녹슨 철조망 위로 고개 내민 흰 줄장미
돌아오지 못한 병사의 훈장처럼 꽃이 오면
뻐꾸기 목을 잦추며 피로 물든 시를 읽는다

유한아(柳漢雅, 1977~)

경기 수원 출생. 대구대 교육대학원 석사. 2016년 《문학세계》 시조 등단. 시조집 『그림처럼 그려보는 조용한 삶의 항구』, 『꿈꾸듯 변해가는 항구의 계절』. 향촌문학 시조부문 대상, 환경문학 시조 부문 대상, 문학세계문학상 시조 부문 수상.

　　　　감기
가리는 얼굴 사이 붉은 색 마음 하나
꿈틀대는 한구석에 서러운 눈물방울
쌩하니 바람마져도 그늘 속에 파고 든다.

윤성호(尹成浩, 1942~)

경주 상주 출생. 고려대학교 동대학원 졸업. 2016년 《시조사랑》 등단. 시집 『새들의 손님이 되어』, 시조집 『연꽃 안으로』, 《녹색문학》 편집주간 역임.

　　　　등걸
움 돋아 살아날까 한 해 넘어 살폈는데

톱질에 울던 넋이 솟은 세월 눕혔네요
자취로 남은 나이테 톱밥으로 하얀데

이상구(李相九, 1957~)

경북 김천 출생. 대구보건대학교 졸업. 2016년 《월간문학》 신인상 당선, 2021년 〈경상일보〉 신춘문예 당선. 제1회 대은시조문학상 대상 수상.

중복

남으로 흐른 당신 섬이 되어 어룽지고
먼 바다 수평선을 읽고 지운 그 사이
굽은 등 펴지 못한 채 노을이 된 어머니

이조경(李祚慶, 1941~)

경북 경주 출생. 서울대 영문과 졸업. 2016년 《시조생활》 등단. 시조집 공저 『도반』, 영역시조집 공저 『자유와 절제 사이』, 에세이스트 작가회의 회장 역임.

옳거니

살같이 가던 세월 지름길로 들었나
나이 덜어 내다 팔고 젊음에 세를 들까
옳거니! 지금 여기가 꽃밭인 줄 몰랐네

장성덕(張成德, 1951~)

경북 예천 출생. 고려대 졸업. 2016년 《시조사랑》 등단. 한국시조협회작품상 수상.

　　　　백도白島
물 위에 올망졸망 봉우리가 아흔아홉
남녘의 해금강을 여기 두고 찾았구나
누굴까 천의 얼굴을 이곳에다 그린 이는

전보규(田普奎, 1950~)

경북 울진 출생. 대구교육대학교, 영남대 교육대학원 졸업. 2016년 《시조문학》 등단. 칼럼집 『전보규의 짧은 글 깊은 뜻』.

　　　　가얏고
비단 실 열두 줄에 마디마디 혼을 실어
말못할 사연들을 주저리 엮어 담아
어리듯 취한 손길에 흐느끼며 절규한다

정병기(鄭柄基, 1966~)

경북 영주 출생. 베를린 자유대학 박사 졸업. 영남대 교수, 2016년 《나래시조》 등단. 시조집 『대한민국은 민주공화국이다』.

　　　　아파트

홀로서서 쓸쓸하고 옆에 서서 더 쓸쓸한
다가갈 수 없는 간격 두고 짐짓 홀로움에 겨워
아파트 먼산바라기는 윤사월 긴긴 해

최은희(崔恩熙, 1954~)

대구 출생. 가톨릭대학교 성악과 졸업. 2016년《시조시학》등단. 한국시조협회 문학상 본상, 대상 수상.

　　　　곶감
햇살을 얇게 저며 은사를 입히듯이
조선 도공 그 손길로 가을을 다듬으면
구름 빛 품은 꿀통이 달 항아리로 다시 설까.

김석주(金石胄, 1946~)

경북 경산 출생. 건국대학교 상악과 졸업. 2017년《부산시조》신인상 등단. 시집『아버지와 꿈』,『풀꽃들의 노래』,『망부석』. 문예시대 작가상, 부산 가톨릭문학상 수상.

　　　　새벽달
가슴에 담아둔다 새벽녘의 둥근 달
님 인 듯 밤새워서 우리 곁을 지켜주신
어머니 그 손길 같은 따스한 미소 한 줌

김진대(金進大, 1963~)

경북 영주 출생. 성균관대학교 석사 졸업. 수원농생명과학고등학교 국어 교사. 2017년《월간문학》등단. 한국교육신문 교원문학상, 공무원문예대전 시 입상.

꽃과 밭

꽃이 밭에 살면서 하늘을 우러르고
밭이 내준 몸에서 피어난 눈물꽃은
뿌리로 감싸안으며 꽃이 밭을 살려낸다

문운동(文㸁東, 1953~)

경북 김천 출생. 한국방송통신대학. 부산지방경찰청 경정 정년퇴직. 2017년《부산시조》신인상 당선. 녹조근정훈장.

수련

늪 바다 수초 신세 뻘밭인들 대수냐
꽃잎 접고 자고 나면 눈부신 햇살인데
물에 든 갈라진 잎새 비워서 더 청순한

손확선(孫確仙, 1957~)

경북 청도 출생. 방송대 졸업. 2017년《시조미학》등단. 시집『먼 산에 진달래꽃』.

　　　　소나기
뒤끝이야 없다지만 불같은 성질머리
천둥 번개 다 불러서 왁자하게 퍼붓고는
산머리 무지개 너머 생긋 웃는 저 여자

이재순(李在順, 1951~)

경북 안동 출생. 경북대학교 박사 졸업. 2017년 한국동시조 신인상, 동시집 『별이 뜨는 교실』, 『큰일 날 뻔 했다』, 『집으로 가는 길』. 영남아동문학상, 한국아동문학창작상 수상.

　　　　단짝
사랑채 마루 끝에 가만히 졸다가는
할아버지 기침 소리에 후다닥 깨어나서
앞장서 걸어 나가네, 귀가 밝은 지팡이

이토록(李토록, 1962~)

경북 선산 출생. 본명 이성목. 제주대학교 졸업. 2017년 《열린시학》 신인작품상 등단. 백수문학상 신인상, 천강문학상 시조 대상.

　　　　치유
부러진 곳 붙었을까 뼈 사진 찍고 온 날
당신이 곁에 있어 늑골이 참 맑았네
마음의 골절 더듬어 뼈 소식 전하였다

곽종희(郭鐘姬, 1964~)

경북 영양 출생. 한국방송통신대학 국문과. 2018년《나래시조》등단.

　　　　반달
정표로 둘로 쪼개 나눠 가진 청동거울
보고픈 마음 숨겨 닳도록 닦았는데
하늘에 걸어놓아도 찾아오질 않으니

구관모(具寬謨, 1946~)

경북 칠곡 출생. 대구시조전국공모전 차상, 2018년《시조시학》신인상 등단. 구관모식초박물관장, 21세기 문인협회 회장 역임.

　　　　봄비
그대가 버리고 간 둥지 튕겨진 눈물 한 방울
오뉴월 먹구름 속에 가슴 한쪽 여울 되어
이렇게 봄비 오는 날 출렁이는 강물이여

김명희(金明姬, 1961~)

경북 구미 출생. 경기대 대학원 대체의학과 박사 졸업. 1999년《문학세계》신인문학상, 2018년《시조시학》신인작품상, 〈한국청소년신문〉신춘문예 당선. 시집『파도, 파도를 그리다』, 동시집『딸가닥 딸가닥』, 자기계발서『희망이 메아리 긍정 자존감』, 민족시백일장 장원, 오누이

시조신인상, 제천의병문학상, 한민족문화예술대전 대상 수상.

저문 강가에서
마음 괜히 서걱대면 날 무딘 칼을 잡고/ 푸르게 저를 벼리는 갈대숲에 가 보아라/ 강물은 불어난 몸을 가까스로 뒤척일 뿐// 쓰러졌다 일어서는 기다림에 지친 나루/ 내 안의 아픔이 가서 별 하나 건져오면/ 버려진 빈 배에 앉아 물소리로 길을 묻지// 그렇구나, 세상 어딘가 울지 않는 사람 있다면/ 저물녘 저 강물 닮은 그런 사람 아닐까/ 속으로 불타오르는 울음마저 삼키고

김지욱(金池旭, 1966~)
대구 달성 출생. 2018년《한국동서문학》신인상 등단.

솔거
죽지 흰 파란 숲 처마 밑에 심어 놓은
솔가지를 흔들자 후드득 지는 새 떼
여름날 귀잠 청하는 하얀 저 초승달

류용곤(柳龍坤, 1967~)
경북 군위 출생. 영남대학교 졸업. 2018년 전국한밭시조백일장 대상, 2018~2020 중앙시조백일장 입상. 한국인터넷문학상 수상.

이팝의 뜨락

아가 발 한 발 한 발 새하얗던 걸음마
물소리 녹아내린 산비탈의 흙 뿌리들
쌀알진 눈 싸리마다 톡톡 터지는 저 햇살!

최성진(崔聖鎭, 1960~)

경북 문경 출생. 경희대학교 산업대학 졸업. 2018년 제9회 역동시조문학상 신인상 등단. 한국전력 지사장 역임. 수안보온천시조문학상 특별상, 청명시조문학상 대상 수상.

民들레꽃

담장 밑 예쁜 아가 키 낮게 피던 자리
한 세상 살만하게 희망도 여물었듯
알알이 바람 끝 실려 손 흔드는 노란 꿈

최예환(崔禮煥, 1962~)

경북 선산 출생. 계명대학교 의과대학 학사, 경북대 의과대학 박사. 2018년 《월간문학》 등단. 시조집 『혀』, 봉화제일의원원장.

멸치

남해 청정 바다에서 갓 잡아 말렸다는
멸치 파는 트럭에는 고성이 분주하고
물볕을 물고 있는 입 아우성이 아직 짜다

한병태(韓秉泰, 1943~)

경북 칠곡 출생. 경북대학교 농화학과 졸업. 2018년《문학세계》,《좋은시조》,《현대시조》신인상 등단. 영주고등학교 교장 정년 퇴임. 영주문예대학동인회 회장.

찔레꽃 피어날 때

뻐꾹새 슬피우니 하얀 꽃 피어난다/ 튼실한 새순 꺾어 잘근잘근 씹으니/ 입속에 달차근한 맛 아직도 잊지 못해// 소복한 찔레꽃, 한 송이 꺾어다가/ 그대 미소 너무 예뻐 가슴에 꽂아주니/ 달콤한 앵두입술이 아직도 잊지 못해// 덩굴 숲 둥지 틀어 소담한 새끼 낳아/ 허리 굽혀 호미질, 무명 적삼 적시니/ 당신의 풋풋한 그 향기 아직도 잊지 못해

김매희(金梅喜, 1952~)

대구 출생. 한국사회사업대학 중퇴, 2019년《시조미학》신인상 등단.

한 줄 글이 고프다

찬바람 스며드는 가을 같은 여름밤/ 어둠이 내린 하늘은 별 하나 보이지 않아/ 오기로 약속한 님은 길 못 찾아 헤매는가// 어디선가 올 듯한 님 순간에 무너지고/ 이어지지 않는 실타래 마냥 끊어진다/ 올 듯이 오지도 않는 한 줄 글이 고프다.

류성신(柳聖信, 1963~)

안동 출생. 경기대학교 대학원, 경기예술대상, 전국시조공모 대상, 가람시조백일장 장원, 2019년 《시조시학》 신인상. 파주문인협회 사무국장 역임.

풍란 2

조그만 화분조차 가질 수 없는 걸까/ 숯덩이에 등짝만 겨우 붙인 알몸뚱이/ 창문 밖 한줄기 바람 애면글면 쫓는다// 한때 솟구쳐서 하늘이던 참나무/ 가마 솥 불잉걸로 내 안에 들어왔나/ 묻혔던 작은 불씨가 살을 뚫고 나온다// 길 끝에 버텨선 채 가쁜 숨 몰아쉬다/ 내딛는 발걸음에 설펴진 날개 죽지/ 목마른 생의 바람꽃 비행하는 오춘기

안병갑(安秉甲, 1954~)

경북 청도 출생. 2019년 《대구문학》 등단.

어머니의 자리

강 너머 새 날리고 낮달을 이고 사는
어머니 가슴 속에 울 없는 바람 집 한 채
오늘은 길 잃은 구름 하나 잠시 앉아 쉬어 간다.

이종욱(李鍾旭, 1954~)

경북 김천 출생. 대구교대, 한국교원대 대학원 졸업. 2019년 《시조문학》 신인상 등단.

가을 편지
지난밤 무서리가 이 가을을 한껏 익혀
수첩 행간 가득 정성들이던 명조체가
받을 이 아무도 없어 흘림체로 갈긴다

이현정(李炫政, 1983~)

경북 안동 출생. 대구교육대학, 경북대학 석사 졸업. 2018년 중앙신 인문학상 시조, 2019년 〈매일신문〉 신춘문예 당선.

호두에게 바치는
아그작, 너의 세게 맛있게도 깨 먹었다
이토록 완전하고 단단한 실체에게
이렇게 모질고 무성의한 고해를 보았나

정백락(鄭百洛, 1961~)

경북 성주 출생. 계명대 졸업. Bowling Green university MBA Admission. 2019년 《시조시학》 신인상 등단.

꽃샘추위
나 없는 나를 찾아 겨울을 걷겠다
살 얼어 문드러져도 뼈가 별로 돋는다면
섧도록 하얗고 싶다 봄빛의 터무니라면

정태종(鄭台鍾, 1952~)

경북 경산 출생. 위덕대교육대학원 석사, 2019년《영남문학》등단.

　　　불두화
청초한 하얀 빛깔 순백의 곱슬머리
은은한 목탁소리 품에 안고 피어올라
바람에 흔들리는 불심 깊어가는 내 마음

한신디아(韓신디아, 1968~)

경북 경주 출생. 영남대 졸업. 2019년《시조정신》,《한국국보문학》시, 수필(2009) 등단. 시집『Sense of Aroma』,『당신을 위한 기도』. 서울국제도서전 프랑스전 저작권위원 역임.

　　　노송老松
회오리 위세에도 당당한 저 소나무
봄 돋는 놀음마저 지극히 부질없을
늙음도 엄숙하여라 도를 닦는 그 마음

Ⅲ. 결론

1907년 사동우대구여사의「혈죽가」발표를 기점으로 하여 2019년까지 경북의 현대 시조 전개 양상을 살핀 본고는 20C 전반기와 20C 후반기, 21C 전반기로 시대를 구분, 시대별로 시대 배경과 창작환경, 그리고 시조시인들의 활동을 정리하였다.

　20세기 전반기의 경북 시조는 문단에서 일어났던 '시조부흥운동'과, '시조혁신론'을 따르며 시조 장르의 독립성과 시조 부흥을 위해 안간힘을 쓴 시기였다. 시조 시인의 수가 아주 적었다. 이것은 전국적인 현상으로 경북 인원이 대한민국 전체에서 뒤떨어진 숫자는 아니었다. 11명의 시조시인이 활동하였다. 이 시기 경북의 자랑은 전국 최초의 동인지《죽순》이 발간되어 이호우의 작품 발표, 이영도 등단 등의 성과를 올릴 수 있었던 것이다.

　20세기 후반기는 서울에서 시조전문잡지가 창간되고, 한국시조시인협회가 창립되었다. 경북에서는 영남시조문학회가 발족하여 경북시조단의 위상을 지켰다. 뿐만 아니라, 전국의 회원을 가진 나래시조의 본부가 경북에 있었고, 영가시조문학회, 비화시조문학회, 오류동인, 오늘 동인, 한결 동인이 결성되어, 동인지를 발간하며 발표 무대를 넓혔고, 회원 간의 친목과 시조 발전을 위한 연구 활동을 지속하고 있다. 이 시기 경북에서 활동한 시조시인은 109명, 전반기와 합치면 121명이 된다.

　21세기 전반기는 19년에 불과한 시기지만, 20C가 닦아놓은 발판을 딛고, 경북이 시조의 수도임을 분명히 했다. 경북에서 시조전문잡지가 발간되어 시조시인들의 작품 활동을 왕성하게 하게하고, 청도시조공원과 백수문학관의 개관은 시조에 대한 국민적 관심을 불러일으키며 시조를 관광자원으로 활용하는 성과를 올리고 있다.

　21세기에 접어들면서 시조의 세계화를 꿈꾸며 국제시조협회가 창립되고, 기관지《국제시조》발간을 통해, 시조를 세계에 알리는 작업을 할 수 있게 되었다. 이 시기 등단한 시인은 148명으로 20세기 전, 후반기 시인을 합한 것보다 많다. 이는 시조에 대한 관심이 늘고 있다는 사실을 잘 증명하는 것이다.

따라서 경북의 현대시조는 시조의 수도가 갖추어야 할 모든 것을 갖추어 나가고 있다. 경북에서 태어나 경북과 타지에서 활동하거나, 타지 출신으로 경북에서 활동하고 있는 시인이 현대시조 기점 이후 270명에 이른다. 이런 사실들은 경북의 현대시조가 대한민국의 정형시 시조의 미래를 밝게 하고, 대한민국의 국민들만 시조를 읽는 것이 아니라, 지구촌의 모든 사람들이 시조를 읽을 수 있게 하는 일에까지 나아가고 있음을 확인할 수 있다. 경북의 현대시조는 자랑스러운 역사의 배경을 지고, 미래로 세계로 나아갈 수 있는 기틀을 마련하였다.

참고문헌

01. 박을수, 『한국시조문학전사』, 성문각, 1978.
02. 임선묵 편, 『근대시조대전』, 홍성사, 1981.
03. 한춘섭 박병순 리태극, 『한국시조큰사전』, 을지출판공사, 1985.
04. 전상렬 편저, 『시인의 고향』, 도서출판 향토, 1990.
05. 『경북문협 100년사』 (1907~2007), 경상북도 문인협회, 2007.
06. 『대구문학사』 (1920~2020), 대구문인협회, 2020.
07. 『한국현대시조대사전』, 한국시조시인협회 편저, 2021.
08. 『대구시조문학앨범』, 대구시조시인협회, 2021.

03 필자 약력

박규홍(朴奎洪)

- 영남대학교 국문학전공·석사(1984), 박사(1989) 학위 취득
- 경일대학교 교수(1988-2019)
- 한민족어문학회 회장 역임(2011-2012)
- (사)한국사립대학교교수연합회 평가단장 역임(2016)
- (사)팔공산문화포럼 회장 역임(2015-2018)
- 한국대학신문 논설위원 역임(2016-2019)
- (사)대학정책연구소 이사장 역임(2018-2020)
- 병와연구소소장(2020-)
- 주요저서 『시조문학연구』(형설출판사, 1996)
  『화랑유적지에서 리더십을 배우다』(학이사, 2013)
  『고시조 문헌해제』(공저, 고려대학교 민족문화연구원, 2012)
  『고시조대전』(공저, 고려대학교 민족문화연구원, 2012)
  『어부가의 변별적 자질과 전승양상』(보고사, 2011)

문무학(文武鶴)

- 1949. 경북 고령 대가야읍에서 출생
- 대구대학교 대학원 졸업 (문학박사)
- 1982년 《월간문학》 신인작품상 시조 당선으로 문단 데뷔
- 시조집 『뜻밖의 낱말』 외 아홉 권, 선집 『ㄱ』 외 1권
- 기타 저서 『시조비평사』, 『왜 문화인가』, 『반려도서 레시피』 외 다수
- 이호우·이영도시조문학상, 윤동주문학상, 유심작품상, 경북예술 특별상 등 수상
- 영남일보 논설위원(1991~2005)
- 대구대, 경일대, 가야대 겸임교수 역임
- 대구시조시협, 대구문협, 대구예총 회장 역임
- 대구문화재단 대표이사 역임
- 現) 學而思 독서아카데미 원장

『경북 시조 1,000년사』 간행위원회

간행위원장	민병도(국제시조협회 이사장)
간행위원	문무학, 민병도, 박규홍, 서숙희, 박명숙, 정경화
집필위원	박규홍(고시조, 전 경일대학교 교수)
	문무학(현대시조, 전 대구문화재단 대표)
	민병도(총괄, 시조인)
편집 및 총무	성국희, 박종구, 오은주, 우정숙, 민진혜
주최, 주관	(사)국제시조협회
후원	경상북도, 계간 《시조21》

경북시조천년사

지은이 · (사)국제시조협회
펴낸이 · 민병도
펴낸곳 · 목언예원

초판 인쇄 : 2023년 11월 25일
초판 발행 : 2023년 12월 1일

목언예원
출판등록 : 2003년 2월 28일 제8호
경북 청도군 금천면 선바위길 53 (신지2리 390-2)
전화 : 054-371-3544 (팩스겸용)
E-mail : mbdo@daum.net

ISBN 979-11-93276-03-7 03800

저자와의 협의에 의해 인지를 생략합니다.

값 25,000원